ROBERTO NATALI STARLINO

DIREITO ECLESIAL: INSTRUMENTO DA JUSTIÇA DO REINO

LIVROS BÁSICOS DE TEOLOGIA
Para a formação dos agentes de pastoral
nos distintos ministérios e serviços da Igreja

DIREÇÃO E COORDENAÇÃO GERAL DA COLEÇÃO:
Elza Helena Abreu, São Paulo, Brasil

ASSESSORES:
D. Manoel João Francisco, bispo de Chapecó, Brasil
Mons. Javier Salinas Viñals, bispo de Tortosa, Espanha
João Batista Libanio, S.J., Belo Horizonte, Brasil

PLANO GERAL DA COLEÇÃO

TEOLOGIA FUNDAMENTAL
1. *Crer num mundo de muitas crenças e pouca libertação*
   João Batista Libanio

TEOLOGIA BÍBLICA
2. *A História da Palavra I*
   A. Flora Anderson, Gilberto Gorgulho, Pedro L. Vasconcellos, Rafael R. da Silva
3. *A História da Palavra II*
   A. Flora Anderson, Gilberto Gorgulho, Pedro L. Vasconcellos, Rafael R. da Silva

TEOLOGIA SISTEMÁTICA
4. *Esperança além da esperança* (Antropologia e Escatologia)
   M. Angela Vilhena e Renold J. Blank
5. *A criação de Deus* (Deus e criação)
   Luiz Carlos Susin
6. *Deus Trindade: a vida no coração do mundo* (Trindade e Graça I)
   Maria Clara L. Bingemer e Vitor Galdino Feller
7. *Deus-Amor: a graça que habita em nós* (Trindade e Graça II)
   Maria Clara L. Bingemer e Vitor Galdino Feller
8. *Cristologia e Pneumatologia*
   Maria Clara L. Bingemer
8.1. *Sois um em Cristo Jesus* (Eclesiologia)
   Antonio José de Almeida
8.2. *Maria, toda de Deus e tão humana* (Mariologia)
   Afonso Murad

TEOLOGIA LITÚRGICA
9. *O Mistério celebrado. Memória e compromisso I*
   Ione Buyst e José Ariovaldo da Silva
10. *O Mistério celebrado. Memória e compromisso II*
    Ione Buyst e Manoel João Francisco

TEOLOGIA MORAL
11. *Aprender a viver. Elementos de teologia moral cristã*
    Márcio Fabri dos Anjos

DIREITO CANÔNICO
12. *Direito eclesial: instrumento da justiça do Reino*
    Roberto Natali Starlino

HISTÓRIA DA IGREJA
13. *Eu estarei sempre convosco*
    Henrique Cristiano José Matos

TEOLOGIA ESPIRITUAL
14. *Espiritualidade, um caminho de transformação*
    Jesús Castellano

TEOLOGIA PASTORAL
15. *Ide e proclamai a Boa-Nova da salvação*
    Agenor Brighenti

APRESENTAÇÃO DA COLEÇÃO

A *formação teológica* é um clamor que brota das comunidades, dos movimentos e organizações da Igreja. Diante da complexa realidade local e mundial, neste tempo histórico marcado por agudos problemas, sinais de esperança e profundas contradições, a *busca de Deus* se intensifica e percorre caminhos diferenciados. Nos ambientes cristãos e em nossas igrejas e comunidades, perguntas e questões de todo tipo se multiplicam, e os *desafios da evangelização* também aumentam em complexidade e urgência. Com isso, torna-se compreensível e pede nossa colaboração o *clamor por cursos e obras de teologia* com sólida e clara fundamentação na Tradição da Igreja, e que, ao mesmo tempo, acolham e traduzam em palavras a ação e o sopro de vida nova que o Espírito Santo derrama sobre o Brasil e toda a América Latina.

É importante lembrar que os documentos das Conferências do Episcopado Latino-Americano (Celam) e, especialmente, as *Diretrizes Gerais da Ação Evangelizadora da Igreja no Brasil* (CNBB), assim como outros documentos de nosso episcopado, não cessam de evidenciar a necessidade de *formação teológica* não só para os presbíteros, mas também para os religiosos e religiosas, para os leigos e leigas dedicados aos distintos ministérios e serviços, assim como para todo o povo de Deus que quer aprofundar e levar adiante sua caminhada cristã no seguimento de Jesus Cristo. Nossos bispos não deixam de encorajar iniciativas e medidas que atendam a essa exigência primordial e vital para a vida da Igreja.

O documento 62 da CNBB, *Missão e ministérios dos cristãos leigos e leigas*, quando trata da "força e fraqueza dos cristãos", afirma: "... aumentou significativamente a busca da formação teológica, até de nível superior, por parte de leigos e leigas" (n. 34). E, mais adiante, quando analisa o "diálogo com as culturas e outras religiões", confirma: "tudo isso torna cada vez mais urgente a boa formação de cristãos leigos aptos para o diálogo com a cultura moderna e para o testemunho da fé numa sociedade que se apresenta sempre mais pluralista e, em muitos casos, indiferente ao Evangelho" (n. 143).

Atentas a esse verdadeiro "sinal dos tempos", a Editorial Siquem Ediciones e a Editora Paulinas conjugaram esforços, a fim de prestar um serviço específico à Igreja Católica, ao diálogo ecumênico e inter-religioso e a todo o povo brasileiro, o latino-americano e o caribenho.

Pensamos e organizamos a coleção "Livros Básicos de Teologia" (LBT) buscando apresentar aos nossos leitores e cursistas todos os tratados de teologia da Igreja, ordenados por áreas, num total de quinze volumes. Geralmente, os tratados são imensos, e os manuais que lhes correspondem são volumosos e rigorosamente acadêmicos. Nossa coleção, pelo contrário, por unir consistência e simplicidade, diferencia-se das demais coleções voltadas a essa finalidade.

Conhecer a origem desse projeto e quem são seus autores tornará mais clara a compreensão da natureza desta obra e qual seu verdadeiro alcance. A coleção LBT nasceu da frutuosa experiência dos *Cursos de Teologia para Agentes de Pastoral* da Arquidiocese de São Paulo (Região Episcopal Lapa). Os alunos dos vários núcleos freqüentemente pediam subsídios, apostilas, livros etc. O mesmo acontecia em cursos semelhantes, em outras regiões e dioceses. Contando com a colaboração de experientes e renomados teólogos de várias dioceses da Igreja no Brasil, pouco a pouco foi surgindo e ganhando corpo um projeto que pudesse atender a essa necessidade específica. De todo esse processo de busca e colaboração, animado e assistido pelo Espírito Santo, nasceu a coleção "Livros Básicos de Teologia".

Fidelidade a seu propósito original é um permanente desafio: proporcionar formação teológica básica, de forma progressiva e sistematizada, aos agentes de pastoral e a todas as pessoas que buscam conhecer e aprofundar a fé cristã. Ou seja, facilitar um saber teológico vivo e dinamizador, que "dê o que pensar", mas que também ilumine e "dê o que fazer". É desejo que, brotando da vida e deitando suas raízes na Palavra, na Liturgia e na Mística cristã, essa coleção articule teologia e prática pastoral.

Cabe também aqui apresentar e agradecer o cuidadoso e sugestivo trabalho didático dos nossos autores e autoras. Com o estilo que é próprio a cada um e sem esgotar o assunto, eles apresentam os temas *fundamentais de cada campo teológico*. Introduzem os leitores na linguagem e na reflexão teológica, indicam chaves de leitura dos diferentes conteúdos, abrem pistas para sua compreensão teórica e ligação com a vida, oferecem vocabulários e bibliografias básicas, visando à ampliação e ao aprofundamento do saber.

Reforçamos o trabalho de nossos autores, convidando os leitores e leitoras a ler e mover-se com a mente e o coração através dos caminhos descortinados pelos textos. Trata-se de ler, pesquisar e conversar com o texto e seu autor, com o texto e seus companheiros de estudo. Trata-se de dedicar tempo a um continuado exercício de escuta, de consciência crítica, de contemplação e partilha. Aí, sim, o saber teológico começará a transpor a própria interioridade, incorporando-se na vida de cada dia e, pela ação com o Espírito, gestará e alimentará formas renovadas de pertença à Igreja e de serviço ao Reino de Deus.

Certamente esta coleção cruzará novas fronteiras. Estará a serviço de um sem-número de pessoas e comunidades eclesiais da América Latina e do Caribe, com elas dialogando. Estreitaremos nossos laços e poderemos ampliar e aprofundar novas perspectivas evangelizadoras em nosso continente, respondendo ao forte clamor de preparar formadores e ministros das comunidades eclesiais.

A palavra do Papa João Paulo II, em sua Carta Apostólica *Novo millennio ineunte* [no começo do novo milênio], confirma e anima nossos objetivos pastorais e a tarefa já começada:

> *Caminhemos com esperança! Diante da Igreja, abre-se um novo milênio como um vasto oceano onde é necessário aventurar-se com a ajuda de Cristo (n. 58).*
>
> *É necessário fazer com que o único programa do Evangelho continue a penetrar, como sempre aconteceu, na história de cada realidade eclesial. É nas Igrejas locais que se podem estabelecer as linhas programáticas concretas — objetivos e métodos de trabalho, formação e valorização dos agentes, busca dos meios necessários — que permitam levar o anúncio de Cristo às pessoas, plasmar as comunidades, permear em profundidade a sociedade e a cultura através do testemunho dos valores evangélicos (...). Espera-nos, portanto, uma apaixonante tarefa de renascimento pastoral. Uma obra que nos toca a todos* (n. 29).

Com as bênçãos de Deus, certamente esta coleção cruzará novas fronteiras. Estará a serviço e dialogará com um sem-número de pessoas e comunidades eclesiais da América Latina e do Caribe. Estreitaremos nossos laços e poderemos ampliar e aprofundar novas perspectivas evangelizadoras em nosso continente, respondendo ao forte clamor de capacitar formadores e ministros das comunidades eclesiais.

ELZA HELENA ABREU
Coordenadora geral da Coleção LBT

```
Dados Internacionais de Catalogação na Publicação (CIP)
(Câmara Brasileira do Livro, SP, Brasil)

Starlino, Roberto Natali
    Direito eclesial : instrumento da justiça do Reino / Roberto
Natali Starlino. — São Paulo : Paulinas ; Valência, ESP : Siquem,
2004. — (Coleção livros básicos de teologia; 12)

    Bibliografia.
    ISBN 85-356-0473-1 (Paulinas)
    ISBN 84-95385-50-3 (Siquem)

    1. Direito canônico 2. Justiça 3. Reino de Deus 4. Teologia
- Estudo e ensino I. Título. II. Série.

04-5256                                              CDD-262.9
```

Índice para catálogo sistemático:
1. Direito eclesial : Direito canônico : Igreja Católica   262.9

© Siquem Ediciones e Paulinas
© Autor: Roberto Natali Starlino

Com licença eclesiástica (24 de junho de 2004)

Coordenação geral da coleção LBT: *Elza Helena Abreu*
Editora responsável: *Vera Ivanise Bombonatto*
Assistente de edição: *Cirano Dias Pelin*

*Nenhuma parte desta obra pode ser reproduzida ou transmitida
por qualquer forma e/ou quaisquer meios (eletrônico ou mecânico,
incluindo fotocópia e gravação) ou arquivada em qualquer sistema ou
banco de dados sem permissão escrita da Editora. Direitos reservados.*

Siquem Ediciones
C/ Avellanas, 11 bj. 46003 Valencia – Espanha
Tel.: (00xx34) 963 91 47 61
e-mail: siquemedicion@telefonica.net

Paulinas
Rua Pedro de Toledo, 164
04039-000 – São Paulo – SP (Brasil)
Tel.: (0xx11) 2125-3549 – Fax: (0xx11) 2125-3548
http://www.paulinas.org.br
editora@paulinas.org.br
Telemarketing e SAC: 0800-7010081
© Pia Sociedade Filhas de São Paulo, São Paulo, 2004

INTRODUÇÃO

Buscai em primeiro lugar o Reino de Deus e a sua justiça [...]
(Mt 6,33)

O tempo em que vivemos é este: chama-se Cronos.

É tempo de desintegração.

Cronos foi gerado por Gaia, que se uniu com Urânio, filho dela. Fruto de uma relação entre mãe e filho, Cronos gerou Caos, o vazio, que gerou Nyx, a noite. É evidente que vivemos neste tempo. Os hábitos mudaram. Dorme-se menos à noite. Troca-se a noite pelo dia. A luz artificial noturna dá a ilusão de perenidade, não passa, nem tem ocaso como a luz do sol. Vive-se na ilusão de eternidade, na sensação de um prazer que não acaba, não pode acabar, na idéia de um mundo que não muda, não quer mudar. É a vontade de dominar o tempo, de prolongar uma juventude sem compromissos duradouros. Imaturidade...

Instala-se a idolatria, o Olimpo acordou, reviveu, nós o despertamos. O Panteão iluminou-se de *flashes* insaciáveis, o sonoro vazio invade a morada humana sem pedir licença. Mercado é o deus da hora. Seus templos, grandes catedrais da *fé*, levantam-se imponentes oferecendo de tudo. O *shopping center* é a passarela luminosa para exaltação do supérfluo, o culto da boa aparência, o consumo e a sede do efêmero.

Tempo de desintegração. Esse tempo, Cronos, devora seus filhos. Deprime-os num acúmulo de tristeza e insegurança, oferecendo-lhes como remédios as mais variadas opções de drogas, legítimas e ilegítimas, mas todas acessíveis para todos. Imperam o medo e o desejo. A mídia encarrega-se, qual mensageira dos deuses, de incendiar esses sentimentos. Cresce a violência. Sem saída, os filhos devoram-se uns aos outros. Nem família, nem estado, ninguém é segurança e salvação para o outro. Salve-se quem puder, sozinho. Vale tudo. Não há lei, nem juízes.

Há setenta anos um grande ser humano, agraciado com "os três mais importantes carismas",[1] escreveu que a crise do mundo moderno está intimamente ligada ao ceticismo jurídico. À perda de fé no direito [...] que está

---

[1] LIMA, Alceu Amoroso. *Os direitos do homem e o homem sem direitos.* 2. ed. Petrópolis, Vozes, 1999. p. 7.

na base do espírito de violência, de fanatismo, de isolamento, de belicosidade, faz [...] pesar sobre a humanidade toda a angústia de uma terceira guerra universal, já agora nuclear e com as mais catastróficas perspectivas.[2]

***

O tempo em que vivemos é este: chama-se *kairós*.

É hoje! É tempo de criação.

Ele não é pai, nem mãe, nem filho, nem gente, nem deus, nem coisa. É simplesmente uma oportunidade para a ação invisível do Espírito. É tempo de esperança.[3] Desintegração criativa.[4] Está surgindo uma nova ordem jurídica. As instituições devem renascer das próprias cinzas. Nova família humana.

Neste mundo, onde a justiça dos seres humanos costuma ser não só cega, mas também surda e muda para os preferidos do Reino, ouvimos, com freqüência, destes a que os poderes terrenos não consideram, a exclamação de fé na Justiça do Alto: "Deus tarda, mas não falha!". Vale a pena confiar na justiça de Deus. O Senhor ama o direito (Sl 37,28) e felizes os perseguidos por causa da justiça (Mt 5,10). O Senhor ordena: "Buscai o direito" (Is 1,17).

Tristão de Ataíde afirma que

> *a campanha em favor da paz só será sincera e eficiente, como querem todos os homens e povos de boa vontade, se for acompanhada de uma campanha em favor do direito. Não de um direito abstrato e unilateral, baseado no interesse de uma nação, de uma classe, de um partido, de uma raça, de um continente, mas nas exigências substanciais e perenes da justiça universal [...] Descrer do direito, como valor substancial e autônomo, é descrer da possibilidade de paz entre os homens e de harmonia e convivência entre os povos.*[5]

É preciso humanizar o direito!

É preciso reencontrar na fé cristã a medida do humano.

---

[2] LIMA, Alceu Amoroso. *Introdução ao direito moderno*. 4. ed. Rio de Janeiro, PUC-Rio-Loyola, 2001. p. 16.
[3] Cf. JOÃO PAULO II. Exortação apostólica pós-sinodal *Pastores gregis* — Sobre o bispo, servidor do evangelho de Jesus Cristo para a esperança do mundo (16.10.2003). *A voz do papa*. São Paulo, Paulinas, 2003. v. 186. CNBB. Diretrizes gerais da ação evangelizadora da Igreja no Brasil — 2003-2006. *Documentos da CNBB*. 4. ed. São Paulo, Paulinas, 2003. v. 71, nn. 48, 78, 117, 193, 208.
[4] Cf. CASALDÁLIGA, Pedro. *Nossa espiritualidade*. São Paulo, Paulus, 1998. p. 15.
[5] LIMA, Alceu Amoroso. *Introdução ao direito moderno*, cit., p. 16.

A intenção deste presente estudo é situá-lo no âmbito do conhecimento teológico. Nosso método é, necessariamente, o teológico. Se nosso objeto de estudo é o direito, nós aqui o vemos em referência a Deus. O Deus de Jesus Cristo de Nazaré. Convidamos quem pretende ler estas linhas a renovar a esperança cristã da vida, princípio e fim de nossa fé; a seguir o Senhor que nos preceitua a justiça, fundamento do direito; a cumprir o mandamento da caridade alegre e jovial, que é o testemunho das obras da justiça.[6]

A esperança da vida digna para todos constitui-se em dever fundamental das pessoas fiéis na Igreja, sacramento do Reino de Deus. Entenda-se por "dever" o empenho co-responsável na construção da esperança. O direito da Igreja é instrumento de comunhão, participação e missão. No mistério da Igreja, que é lugar de tal empenho co-responsável, está também o direito como importante instrumento de edificação da comunidade.

Partindo desta chave de entendimento, propomos um diálogo com quem se dispõe a ler, servindo-nos de alguns conceitos, a nosso ver adequados para um estudo introdutório ao Direito Eclesial, a saber: instrumento, justiça e Reino.

Com isso, nosso estudo divide-se em três tempos. O primeiro — mais desenvolvido — pretende tratar algumas questões de método usando o conceito de "instrumento". O segundo reflete o conceito de "justiça" e propõe-se a apresentar, brevemente, quem protagoniza a ação evangelizadora, a saber: as pessoas fiéis, ou, como disse Puebla, agentes de comunhão e participação. A categoria "Reino" deve apoiar a reflexão do terceiro tempo, que apontará, também rapidamente, as estratégias para a evangelização, ou seja, meios para a comunhão e participação[7] presentes nos atuais códigos de Direito Canônico. Ver a realidade com os olhos da fé cristã, buscar fundamentos nas fontes da revelação, sobretudo na prática eclesial, e agir segundo o projeto de Deus é a dinâmica que nos servirá de inspiração.

---

[6] A carta de Barnabé, cap. 1,1-8; 2,1-5. In: PAULO VI. *Ofício divino — Liturgia das horas* Trad. bras. da 2ª ed. típica. São Paulo, Vozes-Paulinas-Paulus-Ave Maria, 1995. v. 4, p. 43.

[7] A palavra "participação" aparece várias vezes na *LG* (nn. 2, 10, 26, 28, 33, 41, 51 e na nota explicativa prévia, n. 2). Celam. *Puebla, a evangelização no presente e no futuro da América Latina*. 6. ed. Petrópolis, Vozes, 1985 (texto oficial da CNBB). nn. 658-891 e 892-1095. Os documentos da Conferência Nacional dos Bispos do Brasil usam freqüentemente os termos "participar" e "participação". Cf. ANTONIAZZI, Alberto. Estruturas de participação nas igrejas locais. In: ANJOS, Márcio Fabri dos (org.). *Bispos para a esperança do mundo — Uma leitura crítica sobre caminhos da Igreja*. São Paulo, Paulinas, 2000. pp. 195ss.

Capítulo primeiro

QUE É O DIREITO?

Servi sumus legi ut liberi essemus[1]
(Cícero)

A exposição do Direito Canônico só pode ser bem feita se estiver sintonizada com o mistério da Igreja.[2] Logo, é fundamental que nos ocupemos desde já do tema. Cada um de nós faz a sua experiência de Igreja. Pode-se pensar nesta noção que temos, mas a Igreja, ao longo dos tempos, elaborou uma reflexão sobre sua identidade e definiu-se, no Vaticano II, "mistério". A disciplina que chamamos hoje "eclesiologia", dentro do curso de teologia, dedica-se ao estudo deste "sacramento universal". Dedicaremos um capítulo a este tema mais adiante. No momento, busquemos — como convém tratar o mistério — uma das muitas imagens usadas para falar da Igreja, a da construção de Deus. Esta é uma analogia presente na reflexão de são Paulo (1Cor 3,9). O apóstolo une esta metáfora à do campo de Deus. O fundamento é Jesus Cristo. Os outros construtores, depois dos apóstolos que lançaram a base, deverão edificar sobre esse alicerce. O material usado será testado. Tal edificação não pode ser profanada. É sagrada. Na carta aos Efésios (2,19-22), a alegoria é tomada em comparação com a da oliveira. A Igreja é reunião de pessoas diversas, numa mesma casa, cuja base é o evangelho de Cristo.

No texto do Concílio Vaticano II,[3] essa construção recebe vários nomes: casa de Deus — na qual habita a sua família —, morada de Deus no Espírito (Ef 2,19-22), morada de Deus-com-os-homens (Ap 21,3) e principalmente templo santo, que, representado em santuários de pedra, é louvado pelos santos Padres e, não sem razão, comparado na liturgia com a cidade santa, a

---

[1] Conforme a verdadeira noção de direito, assumida pela antropologia cristã, nós nos submetemos às leis (quando merecem tal denominação) para sermos livres. O direito é uma "ordem de Justiça entre as pessoas humanas", isto é, a expressão de sua sociabilidade, entendida como convivência e harmonia de relações intersubjetivas, para que o ser humano seja o que realmente é: imagem de Deus. Cf. DE PAOLIS, Velasio. *La vita consacrata nella chiesa*. Bologna, Dehoniane, 1992. Col. Diaconia del Diritto, contracapa.
[2] Cf. *OT* 16.
[3] Cf. *LG* 6.

nova Jerusalém. Pois nela, quais pedras vivas, somos edificados nesta terra (1Pd 2,5). João contempla esta cidade que, na renovação do mundo, desce do céu, de junto de Deus, vestida de noiva para o seu esposo (Ap 21,1ss). Edificar a Igreja (Mt 16,18), casa da paz entre todos os povos, é nosso trabalho evangelizador e missionário neste mundo. Essa construção, obra do Espírito Santo, em que a mestra é a Caridade, conta com vários instrumentos, entre eles as suas normas disciplinares. Quem constrói? Todas as pessoas que aderem à Palavra de Deus e são ministros da ação de Cristo em sua Igreja. O evangelista Mateus fala do homem que construiu a casa sobre a rocha (Mt 7,24-27/Lc 6,47-49). Essas palavras de Mateus encerram o sermão da montanha. Jesus compara o homem que aceita suas palavras com o construtor sensato. E compara o homem fechado à prática dos ensinamentos do Cristo ao construtor insensato. O primeiro constrói sobre a rocha. O segundo, sobre a areia.

Para exercitar

No início deste estudo, propomos o seguinte exercício que nos servirá de inspiração:

1. Leia individualmente o texto que segue, anotando os pontos sujeitos a reações de sua parte.
2. Você concorda com a analogia entre "instrumento" e Direito Canônico?
3. Partindo da lista de instrumentos apresentada, faça a comparação com o Direito Canônico, indicando o papel dele na construção.
4. Em pequenos grupos, confronte as reações individuais.
5. Resuma a idéia que o grupo tem de "Direito Canônico".

Lista de alguns instrumentos utilizados nas várias fases da construção:

1. Sonda: aparelho de perfuração que atinge grandes e médias profundidades para conhecimento do subsolo, de sua natureza geológica.
2. Planta: representação gráfica da projeção horizontal do edifício. A planta baixa passa, geralmente, acima do plano dos peitoris das janelas.
3. Escavadeira: máquina de escavar e de retirar a terra.
4. Nível de bolha (mangueira de nível): instrumento destinado a verificar a horizontalidade de um plano e que consiste num pequeno tubo que contém líquido e uma bolha de ar (também chamado nível de pedreiro).
5. Prumo: instrumento constituído de uma peça de metal ou de pedra, suspensa por um fio, utilizado para determinar a direção vertical.

Quem pode construir

Imaginemos uma boa casa a ser construída por alguém prudente, uma casa segura, com planta assinada por profissionais especializados. Pensemos, agora, num barraco de papelão e lona no morro.

Que diferença!

Vamos construir a casa.

PROJETOS E APROVAÇÕES

Quem quer uma casa bem sólida e bonita, deve procurar um terreno que apresente as características necessárias ao seu tipo de obra, o qual deve ter espaço suficiente para suprir as necessidades de sua família. Por isso, enquanto procura o terreno, a pessoa que vai construir já deve ter em mente quanto de espaço precisa para o seu tipo de casa, fazendo um anteprojeto ou estudo preliminar. Quando se encontra o terreno desejado, é preciso fazer diversas análises:

a) levantamento topográfico para identificar a geografia do terreno: desníveis, direção dos ventos, nascer e pôr-do-sol etc.;

b) sondagem para saber as propriedades do solo onde queremos construir.

Após a coleta de dados, os profissionais contratados devem elaborar os seguintes projetos:

1. Projeto de arquitetura com todas as áreas definidas para as diferentes necessidades do proprietário.

2. Projeto estrutural contendo todas as ferragens e estruturas que serão necessárias para tornar possível a execução do projeto arquitetônico.

3. Projeto elétrico contendo todas as ramificações elétricas e telefônicas (TV a cabo etc.), também de acordo com as necessidades do proprietário.

4. Projeto hidráulico com todas as ramificações de água e esgoto da residência, levando em consideração também as águas pluviais ou outros fatores climáticos (neve, ventos etc.).

Na fase de aprovação, devemos ir aos órgãos públicos responsáveis:

a) CREA (Conselho Regional de Engenharia e Arquitetura): para registrar o projeto e ter garantia de estar contratando um bom profissional;

b) Prefeitura: para ter a garantia de estar construindo uma casa de acordo com o plano diretor da área onde queremos construir, evitando, pois, a inviabilização da construção.

SERVIÇOS PRELIMINARES

Para começar uma obra, é preciso evitar as surpresas, por isso não se pode deixar de lado nenhum item, até mesmo aqueles que parecerem menos importantes. Estando de posse do orçamento e de todos os projetos necessários, com suas respectivas aprovações, podemos partir para a contratação de profissionais: engenheiro, mestre-de-obras, pedreiros e serventes. Os demais, como bombeiros, eletricistas e pintores só devem ser contratados quando a casa estiver levantada e coberta.

Nos serviços preliminares, devem ser feitos os serviços de terraplenagem, deve ser construído um barracão para guardar as ferramentas e servir de escritório para a obra e deve-se pedir também aos órgãos responsáveis as ligações provisórias de água e energia.

FUNDAÇÕES

Na execução das fundações, o mestre-de-obras, de acordo com a planta baixa, faz a locação da obra no terreno para, logo em seguida, começar as escavações (cavar até o solo firme). Às vezes, durante a escavação, percebe-se que há pequenas incompatibilidades (aparecimento de um lençol freático, argila além do previsto etc.) entre o terreno e projeto. Neste caso, o engenheiro deve optar por soluções mistas, adaptações que favoreçam o bom andamento da obra.

ESTRUTURAS E ALVENARIAS

As estruturas são as armações de concreto, madeira e ferro necessárias para erguer as paredes e servir de apoio às lajes de cobertura, ou pavimentos superiores. Logo que começamos a erguer as paredes, devem ser conferidas todas as medidas e até se o alicerce foi executado corretamente. Todas as paredes devem ter alinhamento e inclinação de acordo com o projeto de arquitetura, sem esquecer as estruturas, que não devem ser diferentes das especificadas no projeto. Os problemas (paredes fora de prumo; ondulações na alvenaria e no forro; paredes, portas e janelas fora do lugar) que surgem em virtude da má execução das estruturas e da alvenaria são um transtorno muito grande, pois se gasta tempo e dinheiro tentando encobrir erros que poderiam ser evitados na execução. Tal tipo de problema pode elevar o custo da obra em mais de 30% do custo total e do tempo de execução do projeto.

TELHADO

Na execução do telhado, deve-se levar em conta que toda a estrutura das paredes já foi dimensionada para recebê-lo. A cobertura é o final da primeira etapa de uma construção, depois dela já podemos começar a pensar no acabamento. A estrutura deve levar em consideração os vãos (espaços entre paredes ou pilares), o desenho do telhado e as inclinações necessárias apontadas no projeto.

INSTALAÇÕES HIDRÁULICAS E ELÉTRICAS

A execução das instalações deve seguir à risca os projetos, evitar todo o tipo de improvisação. Se a execução das instalações for diferente do projeto, os problemas que podem aparecer não terão solução sem que se faça uma revisão em quase todas a instalações. No caso da eletricidade, por exemplo, o mau dimensionamento numa parte da casa pode sobrecarregar outra parte, impedindo até o uso simultâneo de vários aparelhos elétricos.

ESQUADRIAS, REVESTIMENTOS/ACABAMENTOS, PINTURA

As esquadrias são todas as aberturas fechadas com portas, janelas, mezaninos, cobogós e/ou vitrais. Os materiais são diversos, variando entre madeira, ferro, alumínio, vidro, cerâmica vazada etc. Toda a casa, por mais bonita que seja, se não recebe um revestimento adequado, pode ficar sem o brilho com que o seu proprietário sonhava. O acabamento (piso, revestimentos das paredes, rodapé, escadas, granito etc.) soma um total de 30% no custo final da obra. A pintura corresponde aos ambientes de uso e os matizes são dados pelo bom gosto do cliente.

SERVIÇOS COMPLEMENTARES

Chegou a hora de fazer a limpeza da obra. Ela não deve ser feita por qualquer pessoa ou com o uso de ácidos e materiais abrasivos que possam danificar os diferentes tipos de materiais usados na obra. Também entre os serviços complementares está a jardinagem, que deve dar vida à casa, por isso é preciso escolher plantas bonitas e coloridas para dar um tom bem alegre à nova casa.

Se a construção é de um barraco, nem todos os instrumentos serão necessários.[4]

***

Cremos agora poder fazer dois tipos de questionamento sobre o direito. O primeiro é prático, ou seja, quer saber qual a solução do direito para um caso concreto (*quid iuris*). O segundo é mais teórico, ou seja, pergunta pelo fundamento do direito (*quid ius*). As ciências jurídicas ocupam-se da primei-

---

[4] Este texto foi elaborado com a ajuda valiosa de um aluno — Manoelito Quinto Vieira — formado em construção civil.

ra questão e a filosofia ocupa-se da segunda. Para nós, as duas respostas são importantes, mas não bastam. Deverão ser integradas e articuladas no saber teológico, onde o direito significa um algo mais. Damos, a seguir, alguns pressupostos que servirão para situar-nos neste horizonte — que chamamos mais amplo (*quid amplius*) — da nossa concepção de direito.

1. PRESSUPOSTOS ETIMOLÓGICOS

Em primeiro lugar, coloquemos diante dos olhos os diversos significados das palavras "instrumento" e "direito" para que a discussão possa ser bem encaminhada.

a) Sobre a palavra instrumento

Vem do verbo latino *instruere* e tem muitos significados: construir, formar, ordenar, preparar, prover, fornecer, ensinar. Sendo assim, o termo *instrumentum* pode significar a mobília da casa, os utensílios; pode significar também aparatos, ornamentos, pompa, recursos, meios e, enfim, documento, contrato, testamento.

Na língua portuguesa, o dicionário Aurélio registra, como primeiro significado da palavra instrumento, ser o "objeto, em geral mais simples do que o aparelho, e que serve de agente mecânico na execução de qualquer trabalho"; em segundo lugar, "qualquer objeto considerado em sua função ou utilidade"; depois, "recurso empregado para se alcançar um objetivo, conseguir um resultado; meio". No sentido figurado, "pessoa que serve de intermediário".

O primeiro significado, instruir, explicitado na raiz da palavra, de onde derivam também os verbos construir e destruir, refere-se à dinâmica da construção e coloca-nos no cerne da metodologia jurídica na Igreja. É o direito que segue a vida. É no diálogo com a realidade (vida) que o direito se faz. De tal maneira que o direito humano é algo sempre em construção, é como um projeto pedagógico, uma instrução, ele se forma formando. Não pode estar cristalizado "em textos de lei, frios e impessoais, aplicados mecanicamente".[5]

O segundo significado destaca o fim a ser alcançado. O instrumento é o meio. Ele nos remete a um fim. A Igreja — também com sua disciplina — busca a salvação da pessoa toda e de todas as pessoas. Outra palavra usada para significar esta combinação dos recursos (meios) em vista de um objetivo intencional (fim) é "estratégia".

---

[5] LIMA, Alceu Amoroso. *Introdução ao direito moderno*, cit., p. 16.

b) Sobre a palavra "direito"

Foi usada para traduzir o que os antigos romanos chamavam *jus*. É um termo de origem complexa. Vem do verbo latino *iubere*, que significa comandar. A razão dessa proveniência está no fato de o *ius* "ser comandado por aquele que tem o poder supremo".[6] De fato, *ius*, entre os romanos, foi considerado aquilo que tinha sido comandado pelo povo, cuja característica própria era comandar. Vale lembrar que "povo", para os romanos, era um grupo de homens livres. Escravos, mulheres e crianças não contavam. Era um direito classista.

O *ius* foi, posteriormente, aquilo constituído pela lei, a saber: divina, natural, humana-civil, dos povos (direito internacional). Significa, então, *lei*, ou seja, regra do justo, medida da justiça, em expressões como direito natural, positivo, divino, humano etc. E significa também complexo (conjunto) de leis, quando falamos, por exemplo, direito penal, direito matrimonial, direito processual.

Jus é chamado também de eqüidade comum ou eqüitativo universal, legítimo, isto é, adequado à lei, tal como a norma e a regra das ações humanas. Significa, assim, o que é correto, donde os termos que se usam para traduzir *jus*: *diritto, droit, derecho, Recht, right, direito* (= verbo latino *dirigo*, que significa colocar em linha reta, alinhar, dar uma direção determinada, dirigir).

Também usada para significar "aquilo que é devido a si", esta pequena palavra indica, nas relações humanas, aquilo que é de cada um como "seu". Aqui, *ius* significa o objeto da justiça, ou seja, coisa devida a outra pessoa quando falamos em, por exemplo, ferir o direito de alguém, buscar o seu direito etc. A justiça foi definida como a virtude de atribuir a cada um o que é seu. E a ciência que consistia em saber estabelecer o "seu direito" denominou-se, segundo a célebre definição de Celso, retomada por Ulpiano, a ciência prática (técnica) que tem como objeto o bom e o justo.

O *ius* significa também sentença do juiz, donde os termos jurisdição e jurisprudência, que literalmente significam "ação de dizer (dicção) o direito, prudência do direito"; significa, ainda, o *local* ou tribunal onde se reivindica o próprio direito, em expressões como chamar ao direito, levar ao direito etc.; *ius* é, finalmente, a faculdade moral, o poder de fazer, exigir ou possuir algo, por exemplo, na expressão direito de propriedade.

Em todos os significados da palavra *ius*,[7] a idéia do "comando dado por um poder supremo", de uma "vontade ou desejo superior" está presente.

---

[6] FORCELLINI, Aegidii. *Totius latinitatis lexicon*. Patavii, Typis Seminarii, MDCCCXVIII. II.

[7] O termo *ius* aparece na expressão *sui iuris* (= de seu direito) para indicar também, no CCEO, aquelas Igrejas de direito próprio, que têm certa autonomia e são dotadas de órgãos legislativos próprios.

Por isso a máxima tão conhecida: "Onde está o ser humano, aí está a sociedade; onde a sociedade, aí o direito; onde o direito, aí a lei; onde a lei, aí a autoridade; sem a vontade superior não há também o comando".

As idéias contidas no termo *instrumentum* ajudam a equilibrar as do termo *ius*. Se, por um lado, direito, na nossa maneira de ver, é algo em construção, em luta, por outro lado a construção parte de um fundamento dado, uma vontade superior que se faz comando, mandamento, convocação pessoal e comunitária. É no diálogo que se constrói o direito. E o diálogo acontece tendo em vista o fim, a saber, a salvação da pessoa (1Pd 1,9). Na experiência de fé, o canonista constata que a salvação buscada no direito é só um sinal da outra salvação que a lei não nos pode dar, só a graça (Rm 3,21-25).

Estamos no campo da teologia. É a intenção deste estudo. A teologia é uma forma de saber humano que se constrói a partir da revelação e não da investigação humana, simplesmente.[8] Não se trata de filosofia do direito e nem ciência do direito. O que não quer dizer que esteja eliminada a razão. Há uma reflexão racional e sistemática, mas o ponto de partida é o dado da fé. Teologia é a fé que ama saber. O dado de fé, objeto do conhecimento teológico, é uma revelação e não pode ser descoberto nem pela ciência, nem pela filosofia, nem pelo conhecimento popular. O método teológico é a procura de integração entre fé e razão.

2. PRESSUPOSTOS CIENTÍFICOS — AS CIÊNCIAS DO DIREITO

Não é freqüente, nos livros sobre Direito Canônico, encontrarmos a consideração sobre o método.[9] É uma questão importante e ainda não foi suficientemente tratada na disciplina canônica, na opinião de Walf. A questão do método, segundo esse autor, deixa os canonistas num dilema: se empregam de modo coerente os métodos conhecidos e habituais na ciência, hoje, vêm os conflitos com o magistério eclesiástico; se, ao contrário, empregam os métodos científicos só até um certo ponto, o perigo de sua disciplina perder o *ethos* científico é inevitável.[10]

Pensamos que é possível uma integração entre a teologia e a ciência jurídica. Clodovis Boff considera a ciência um elemento articulador da teo-

---

[8] Cf. RAMPAZZO, Lino. *Metodologia científica — Para alunos dos cursos de graduação e pós-graduação.* São Paulo, Loyola, 2002. pp. 21-24.
[9] Embora se coloque numa perspectiva diversa da apresentada por nós, pois parece ver a teologia como uma ciência distinta do Direito Canônico, que, por sua vez, seria outra ciência autônoma, aconselhamos a leitura de Javier Hervada e Pedro Lombardía, Prolegómenos — Introducción al derecho canônico, in AA.VV., *Comentario exegético al Código de Derecho Canônico,* 3. ed., Navarra, EUNSA, 2002, v. I, pp. 55-91.
[10] Cf. WALF, Knut. *Derecho eclesiástico.* Barcelona, Herder, 1988. Col. Biblioteca de Teologia 12. pp. 16s.

logia. Esse mesmo autor entende a teoria do método teológico como uma articulação de articuladores teológicos. Como isso acontece? Devem ser ouvidos, primeiro, os testemunhos da fé (Bíblia), para depois esclarecer e aprofundar o seu significado e, enfim, confrontá-los com a vida. A fé tem a primazia entre esses elementos articuladores.[11] As ciências e seu respectivo método colocam-se a serviço da compreensão da revelação. Sendo assim, vemos o Direito Canônico — teologia prática acerca das leis da Igreja[12] — como uma disciplina teológica a ser estudada com método teológico, não como uma ciência autônoma ao lado da teologia.

Foi assim durante o primeiro milênio do cristianismo. A teologia apresentava-se unitária. Como disciplina autônoma, desmembrada da teologia, o Direito Canônico surge no início do século XII.[13] Era o comentário dos cânones e decretais, reunidos pelo monge Graciano, professor em Bolonha, em 1140. A outra disciplina teológica era a Sagrada Escritura. Com o passar do tempo, outras disciplinas surgiram e começa "um processo de explosão da unidade teológica".[14] Atualmente, a unidade da teologia é fraca. É uma unidade que precisa ser construída, a partir de dois princípios: 1º) a Bíblia como "alma de toda a teologia" e 2º) a vida cristã como finalidade de todo o saber teológico.[15] O Concílio Vaticano II aponta-nos o lugar do direito entre as disciplinas teológicas.

Admitindo a importância das ciências jurídicas como elemento articulador do estudo do Direito Canônico, é justo que digamos que nem toda a concepção científica de "direito", dentre as várias existentes, pode ser integrada e articulada no saber teológico. Temos de afirmar, por exemplo, que o Estado não é a única fonte de direito; que "legal" e "justo" não se identificam pura e simplesmente; que não é qualquer fim que justifica uma determinada organização e lhe dá direitos. Serve-nos, no âmbito teológico, a idéia de "direito" como uma ordem da conduta humana, geralmente aceita em uma determinada sociedade, para, com a certeza e a segurança, realizar outras aspirações, entre elas, de modo especial, a justiça,[16] o que ainda não basta. Nossa idéia de direito encontra seu pleno esplendor à luz da revelação. Justiça é o fundamento do direito. Ela é o plano de Deus, é o nome de Deus (Jr 23,6). *Buscai o Reino de Deus e sua justiça...* Como criaturas racionais, os seres humanos podem e devem conhecer este desígnio de Deus, formulá-lo como projeto comunitário de vida e praticá-lo. A essa participação

---

[11] Cf. BOFF, Clodovis. *Teoria do método teológico.* Petrópolis, Vozes, 1998. p. 14-15.
[12] Cf. CAPPELLO, Felix M. *Summa iuris canonici in usum scholarum concinnata.* Roma, Gregoriana, 1932. v. I, p. 11. Definição clássica de direito canônico: *theologia practica circa leges ecclesiasticas.*
[13] Cf. GHIRLANDA, Gianfranco. *Introdução ao direito eclesial.* São Paulo, Loyola, 1998. p. 67.
[14] Cf. BOFF, C. *Teoria do método teológico,* cit., p. 611.
[15] Idem, ibidem, p. 615.
[16] Cf. PANIAGUA, José Maria Rodriguez. *Derecho y ética,* Madrid, Tecnos, 1977. p. 31.

no plano de Deus chamamos, com santo Tomás, lei natural. É do diálogo dos seres humanos com o projeto de Deus que nasce o direito. Na Igreja, a distinção que se faz entre o teológico-jurídico, mais ligado à ordem externa, e o teológico-moral, mais voltado para o mundo interior da consciência, não quer dizer separação.

3. PRESSUPOSTOS FILOSÓFICOS

Nenhuma das ciências, tomadas isoladamente, esgota toda a complexidade do fenômeno jurídico, pois todo o conhecimento científico é setorial. As ciências estudam o direito enquanto "fato". A filosofia pode dizer algo sobre seu fundamento ontológico. O conhecimento filosófico interessa-se por tudo, por todas as inúmeras questões postas à reflexão humana. Servindo-se da luz da razão, procura as causas mais profundas, para além dos dados próximos e experimentáveis. Assim, por exemplo, no caso das ciências jurídicas, Rampazzo diz que o

> *jurista, de um ponto de vista técnico, procura saber quais são as "leis" que regulam a convivência de uma determinada sociedade. O filósofo, porém, vai além; não se limita a perguntar como funciona a sociedade, mas quer saber: "Por que existem as leis?", "Que é o direito?", "Qual é o seu fundamento?", "Qual é o seu objeto de estudo?".*[17]

Mas não é toda a filosofia que nos servirá de referência. Falamos aqui do modo cristão de filosofar, ou seja, de uma filosofia aberta para a fé. Primeiro, deve ser uma filosofia que se coloque na busca do "fundamento natural" do sentido último da vida humana. Em segundo lugar, não deve ser uma filosofia radicalmente fenomenista ou relativista. Terceiro, uma filosofia que tenha abertura metafísica. As ciências hermenêuticas e as diferentes análises da linguagem progrediram. Aqui a metafísica torna-se mais importante.[18]

A pessoa humana pode alcançar uma visão unitária e orgânica do saber. Para nosso modo cristão de pensar, a mais importante tarefa dos próximos anos é realizar esta unidade. A fragmentação do saber, que implica a visão parcial da verdade e seu sentido, impede a unidade interior da pessoa humana de hoje. O papa insiste na necessidade duma estreita relação de continuidade entre a reflexão filosófica atual e a reflexão elaborada na tradição cristã como meio de se prevenir do perigo que se esconde em algumas correntes de pensamento, hoje particularmente difusas, que, em suma, se traduzem na *leitura niilista*, com a rejeição de qualquer fundamento e simul-

---

[17] RAMPAZZO, L. *Metodologia científica*, cit., p. 22.
[18] Cf. JOÃO PAULO II. Carta encíclica *Fides et ratio* sobre as relações entre fé e razão (14.09.1998), n. 84.

taneamente a negação de toda a verdade objetiva. Uma vez que se privou o ser humano da verdade, é pura ilusão pretender torná-lo livre. Verdade e liberdade, com efeito, ou caminham juntas, ou juntas miseravelmente perecem. Como conseqüência dessas atitudes, a antropologia "fica fortemente condicionada com a proposta duma visão unidimensional do ser humano, da qual se excluem os grandes dilemas éticos e as análises existenciais sobre o sentido do sofrimento e do sacrifício, da vida e da morte".[19]

Que é o ser humano?[20] Fala-se da erosão do fundamento objetivo das leis, de um verdadeiro e sistemático ataque à lei natural, do conceito de "pessoa humana" e da recusa de qualquer referência moral.

O direito visa à humanização. Gostaríamos de apresentar aqui alguns elementos filosóficos presentes na mente do atual legislador eclesial. Segundo Karol Wojtyla, papa João Paulo II, que promulgou nossa legislação em vigor, "o essencial é a filosofia do ser humano, pois o direito está destinado ao ser humano; a visão da pessoa não pode deixar de interessar ao filósofo do direito, tendo em vista que essa visão [...] concebe a pessoa humana na sua vertente comunitária e social".[21]

Os pontos centrais da antropologia, que devem estar subjacentes à nossa noção de direito, são, portanto, os seguintes: o ser humano é fruto de uma "vontade superior"; ele é criado por um desejo livre de Deus, que lhe deu a capacidade de conhecer a verdade e desejar o bem. Ele pode conhecer a existência do seu Criador e é vocacionado, na liberdade, a responder ao dom da existência. O ser humano é "pessoa", isto é, não se reduz a "indivíduo de uma espécie", mas possui algo mais: "uma plenitude e uma perfeição dos seres particulares". Essa plenitude indica a "irrepetibilidade" de todo o ser humano. A pessoa não é "algo", é "alguém". O ser humano é "sujeito" metafísico e autônomo em seu próprio ser e em todo o seu dinamismo operativo. O agir segue o ser porque a existência é pressuposto indispensável para o fazer. Neste dinamismo, é preciso distinguir o ato humano (o ser humano age como senhor de seu ato) do ato de homem (algo acontece no ser humano sem que dependa de sua vontade). O ser humano é "livre" em seu agir graças à vontade (ato de vontade) que pressupõe a razão (ato de inteligência). A liberdade é o elemento constitutivo da pessoa humana. O ser humano é "autoposse, autodomínio e autodeterminação". Essa realidade foi anunciada pelos pensadores medievais com a expressão "a pessoa é senhora e juíza de si mesma", pode prover-se sozinha e projetar

---

[19] João Paulo II. *Fides et ratio,* nn. 82-90.
[20] Cf. *GS* 9-10. CTI. *O pluralismo teológico — A Igreja e as culpas do passado.* Trad. de Alda da Anunciação Machado. São Paulo, Loyola, 2002. pp. 106-110.
[21] Grocholewski, Zenon. *A filosofia do direito nos ensinamentos de João Paulo II e outros escritos.* São Paulo, Paulinas, 2002. Trad. do polonês para o espanhol de Bogdan Piotrowski; trad. do espanhol para o português de côn. Martín Segú Girona.

seu próprio destino. Na decisão de sua liberdade, ninguém pode substituir o outro. O ser humano, em seu livre agir, é "dependente da verdade que ele descobre em sua natureza". Nesse sentido, a liberdade é um dever, uma resposta à verdade e um compromisso com a verdade. A submissão do livre agir à verdade cumpre-se por meio da consciência, que não é sujeito autônomo. O ser humano é sujeito e a consciência é uma propriedade constitutiva do ato. As duas funções da consciência: a) reflexão e interiorização de tudo aquilo com que a pessoa humana estabelece contato objetivo por meio de qualquer ação; b) fundamentação e formação da experiência vivida. A consciência deve ser formada à luz da verdade. O ser humano só se realiza mediante o ato moralmente bom à luz da verdade objetiva. O ser humano, por meio do ato, revela-se como um ser além de si mesmo, ou seja, apreende a verdade pela inteligência, domina-se a si mesmo pela vontade, busca a verdade e o bem pela liberdade. O ser humano, por meio do ato, realiza a integração da complexidade dos dinamismos psicossomáticos. A essas reflexões, acrescentemos as grandes contribuições das ciências psicológicas, sobretudo na pesquisa sobre os fatores inconscientes que influenciam na decisão livre de uma pessoa.[22]

Há também uma dimensão comunitária do ser humano. Os pontos fundamentais do pensamento filosófico de Karol Wojtyla foram apresentados nestes termos: o conceito de participação é o ponto de partida.[23] Participação significa a) capacidade de agir da pessoa humana "com as demais", na qual o ser humano faz não só o que resulta da ação comum, mas também se realiza, transcendendo-se e integrando-se; e b) aplicação dessa capacidade. A ação conjunta e a participação que está conexa com ela têm duas dimensões: a interpessoal, que pode ser expressa pelos pronomes "eu-tu", "eu-outro" e permite captar o conceito de participação em seu núcleo; e a social, expressa com o pronome "nós" e referindo-se a uma coletividade que podemos chamar de sociedade, grupo social etc. O núcleo da sociedade é a relação de numerosos "eus" com o bem comum, escolhido pela pessoa como seu próprio bem e como o fim para o qual tende. Dessa relação

---

[22] Importante é a contribuição, do ponto de vista psicológico, de Luigi Rulla, no aprofundamento da antropologia cristã. Ele apresenta os seguintes elementos fundamentais da antropologia teológica: 1. O ser humano é criatura chamada à autotranscendência teocêntrica; 2. A liberdade por amor é condição para a autotranscendência; 3. O amor é o centro dinâmico da motivação cristã. Cf. RULLA, Luigi M. *Antropologia da vocação cristã — Bases interdisciplinares.* São Paulo, Paulinas, 1987.

[23] Sobre o conceito de participação, cf. Alberto Antoniazzi, Estruturas de participação nas igrejas locais, cit., pp. 195ss. Destaco a observação feita por esse autor de que não bastam as estruturas participativas nem a existência de grupos organizados para que haja efetiva participação; é necessária uma cultura de participação. As pessoas e as comunidades devem estar intimamente convictas da necessidade da participação e dispostas a fazer o esforço para tal, vencendo a indiferença, comodismos, corporativismos, busca de interesses pessoais.

nasce nas pessoas a consciência de formarem um "nós" determinado, como uma nova realidade. Embora se compenetrem, a dimensão interpessoal tem a primazia e fundamenta a dimensão social. Assim, o ser humano, em sua verdade plena como pessoa, realiza-se a si mesmo pela dimensão interpessoal e pela relação com o bem comum. Ao elemento objetivo do agir "com os outros" deve-se somar o elemento subjetivo da dimensão interpessoal e da relação com o bem comum para o cumprimento de atos verdadeiros pelos quais as pessoas realizam-se. Sendo assim, o princípio de participação tem, indiretamente, um significado normativo, fundamentado sobre o fato de que, pela força desse princípio, o ser humano pode realizar-se. A toda pessoa humana é preciso reconhecer o direito "natural" de cumprir atos e de realizar-se neles. No agir com as outras pessoas, esse direito admite um sentido específico do dever de manifestar-se a elas nas relações interpessoais. O princípio de participação é, pois, uma fonte particular do direito e do dever. Nesse direito-dever, Karol Wojtyla percebe a necessidade fundamental do requisito do amor, em nível elementar, como "convite a fazer a experiência do outro ser humano como um outro 'eu', um convite a participar de sua humanidade, concretizada em sua pessoa". A alienação é a negação da participação. Trata-se de uma situação ou condição de um ser humano que não lhe permite fazer a experiência de outro ser humano como um "outro eu". Pelo "individualismo" (ausência de participação) e pelo totalitarismo (impossibilidade de participação), a participação pode ser limitada ou mesmo cancelada. As atitudes de solidariedade e oposição expressam a participação. Solidariedade significa uma disposição constante de aceitar e de realizar a parte que corresponde a cada um pelo fato de ser membro de determinada comunidade, visando à realização do bem comum. A solidariedade não exclui a oposição, considerando que a pessoa que se opõe não se nega a participar da comunidade e está disposta a agir em prol do bem comum. Essa oposição se refere unicamente à maneira de conceber e de realizar o bem comum. É sobre a base da solidariedade substancial que se desenvolve a oposição. Ao conceito de bem comum, em sentido dinâmico, corresponde o diálogo. Convém assumir "o princípio do diálogo apesar das dificuldades que podem surgir no caminho de sua realização". As atitudes contrárias ao conceito de participação são o conformismo e o escapismo. O conformismo surge quando se demonstra uma falta de solidariedade intrínseca e, ao mesmo tempo, a tendência de evitar a oposição, falta de compromisso pessoal com a comunidade. O escapismo é a alteração da oposição, simplesmente uma renúncia à participação.[24]

    Dito isso, vejamos algumas linhas fundamentais de filosofia do direito em João Paulo II. A primeira delas se refere ao serviço prestado pela ordem jurídica. O direito deve respeitar e apoiar a dignidade da pessoa humana e

---

[24] Cf. GROCHOLEWSKI, Zenon, *A filosofia do direito*, cit., pp. 62-73.

sua subjetividade fundamental, sua dimensão integral, seu bem, seus direitos inalienáveis, sua liberdade.

A segunda linha destaca o campo de atuação do direito. É sobretudo na legislação referente ao trabalho humano ou às diferentes atividades nas quais a pessoa humana age que esse serviço à dignidade dela deve ser prestado.

A terceira linha tem relação com a vida comunitária e social, as relações entre as pessoas deveriam ser reguladas de tal maneira que afirmassem, não dificultando, a realização dos valores mencionados anteriormente, promovendo e favorecendo as relações interpessoais fundamentadas na única e irrepetível subjetividade de cada pessoa, sem esquecer o bem comum, no espírito de solidariedade que conduz ao amor.

Outra linha do pensamento de João Paulo II indica que em nenhuma instância deve-se descuidar da verdade objetiva com respeito ao bem. Somente nesta perspectiva poder-se-á alcançar o verdadeiro desenvolvimento dos seres humanos e da sociedade. Somente, então, poderão ser construídas comunidades e sociedades verdadeiramente humanas, nas quais cada indivíduo poderá realizar-se e, ao mesmo tempo, contribuir para o bem de todas as pessoas.

Finalmente, deve-se ressaltar que, para o direito servir à pessoa humana em sua dimensão verdadeira, plena e integral, não basta a filosofia do direito, mas também é necessária a teologia do direito, ou seja, é preciso colocar essa realidade à luz da revelação.[25]

4. PRESSUPOSTOS TEOLÓGICOS DA NOÇÃO DE DIREITO

Levando-se em conta a mudança no conceito de revelação,[26] entendida agora não como coleção de mensagens "divinas" vindas de fora (heteronomia), mas como história da presença e ação de Deus nas pessoas humanas, podemos dizer que o direito nasce da experiência de Deus feita por Abraão, Isaac, Jacó, Moisés, Elias, Isaías e, de modo definitivo, em Jesus de Nazaré. A experiência de fé é a fonte primordial do Direito Canônico, mas não falamos aqui de qualquer experiência de fé, nem de qualquer transcendência.[27]

Poderíamos falar do que Karl Rahner chamou de "existencial sobrenatural". A pessoa humana real encontra-se mergulhada na vontade que Deus tem de salvar a todos os seres humanos. Trata-se de uma determinação existencial, que, mesmo penetrando gratuitamente a natureza humana, está

---

[25] Idem, ibidem, pp. 94-98.
[26] Cf. *DV* 2; LIBANIO, João Batista. *Crer num mundo de muitas crenças e pouca libertação — Teologia fundamental.* São Paulo, Paulinas — Valencia, Siquem, 2003. pp. 14s.
[27] PALACIO, Carlos. *Deslocamentos da teologia, mutações do cristianismo.* São Paulo, Loyola, 2001. Col. CES, p. 84.

sempre presente na ordem da realidade. Pode-se dizer, assim, que o ser humano real transcende a si mesmo, é sempre inevitavelmente mais que simples "natureza". Ele é abertura para Deus.[28]

a) Crença e fé

Quando falamos do modo de existir em Cristo (existencial sobrenatural), supomos a experiência da fé como ponto de partida. Fé significa, em primeiro lugar, a adesão pessoal do ser humano a Deus e, simultânea e inseparavelmente, em segundo lugar, o assentimento livre a toda verdade que Deus revela. No tempo em que vivemos, de muitas crenças, vale o convite a separar estas últimas da fé propriamente cristã.[29] A fé é aceitar, pela graça de Deus, a verdade revelada, que possibilita a entrada no mistério. Fé é graça e ato de liberdade humana. Por outro lado, crença é

> o conjunto de experiência e pensamento que constitui os tesouros humanos de sabedoria e de religiosidade que o homem, na sua procura da verdade, concebeu e pôs em prática em referência ao divino e ao absoluto [...] é experiência religiosa ainda à procura da verdade absoluta e ainda carecida do assentimento a Deus que se revela.[30]

Na fé, a verdade foi encontrada. Dizer isto não significa "ter a verdade", o que seria o máximo da presunção e ponto de partida para toda a espécie de fundamentalismos e outros perigosos "ismos". Encontrar a verdade na fé é encontrar o mistério, prostrar-se diante dele. Isso porque a verdade é pessoa. Cristo é a verdade. Abraão, Moisés, Pedro e tantos outros fizeram a experiência do encontro com o Mistério que lhes fala. E não se trata, no caso dessas figuras, de vidas na auto-suficiência orgulhosa, mas no serviço e na cruz. Encontra-se a verdade para buscá-la sempre mais.

Direito, falando em nível de fé cristã, é o que Deus quer, seu desejo, sua vontade e seu mandamento dado aos seres humanos pela iniciativa do próprio Senhor. Deus ama o direito e direito é o que ele ama. A comunidade de fé não se identifica com uma espécie de agrupamento de pessoas que reivindicam seus direitos individuais, mas ela é e deve tornar-se cada vez mais um mutirão de solidariedade na defesa dos direitos dos excluídos, direitos de Cristo presente nos pequeninos: "tudo o que fizeste ao menor de meus irmãos..." Muito oportuno ter presente o fato de que, como cristão, os direitos humanos são deveres meus.[31]

---

[28] Cf. RAHNER, Karl. Verbete existenciario. In: RAHNER, Karl (Dir.). *Sacramentum mundi — Enciclopedia teológica*. Barcelona, Herder, 1973. t. III, pp. 63ss.
[29] LIBANIO, J. B. *Crer num mundo*, cit., pp. 38ss.
[30] CDF. *Declaração Dominus Iesus* sobre a unicidade e universalidade salvífica de Jesus Cristo e da Igreja (06.08.2000). São Paulo, Loyola, 2000. n. 7.
[31] FAUS, José I. González. *Direitos humanos, deveres meus — Pensamento fraco, caridade forte*. Trad. de pe. João Resende Costa. São Paulo, Paulus, 1998.

b) Antropologia teológica

Para um estudo do direito eclesial, é necessário mergulhar no mistério humano.[32] O "primado da pessoa no direito canônico" é, por um lado, "real" e, por outro, "ideal"; uma constatação e uma conquista.[33]

O que está subjacente à doutrina e à jurisprudência canônica, em termos de antropologia, é, sem dúvida, a reflexão de Tomás de Aquino sobre a pessoa humana.[34] O atual código cita explicitamente o santo de Aquino (c. 252 do CIC/83 e c. 340 do CCEO, que não o cita). Nisso há, certamente, uma força e uma fraqueza. Obviamente, a antropologia teológica de santo Tomás não é completa. Mas o seu pensamento não se fecha para o aprofundamento. Pelo contrário, trata-se de um humanismo integral e otimista.

Conforme as palavras de João Paulo II, é necessária, para qualquer canonista, uma visão integral da pessoa humana. "Os aprofundamentos acerca da complexidade e condicionamentos da vida psíquica não devem perder de vista a inteira e completa concepção do ser humano, chamado por Deus e salvo das suas fraquezas mediante o espírito de Cristo."[35] Não

---

[32] Cf. *GS* 9-10. RUBIO, Alfonso García. *Unidade na pluralidade*: o ser humano à luz da fé e da reflexão cristãs. São Paulo, Paulinas, 1989. Col. Teologia Sistemática. IDEM. *Elementos de antropologia teológica — Salvação cristã*: salvos de que e para quê? Petrópolis, Vozes, 2004. BLANK, Renold J. & VILHENA, M. Ângela. *Esperança além da esperança*. São Paulo, Paulinas — Valencia, Siquem, 2003. Col. Livros Básicos de Teologia — 4. LADARIA, Luis F. *Introdução à antropologia teológica*. Trad. de Roberto Leal Ferreira. São Paulo, Loyola, 1998. LACOSTE, Jean Yves (sous la direction de). Adam — Anthropologie. In: *Dictionnaire critique de théologie*. Paris, Presses Universitaires de France, 1998. pp. 6-10; 58-64. MIRANDA, Mário de França. *Libertados para a práxis da justiça — A teologia da graça no atual contexto latino-americano*. São Paulo, Loyola, 1991.

[33] CAPPELLINI, Ernesto. *Problemi e prospettive di diritto canônico*. Cremona, 1980. pp. 11-24.

[34] Cf. AQUINO, Tomás de. *Suma teológica — Teologia Deus Trindade*. São Paulo, Loyola, 2001. v. 1 (I, qq. 1-43). ALMEIDA, P. Luciano Pedro Mendes de. *A imperfeição intelectiva do espírito humano — Introdução à teoria tomista do conhecimento do outro*. São Paulo, Faculdade de Filosofia N. Sra. Medianeira, Saeta Gráfica Editora, 1977. Tese apresentada em 1965 para a obtenção do grau de doutor em filosofia pela Pontifícia Universidade Gregoriana de Roma.

[35] JOÃO PAULO II. Alocução à Rota Romana. In: *Acta Apostolicae Sedis (AAS)* 80 (1988) 1178-1185 e AAS 79 (1987) 1453-1459. IDEM. A cultura individualista invasora tende a circunscrever e confinar o matrimônio e a família ao mundo privado. *L'Osservatore Romano*, n. 6, 10.02.2001 (edição portuguesa). Neste último pronunciamento, o papa refere-se a Cícero, que afirmou ser a natureza humana a fonte da disciplina do direito. CÍCERO. *De legibus, I, 17* (a cura de Carlo Alberto Costa). Torino-Milano-Genova-Parma-Roma-Catania, Società Editrice Internazionale, 1949. Col. Scrittori Latini Commentati per le Scuole, 140). Cícero, nascido no ano 106 a.C., em 3 de janeiro, em Arpino, Itália, começou a escrever uma obra chamada *De legibus* quando tinha 55 anos e concluiu-a cinco anos depois. Quando era jovem, Túlio Cícero compusera um poema em homenagem ao seu famoso conterrâneo Caio Mário, no qual descrevia a paisagem de sua região natal. O *De legibus* começa com um diálogo entre o autor, seus dois irmãos e o amigo Tito Pompônio Ático, à sombra de um velho carvalho, quando Ático reconhece os lugares descritos por Cícero no referido poema. Na conversa, Ático pergunta a Cícero porque não escrever sobre o direito. Cícero aceita a sugestão e nasce seu livro sobre as leis.

se pode esquecer, na antropologia cristã, que, quando falamos do ser humano, referimo-nos à pessoa humana criada-caída-redimida em Cristo, inseparavelmente (Rm 7-8).

João Paulo II considera em seus escritos os seguintes pontos fundamentais de antropologia teológica: 1.) o ser humano é criado à imagem de Deus e capaz de conhecê-lo e amá-lo; 2.) o ser humano é dividido em si mesmo porque é vulnerável; 3.) para dar adesão a Deus, o ser humano é chamado a superar as resistências da carne, dando valor salvífico à inevitável cruz que leva à vitória, por força do Espírito Santo.[36]

O plano de Deus acerca do ser humano inclui a plena realização da vida. Essa realização começa com a criação e tem em Cristo seu ponto culminante e seu sentido. Agora a pessoa humana possui essa salvação em forma de primícia e esperança.[37]

Quanto à pergunta sobre a natureza da pessoa humana, o pensamento de Tomás de Aquino leva-nos a concluir que a pessoa, por sua própria maneira de ser espiritual, racional, é "social" e só pode desenvolver-se com as outras pessoas. Ela é comunitária.[38] Pode-se, assim, dizer que cada época tem um "espírito que lhe é próprio", certa maneira de ser pessoa humana. A natureza humana não é imóvel. Ela só se realiza diferenciando-se pela cultura, pelos instrumentos que se dá e que transformam seu relacionamento com o mundo. Esse parece ser o ponto comum a todas as antropologias teológicas do século XX, a saber, o uso do conceito de relação, tomado no sentido restrito de relação intersubjetiva ou interpessoal, como uma categoria mestra.

c) *Natureza e cultura*

A primeira constatação acerca das origens do ser humano é que ele aparece, na história, como *grupo*. Deus criou "adão" (Gn 1,26s), no coletivo, abrangendo os dois sexos. O ser humano é, por necessidade, relacionamento. Há várias possibilidades de relacionamento, a saber, com Deus, com as coisas e animais irracionais, com os outros seres humanos.

A segunda constatação é que os grupos humanos surgem, na história, já dotados do seu *ethos* ou *mores*, a saber, de um sistema perfeitamente organizado de normas e interditos que, na sua cultura, regem os costumes do grupo e a conduta dos indivíduos.[39]

---

[36] João Paulo II. O juiz não se deixe sugestionar por perícias baseadas em premissas antropológicas inaceitáveis. *L'Osservatore Romano*, 15.02.1987 (edição portuguesa).
[37] Ladaria, Luis F. *Introdução à antropologia teológica*, cit., pp. 133ss.
[38] Libanio, J. B. *Crer num mundo de muitas crenças*, cit., p. 80.
[39] Vaz, Henrique C. de Lima. *Ética e justiça*: filosofia do agir humano. Pinheiro, José Ernanne et alii (org.). *Ética, justiça e direito — Reflexões sobre a reforma do Judiciário*. Petrópolis, Vozes-CNBB, 1996. pp. 25ss.

Entendendo-se por cultura um modo de pensar, de reagir, de trabalhar, de usar as coisas, de exprimir-se, de comportar-se,[40] ela pode encaminhar-se para uma maneira de tratar a pessoa humana de modo unilateral e não integral. Em vez de ser uma cultura da vida, da solidariedade, da participação, pode ser uma cultura da morte, da exclusão, da discriminação. A cultura também influencia na noção de direito. Por exemplo, no direito judaico, o matrimônio do período patriarcal, embora monogâmico, privilegiava a figura paterna. A família israelita é chamada de casa paterna, as genealogias seguem a linha paterna sem citar o nome das mulheres, salvo raras exceções, o marido era o senhor e dono de sua esposa, o matrimônio era uma venda combinada entre pais, o pai tinha sobre os filhos, inclusive os casados que viviam com ele, uma autoridade total que chegava até o direito de vida ou de morte, ele podia vender os filhos e adotar outros.[41] O testamento, expressão da liberdade individual, é desconhecido. Domina a autoridade, a fatalidade.[42] Segue-se a ordem estabelecida pelo mundo sensível. Em termos de normas e proibições, individuais e sociais, a cultura patriarcal apresenta a perspectiva masculina da humanidade. É, sem dúvida, uma visão unilateral. A sociedade humana fica na expectativa de uma visão integral, que coloque também em jogo a perspectiva feminina da história. Esse encontro e diálogo é um desafio constante na história da humanidade. O machismo é a mais clara expressão de uma cultura do domínio.[43] O mundo moderno tem consciência da grave denúncia contra uma cultura do uno.[44] As conseqüências dessa cultura são claras: visão redutiva da sexualidade, decorrente do conhecimento imperfeito da biologia e da psicologia que prevaleceu até o século XIX; visão redutiva da mulher, fruto de uma interpretação bíblica dominada pela confusão entre revelação e elementos culturais; visão redutiva do varão, o Direito Romano exerceu grande influência, chegando a tirar a reflexão dogmática da reflexão moral; acrescente-se o menosprezo pela mulher presente em muitas culturas. Fica reforçada a cultura da competição.

Não é fácil estabelecer bem essa relação entre natureza e cultura. Cultura é a teia de símbolos e sentidos com que representamos a vida. Ela perpassa nossas crenças, nosso código de convivência familiar e comunitária. Cria técnicas e estratégias de reprodução do trabalho.[45] Assim como não

---

[40] Cf. *GS*, n. 53.
[41] Cf. Vaux, R. de. *Instituições de Israel no Antigo Testamento*. Trad. de Daniel de Oliveira. São Paulo, Editora Teológica, 2003. p. 42.
[42] Cf. De-Mauri, L. *Regulae juris — Raccolta di 2000 regole del diritto eseguita sui migliori testi, con l'indicazione delle fonti, schiarimenti, capitoli riassuntivi e la versione italiana riprodotta daí più celebri commentatori*. 11. ed. Milano, Ulrico Hoepli Editore, 1990. pp. 243ss.
[43] Cf. *Puebla*, n. 583.
[44] Cf. Giraldo, J. Silvio Botero. *Etica coniugale — Per un rinnovamento della morale matrimoniale*. Cinisello Balsamo, Milano, Edizioni San Paolo, 1994. pp. 22ss.
[45] Libanio, J. B. *Crer num mundo de muitas crenças*, cit., p. 142.

existem "natureza" e "lei natural" em estado puro, também não existem "culturas" em estado puro. Elas são sempre resultantes de processos históricos, mais ou menos longos. Por meio de choques ou intercâmbios, as sociedades e as culturas vão se transformando e fecundando mutuamente. Natureza e cultura vivem num processo dialético permanente.[46]

d) Natureza e graça

Segundo Gianfranco Ghirlanda, a resposta sobre o conceito de direito eclesial depende da maneira de entender a relação entre natureza e graça e, ligado a isto, a relação entre natureza e pessoa.[47] Ladaria propõe a seguinte síntese sobre essa questão: em primeiro lugar, não se deve considerar como ponto de partida a pessoa humana abstrata na "natureza pura". Em segundo lugar, dada sua criação em Cristo e sua criação à imagem de Deus, a pessoa humana encontra-se desde sempre na "ordem sobrenatural", num "existencial sobrenatural" ou "crístico". Isso não significa que seja preciso abandonar a idéia do duplo plano da graça. No entanto, não é fácil distinguir o que em nós vem de nossa "natureza" e o que vem da graça. Os dois aspectos estão presentes em nós e em nossa experiência, inseparavelmente.[48] Seguindo essa maneira de ver, pensamos que não há dois tipos de direito, um geral e outro eclesial. Segundo a metodologia adotada aqui, vemos o direito como uma única realidade a ser estudada na perspectiva da fé cristã que integra a razão humana.

e) Trindade — Identidade do humano

A conquista de uma cultura da vida solidária e participativa autêntica depende de uma visão histórica da Trindade. No princípio está a decisão da vontade e do desejo divino: Façamos o ser humano (Gn 1,26). A história das pessoas humanas começa no jardim da comunhão com Deus, onde ele — Trindade — toma a iniciativa de criar.[49] A essa intervenção de Deus chamamos "revelação". A identidade do ser humano está na Trindade.

Nossa história começa com um gesto livre de generosidade: a criação. Na Escritura, a pessoa humana é definida em relação a Deus e não à realidade criada: ela é criada à imagem e semelhança de Deus (Gn 1,26). Esta é a primeira e fundamental afirmação da dignidade da pessoa. Tal relação com Deus define a relação da pessoa humana com a realidade criada (Gn

---

[46] Cf. MOSER, Antônio. O enigma da esfinge: a sexualidade. 2. ed. Petrópolis, Vozes, 2001. pp. 83ss. JOÃO PAULO II. A cultura individualista, cit. JOÃO PAULO II. Diálogo entre as culturas — Mensagem para a celebração do dia mundial da paz. Convergência 339 (2001) 4ss.
[47] Cf. GHIRLANDA, G. Il diritto nella Chiesa — Mistero di comunione. Compendio di diritto ecclesiale. Roma, Paoline-Editrice Pont. Università Gregoriana, 1990. pp. 15-29. LADARIA, Luis F. Introdução à antropologia teológica, cit., pp. 82ss.
[48] Cf. LADARIA, Luis F. Introdução à antropologia teológica, cit., 82ss.
[49] Cf. LIBANIO, J. B. Crer num mundo de muitas crenças, cit., p. 88.

1,28; 2,15) e com as outras pessoas semelhantes (Gn 1,26b.27; 2,18-23). Uma vez que a pessoa humana é imagem de Deus, ela é uma criatura racional e livre, capaz de conhecê-lo e amá-lo, de estar em relação com as outras e de realizar-se mediante o dom de si. Por isso, a pessoa humana é a única criatura que Deus quis por si mesma.[50] Por isso vem a primeira lei que Deus deu à pessoa humana, contida na proibição de comer do fruto da árvore do conhecimento do bem e do mal: a pessoa humana pode realizar-se plenamente a si mesma somente se aceita o fato de que a sua existência é definida em relação a Deus e se aceita as estruturas que Deus inscreveu na sua natureza ao criá-la a sua imagem e semelhança. Na própria dignidade da pessoa humana encontra-se o seu limite.

É dessa dignidade da pessoa humana que vem a sacralidade de toda a vida humana, logo, o direito primário e fundamental de cada pessoa à existência é absoluto, ou seja, ninguém, sem exceção, pode lesá-lo, porque nasce imediatamente do ato criativo de Deus e de seu projeto sobre a pessoa humana. A lesão desse direito é o primeiro efeito do pecado (Gn 4,8). Exatamente na condenação do pecado, Deus estabelece a lei segundo a qual ninguém pode ferir tal direito (Gn 9,3-6), nem por culpa grave (Gn 4,14-15). Deus, estabelecendo a dignidade da pessoa humana, estabelece também a primária estrutura da convivência humana: sem o respeito de tal direito fundamental, esta se torna impossível.

Aqui se encontra a raiz de todos os direitos fundamentais da pessoa humana e de todas as obrigações correspondentes, que poderão ser totalmente determinados e realizados na nova humanidade salva em Cristo, novo Povo de Deus.

f) Cristo — Ícone da Trindade

A teologia cristã deve ser teologia de Deus, ou seja, do Deus que se revelou na história concreta de Jesus de Nazaré. Porque Ele é para o cristão a palavra indivisível sobre o homem, sobre a história e sobre Deus.[51] Cristo exalta em modo pleno a dignidade de toda a pessoa humana, a mais pobre, como centro da criação, amada acima de tudo pelo Pai (Mt 18,10-14); mas ao mesmo tempo vê a pessoa na sua condição de pecadora, de má, de morta, de débil e doente, submetida à concupiscência (Lc 13,1-5). Dada a condição da pessoa humana, só Deus pode restaurá-la na comunhão com ele e com as semelhantes, logo Jesus restitui à pessoa humana a sua imagem originária, tendo em vista que a chegada do Reino de Deus implica a plena realização da pessoa humana, isto é, o pleno e radical cumprimento das faculdades humanas, segundo o projeto originário do Criador (Mc 5,1-17).

---

[50] Cf. *GS* 24.
[51] PALACIO, Carlos. *Deslocamentos da teologia, mutações do cristianismo*, cit., p. 86.

Com o pecado a pessoa humana destrói as estruturas da convivência humana imanentes à sua natureza e, então, torna-se incapaz de realizar o projeto de Deus, destruindo-se (Gn 3,6-7), mas nela permanece a capacidade de receber a restauração de sua natureza, da comunhão com Deus e os outros seres humanos. A ação salvífica de Deus restitui a pessoa humana a si mesma a partir do interior. Quando falamos da pessoa humana, em direito canônico, não se pode perder de vista esse horizonte. Trata-se da pessoa criada-caída-redimida.

Poderíamos, então, resumir nossa reflexão, conforme Ladaria, nos seguintes passos: partimos do pressuposto de que a pessoa humana é sujeito livre. A ordem da criação está orientada para a ordem da graça. Em segundo lugar, por Cristo, tudo o que sabemos sobre o ser humano é reinterpretado. Em terceiro lugar, o sentido novo dado pelo Cristo não é o que somos a partir de agora, mas o que desde o início fomos chamados a ser. A cristologia revela o sentido da antropologia; Cristo revela a verdadeira essência da pessoa humana. Diante de Jesus a pessoa humana deve fazer sua opção. Em sua cruz, Cristo mostra-nos até que ponto a pessoa humana errou quando quis determinar a si mesma sem Deus ou contra seu amor.[52]

g) Teologia latino-americana

Por último, pressupomos que toda experiência de fé é necessariamente encarnada. Logo, há uma teologia latino-americana na medida em que há uma consciência das exigências desta fé situada e a decisão de vivê-la na Igreja particular.[53]

Resumindo

• *Instrumento e direito são duas palavras estreitamente relacionadas. O ponto de convergência é a função instrutiva (pedagógica) e construtiva (dinâmica) do direito. Direito é, ao mesmo tempo, um dado e uma conquista.*

• *Nosso direito surge quando o ser humano faz a experiência de ir além de si mesmo e ouvir o apelo do Outro, que o convoca à realização no amor.*

• *As ciências jurídicas apresentam várias definições do direito. Cada uma delas coloca em destaque um aspecto da rica e complexa dimensão jurídica da vida humana, deixando outros na sombra. Todas essas idéias devem ser integradas e harmonizadas no âmbito do saber teológico.*

• *Enquanto as ciências estudam o direito como "fato", a filosofia pode dizer algo sobre seu fundamento ontológico. O discurso filosófico ilumina o trabalho científico.*

---

[52] Cf. LADARIA, Luis F. *Introdução à antropologia teológica*, cit., pp. 63ss.
[53] PALACIO, Carlos. *Deslocamentos da teologia, mutações do cristianismo*, cit., pp. 129ss.

• Como fenômeno humano, a filosofia do direito necessariamente se situa no cerne da antropologia filosófica.

• Nossa concepção de direito pressupõe um referencial dinâmico, absolutamente transcendente e acessível à pessoa humana, que, em sua medida, participa, por graça de Deus, desse referencial, chamado de lei eterna, que é o próprio Deus de Abraão e, em definitivo, de Jesus.

Perguntas para reflexão e partilha

1. Que é o direito no mistério da Igreja, segundo o texto apresentado?

2. Na sua experiência de fé, esta noção de Direito Canônico encontra alguma ressonância?

3. Que fazer para que o direito seja, na prática pastoral, um instrumento de comunhão, participação e missão?

Bibliografia

CAPPELLINI, Ernesto (a cura di). *La legge per l'uomo una Chiesa al servizio*. Roma, Editrice Rogate, 1980.

FEITOSA, P. Antônio. *Elementos de legislação canônica — Confrontos entre o código de 1917 e o de 1983*. São Paulo, Loyola, 1984.

FELICIANI, Giorgio. *As bases do direito da Igreja — Comentários ao Código de Direito Canônico*. São Paulo, Paulinas, 1994.

GHIRLANDA, Gianfranco. *Introdução ao direito eclesial*. São Paulo, Loyola, 1998.

_____. *O direito na Igreja — Mistério de comunhão — Compêndio de direito eclesial*. Trad. de Roque Frangiotti, Edwino Aloysius Royer, Adauri Fiorotti. Aparecida, Santuário, 2003. Col. Ekklesia, 2.

GONÇALVES, Mário Luiz Menezes. *Introdução ao direito canônico*. Petrópolis, Vozes, 2004. Col. Iniciação à Teologia.

GROCHOLEWSKI, Zenon. *A filosofia do direito nos ensinamentos de João Paulo II e outros escritos*. São Paulo, Paulinas, 2002. Trad. do polonês para o espanhol de Bogdan Piotrowski; trad. do espanhol para o português de côn. Martín Segú Girona.

HERVADA, J. *Introduzione al diritto naturale*. Milano, Giuffrè, 1990.

LARA, Lelis. *O direito canônico em cartas*. Coronel Fabriciano, Centro Universitário do Leste de Minas Gerais, 2003. Col. *Cadernos de Direito Canônico,* ano I, n. 1, jul.-dez. 2003.

LIMA, Maurílio Cesar de. *Introdução à história do direito canônico*. São Paulo, Loyola, 1999. Col. Igreja e Direito — 9.

LLANO CIFUENTES, Rafael. *Curso de direito canônico*. São Paulo, Saraiva, 1971.

LOURENÇO, Luiz Gonzaga. *Direito canônico em perguntas e respostas*. Santos, Ed. Universitária Leopoldianum, 2002.

NAVARRETE, U. &, URRUTIA, F. J. *Nuevo derecho canónico:* presentación y comentario. Iter, Caracas, 1987.

SALVADOR, C. C. (diretor). *Dicionário de direito canônico*. São Paulo, Loyola, 1994.

SAMPEL, Edson Luiz. *Introdução ao direito canônico*. São Paulo, LTr, 2001.

Capítulo segundo

DIREITO E TEOLOGIA

Consideramos, com o uso da palavra instrumento, a difícil questão do método ou caminho no Direito Canônico enquanto disciplina teológica. Tendo sido indicados alguns pressupostos que reputamos fundamentais para uma idéia do direito no âmbito eclesial, passamos a tratar diretamente do tema "teologia e Direito Canônico", apresentando a relação entre esses dois campos do conhecimento humano. Tal relação, após o Vaticano II, está à espera de sempre maior aprofundamento.

Paulo VI, chamado "teólogo do direito", tratou deste tema afirmando a necessidade de uma relação cada vez mais íntima do direito com a teologia e as outras ciências sagradas, porque também ele é uma ciência sagrada e não aquela pura arte prática, cuja função seria apenas a de revestir de fórmulas jurídicas as conclusões teológicas e pastorais.[1] Considerando que o objeto de estudo do Direito Canônico é o direito da Igreja, dizemos, então, que Direito Canônico é teologia e a pessoa que se dedica ao estudo do direito eclesial deve ser ao mesmo tempo teóloga e jurista. Logo, para esta matéria deve ser aplicado o método teológico.[2] Fala-se de subordinação do método jurídico ao teológico, mas, como já ficou dito, preferimos falar da articulação dos métodos jurídicos compatíveis com a visão de fé, dentro do método teológico. João Paulo II diz que a "faculdade de direito canônico, latino ou oriental, tem o objetivo de cultivar e desenvolver as disciplinas canônicas à luz da lei evangélica e instruir profundamente nas mesmas os alunos..."[3]

Para Paulo VI, o mandamento do amor de Deus e do próximo é fonte do Direito Canônico, que, por sua vez,

deverá justificar-se com a referência a este princípio evangélico, do qual toda a legislação eclesial deverá estar impregnada, embora a ordem da comunidade cristã e a supremacia da pessoa humana, a

---

[1] Cf. PAULO VI. Discurso aos participantes do II Congresso Internacional de Direito Canônico: A instituição jurídica da Igreja como tutela da ordem espiritual. *L'Osservatore Romano*, 30.09.1973 (edição portuguesa).
[2] Cf. GHIRLANDA, G. *Introdução ao direito eclesial*. p. 59.
[3] JOÃO PAULO II. Constituição apostólica *Sapientia christiana*, art. 75. *L'Osservatore Romano*, 03.06.1979 (edição portuguesa).

que se destina todo o Direito Canônico, exigissem a expressão racional e técnica própria da linguagem jurídica.[4]

O emprego da técnica jurídica é necessário, mas sempre em articulação com outros elementos dentro da metodologia teológica,[5] que exige que se proceda dentro de uma perspectiva de fé e que se parta da revelação, da Escritura e da tradição, do magistério. Pelo fato de se fundamentarem no direito divino, as leis eclesiásticas definem-se como uma elaboração da razão humana iluminada pela fé e informada pela caridade do Espírito.[6] O fundamento do Direito Canônico é Cristo, logo, o direito eclesial tem valor de sinal e de instrumento de salvação, devendo expressar a vida do Espírito, produzir os frutos do Espírito e mostrar a imagem de Cristo.[7] Quem usa o direito eclesial não pode perder de vista o horizonte da caridade cristã.[8]

Que é o Direito Canônico? Seja dito logo que, assim como direito distingue-se de lei — visto que a lei é uma expressão histórica do direito —, assim também Direito Canônico distingue-se de código. O direito não se reduz a um código. Este último é uma das muitas maneiras de se expressar o direito da Igreja, mas não a única, nem muito menos a essencial.

A expressão Direito Canônico é dita em vários sentidos. Às vezes, significa um *conjunto das relações* entre as pessoas fiéis, dotadas de obrigatoriedade à medida que são determinadas pelos vários carismas, pelos sacramentos e pelos ministérios, criando regras de comportamento; outras vezes, significa um conjunto de leis e normas positivas dadas pela autoridade legítima e que regulam a articulação das relações intersubjetivas na vida da comunidade eclesial, constituindo as instituições cuja totalidade forma o ordenamento canônico;[9] em outras palavras, o Direito Canônico é visto

---

[4] PAULO VI. Alocução à Rota Romana. A justiça e a caridade no exercício da função judiciária da Igreja. *L'Osservatore Romano*, 06.02.1972 (edição portuguesa).
[5] LIBANIO, J. B. Teologia e interdisciplinaridade: problemas epistemológicos, questões metodológicas no diálogo com as ciências. In: SUSIN, Luiz Carlos (org.). *Mysterium creationis — Um olhar interdisciplinar sobre o universo*. São Paulo, Soter-Paulinas, 1999. pp. 11-43.
[6] Cf. GHIRLANDA, G. Op. cit., pp. 60s.
[7] Idem, ibidem, p. 61.
[8] Eis um texto do início do segundo milênio: "[...] Toda a *disciplina eclesiástica* tem principalmente esta *intenção, ou destruir* tudo o que se levanta contra o conhecimento de Cristo (2Cor 10,5): *ou construir* a edificação constante de Deus, pela verdade da fé e pela honestidade dos costumes *ou purificar* a Igreja de Deus com os remédios da penitência, se ela se manchar. Desta edificação, a mestra é a caridade, que, procurando a salvação da pessoa, ordena fazer aos outros o que a gente quer que os outros nos façam. Qualquer canonista, então, que interprete as normas eclesiásticas, de tal modo que tudo quanto expõe ou ensina tem como referência o reino da caridade, não peca, nem erra, visto que, procurando a *salvação das pessoas*, alcança o fim buscado pelas instituições sagradas. Daí, diz santo Agostinho sobre a disciplina eclesiástica: *'Tem caridade e faze o que queres*. Se repreendes, repreende com caridade. Se perdoas, perdoa com caridade". YVO DE CHARTRES. *Decretum* (Prologus). 1094.
[9] Cf. SALVADOR, C. C., DE PAOLIS, V. & GHIRLANDA, G. (a cura di). *Nuovo dizionario di diritto canonico*. Milano, San Paolo, 1993. pp. 350s.

como o complexo de leis emanadas pela autoridade competente para ordenar a constituição da Igreja e regular nela o pastoreio dos fiéis nas matérias que são de competência da comunidade cristã;[10] também é entendido como a ciência que estuda e explica aquelas relações entre as pessoas fiéis que — determinadas pelos carismas, pelos sacramentos, pelos ministérios e pelas funções — são dotadas de obrigatoriedade e criam regras de conduta formuladas em leis e normas positivas dadas pela autoridade legítima, constituindo, em seu conjunto, as instituições eclesiais.[11]

Segundo padre Cappello, o Direito Canônico é a "teologia prática sobre as leis da Igreja".[12] Parece-nos uma definição completa. Vamos considerá-la, ressaltando alguns de seus elementos fundamentais. Primeiramente, segundo o próprio autor da definição, diz-se teologia porque o Direito Canônico deve tratar sua matéria não só do ponto de vista filosófico ou histórico, mas em referência a Deus, que é o fim último e o fundamento da Igreja. Logo deve considerar seu objeto segundo os princípios da disciplina teológica. Em segundo lugar, com relação ao termo prática, o autor explica que o Direito Canônico não consiste no conhecimento das leis, mas na aplicação prática, discernindo os casos concretos segundo o espírito das leis. Relembramos a célebre expressão do jurista romano Celso: "Saber leis não consiste em decorar-lhes as palavras, mas sim em apreender-lhes o espírito e o alcance, isto é, a intenção do legislador.[13] Em terceiro lugar, diz-se acerca das leis eclesiásticas para indicar o objeto desta ciência. As leis eclesiásticas supõem a lei natural e a divino-positiva, os dogmas da fé, a própria Igreja constituída por Cristo e dotada, pelo próprio Senhor, do completo poder de dar leis. Com essas indicações, padre Cappello diz claramente que se trata de uma ciência sagrada. Diz que o Direito Canônico é parte da teologia e recebe luz da dogmática quanto ao que se deve "crer", da moral quanto ao que se deve "fazer". Também são úteis outras disciplinas.

Olhemos para este quadro que apresenta a clássica distinção[14] entre Direito Canônico e outras disciplinas teológicas:

---

[10] Cf. CHIAPPETTA, Luigi. *Prontuario di diritto canonico e concordatário*. Roma, Dehoniane, 1994. p. 441. NAZ, Raoul. *Dictionnaire de droit canonique*. Paris, Librairie Letouzey et Ané, 1949. Tome quatrième, verbete: *Droit canonique*.
[11] Cf. GHIRLANDA, G. Op. cit., p. 58.
[12] Cf. CAPPELLO, F. M. *Summa iuris canonici in usum scholarum concinnata*. Roma, Gregoriana, 1932. v. I, p. 11.
[13] Cf. CELSO. *Digesto*, I, 3, fragmento 17.
[14] Cf. CAPPELLO, F. M. *Summa iuris canonici in usum scholarum concinnata*. Editio quinta. Roma, Gregoriana, 1951. v. I, pp. 12ss.

Disciplinas teológicas	Direito Canônico
Sistemática — Trata das verdades demonstráveis a partir das fontes da revelação, à medida que constituem o objeto das coisas que se devem crer.	Trata dos mesmos objetos, mas só à medida que são regra das coisas que se devem fazer, segundo a disciplina da Igreja.
Moral — Considera as pessoas humanas como peregrinas, trata das ações em conexão com o fim último da pessoa humana e o seu significado interno. Por isso, trata da relação com Deus. Não considera as leis humanas a não ser que gerem obrigação no foro da consciência.	Trata as pessoas humanas à medida que são membros da comunidade eclesial. Considera as ações da pessoa humana enquanto direcionadas aos fins próprios da Igreja.
Pastoral — Dá regras apropriadas para o adequado exercício pastoral nas comunidades eclesiais (paróquias etc.).	Trata das leis e da disciplina de toda a Igreja.
Ascética — Ensina às pessoas fiéis o exercício da virtude cristã e os meios aptos para caminhar na santidade.	Propõe e explica as prescrições da Igreja sob o ponto de vista comunitário, expondo o conteúdo dos documentos de leis. Com isso, promove também o esforço para a perfeição cristã.
História eclesiástica — Olha o passado e não o futuro.	Olha o futuro, ou seja, considera os preceitos a serem observados e as pessoas fiéis a serem conduzidas à obtenção do fim da Igreja, a saber, a salvação.

Se, por um lado, o quadro acima faz uma apresentação clara, por outro, é uma visão situada historicamente e reflete uma maneira de ver as disciplinas da teologia e a própria Igreja. Queríamos propor alguns elementos de reflexão a mais.

1. TEOLOGIA PRÁTICA

Consideramos que direito é teologia. Podemos falar da *teologia do direito* tanto no sentido objetivo — então estaremos perguntando sobre o que a teologia diz a respeito do direito — como no sentido subjetivo — então estaremos perguntando sobre qual teologia está subjacente ao Direito Canônico.[15]

---

[15] Cf. HERVADA, Javier & LOMBARDÍA, Pedro. Prolegómenos — Introducción al derecho canónico. p. 58. GHIRLANDA, G. Op. cit., p. 61 (o autor faz a distinção entre teologia do direito em geral e teologia do direito eclesial).

Como já dissemos, teologia é a fé que procura saber. Enquanto ciência da revelação cristã, podemos dizer que o objeto de que se ocupa são as verdades reveladas por Deus e conhecidas mediante a fé. Portanto, a teologia estuda Deus e tudo o mais em relação a Deus, criador de tudo. Essa forma de conhecimento humano tem como base o estudo das fontes da revelação dirigido a estabelecer o que Deus revelou (teologia positiva) e, além disso, procura penetrar o sentido e descobrir as conexões das verdades reveladas para coordená-las de modo orgânico e unitário (teologia sistemática).[16]

Há uma unidade no saber teológico, indicada pelo próprio Vaticano II quando diz que a teologia bíblica deve ser a alma de toda a teologia, seguida da teologia dogmática e, finalmente, da teologia moral e pastoral. Ficam assim distintos três campos, sendo a teologia bíblica o eixo articulador, o fiel da balança ou, como fala Clodovis Boff, a raiz e o tronco da árvore que tem dois grandes ramos, a saber, a teologia sistemática e a teologia prática. Conforme essa inspiração do Concílio, a unidade do saber teológico será encontrada na justa articulação destas três áreas: 1) a Escritura, como alma de toda a teologia, sua raiz e seu tronco; 2) a teologia dogmática, como ramo teórico da teologia; 3) e as outras disciplinas, como ramo prático. Segundo Clodovis Boff, a unidade da teologia apresentou várias formas na história. Essa unidade, hoje, pode ser reconstruída a partir de dois princípios, a saber, o da Escritura, como base, e o da Vida cristã, como finalidade.[17]

Querendo traduzir o desejo do Vaticano II, o Código de Direito Canônico, em 1983, apresentou o seguinte c. 252 do CIC/83 (cf. c. 340 do CCEO):

§ 1. A formação teológica, sob a luz da fé e a orientação do magistério, seja dada de tal modo que os alunos conheçam toda a doutrina católica, fundamentada na Revelação divina, dela façam alimento de sua vida espiritual e possam anunciá-la e defendê-la devidamente no exercício do ministério.

§ 2. Os alunos sejam instruídos com especial diligência na Sagrada Escritura, de modo que de toda ela adquiram uma visão global.

§ 3. Haja aulas de teologia dogmática, fundamentada sempre na palavra de Deus escrita com a sagrada Tradição, pelas quais os alunos, tendo por mestre principalmente santo Tomás, aprendam a penetrar mais intimamente os mistérios da salvação; haja igualmente aulas de teologia moral e pastoral, de direito canônico, de liturgia, de história eclesiástica e de outras disciplinas complementares e especiais, de acordo com as prescrições das diretrizes básicas para a formação sacerdotal.

---

[16] Cf. *OT* 16; c. 252 § 3. GHIRLANDA, G. Op. cit., p. 58.
[17] Cf. *OT* 16. BOFF, C. *Teoria do método teológico*. pp. 14-15.

Pode-se presumir que tais orientações, embora diretamente referidas à formação presbiteral, aplicam-se a todo e qualquer estudo de teologia católica. O direito eclesial é uma ciência teológica que se situa no ramo prático, ou seja, reservado para as disciplinas teológicas que consideram primeiramente a vida cristã. Daí a definição teologia prática, segundo a leitura que fazemos desta expressão.

Em sua *Introdução ao direito eclesial,* padre Ghirlanda coloca como intenção do livro "fazer que quem se prepara para o estudo do direito eclesial se despoje de um modo positivista, legalista, de estudar as normas canônicas e assuma uma visão teológica dessa realidade constitutivamente inerente à vida da Igreja".[18]

É fundamental, para o estudo do direito na Igreja, buscar o sentido e o espírito da experiência do Concílio Vaticano II, que afirmou que na exposição do Direito Canônico deve ter-se presente o mistério da Igreja segundo a *Lumen gentium.* Estudo necessário na formação presbiteral,[19] revela-se indispensável para a formação teológica, enquanto tal, de toda a pessoa fiel católica.

Para entender o ser humano em sua dimensão social, a *antropologia teológica* não pode prescindir do direito eclesial. A *eclesiologia* não pode prescindir da dimensão jurídica da Igreja. A *moral* que não levasse em conta o direito eclesial faria deste um mero formalismo exterior e correria o risco de tornar-se uma moral subjetivista, fechada aos aspectos comunitários da vida cristã.

Pelo estudo do direito eclesial, os estudantes poderão ter uma compreensão mais completa do mistério da Igreja. Não só o direito eclesial em sua natureza e em seu conteúdo deve ser compreendido e explicado numa perspectiva pastoral à luz das disciplinas teológicas, mas também estas não podem prescindir do direito eclesial.[20]

Como disciplinas do ramo "prático", a moral e o direito encontram-se enquanto ciências que têm como objeto a vida cristã, ou seja, a ação humana num contexto de fé. O direito considera as normas do agir numa referência à ordem eclesial. Neste caso, as leis são aplicadas, em geral, para os que são membros da Igreja na comunhão plena. A moral assume uma perspectiva antropológica, inspirada pela fé. "Procura ver as implicações éticas do evento Cristo para o agir humano. O ponto de referência não é a Igreja,

---

[18] GHIRLANDA, G. Op. cit., p. 11.
[19] Cf. JOÃO PAULO II. *Sapientia christiana.* cit., art. 75ss.
[20] GHIRLANDA, G. Op. cit., p. 57.

mas o Reino de Deus."[21] Entendemos que a ordem eclesial (perspectiva própria do direito) e a ordem do Reino de Deus (perspectiva própria da moral), embora possam distinguir-se metodologicamente no âmbito acadêmico, jamais podem separar-se nem no âmbito acadêmico, nem, muito menos, no âmbito prático. Por isso, voltamos a insistir, é necessária e sempre mais urgente uma consideração interdisciplinar do objeto de estudo em teologia.

Todo o tipo de conhecimento humano articula três elementos principais, a saber: a pessoa que conhece, chamada também de sujeito epistêmico; a matéria a ser conhecida, ou seja, o objeto teórico; e o modo de chegar até este objeto, ou seja, o método específico, que é como o caminho para o sujeito alcançar o objeto visado. Assim também, de modo semelhante, acontece com o Direito Canônico, considerado como teologia prática acerca das leis eclesiásticas.

Segundo a nomenclatura já consagrada, o objeto teórico pode ser material ou formal. O objeto material indica a coisa de que uma ciência trata. O objeto formal indica o *aspecto* segundo o qual se trata a matéria escolhida. A perspectiva é o correlato (subjetivo) do objeto formal (objetivo). Perspectiva é a óptica, visão, ponto de vista, enfoque, pertinência. Aspecto e perspectiva estão em relação recíproca. São duas faces (objetiva e subjetiva) do mesmo processo. Mas é o aspecto que comanda e determina a perspectiva. A verdade é procurada e encontrada, não é inventada ou criada.[22]

No caso da teologia, o objeto material é, primeiro, Deus, depois tudo o mais à medida que se refere a Deus. O objeto formal (aspecto) da teologia é Deus enquanto revelado e toda a realidade à medida que se relaciona com o Deus revelado. A perspectiva é a luz da fé. Em virtude da iniciação da fé, o teólogo é iluminado pelo Espírito e tornado capaz de ver a realidade com os olhos de Deus. Qualquer novo enfoque terá como base o ponto de vista originário, perene e insubstituível de todo o discurso teológico que é a fé.

Situando o Direito Canônico no ramo das disciplinas práticas da teologia, devemos considerar a perspectiva própria do canonista-teólogo em relação aos teólogos biblistas, dogmáticos, liturgistas, moralistas etc. Hervada fala de complementaridade entre a visão do teólogo e a visão do canonista.[23] Propomos, assim, o seguinte quadro do objeto de estudo da ciência canônica, enquanto teologia:

---

[21] JUNGES, José Roque. *Evento Cristo e ação humana — Temas fundamentais da ética teológica.* São Leopoldo, Unisinos, 2001. Col. Theologia Publica 1, p. 203.
[22] Cf. BOFF, C. Op. cit., pp. 40-56.
[23] Cf. HERVADA, Javier & LOMBARDÍA, Pedro. Art. cit., p. 66.

Quem estuda/usa?	Teólogo — canonista — pastor
O que estuda/usa?	As leis no "mistério da Igreja"[24]
Sob que aspecto?	À luz da fé, segundo a Palavra de Deus, aos olhos da Tradição eclesial
Em que ponto de vista?	À luz da fé, sob a perspectiva eclesiástica-católica, ou seja, vendo as implicações das normas no âmbito da Igreja com abertura ecumênica, inter-religiosa e para o mundo
Como estuda/usa?	Pelo método teológico, articulando as ciências jurídicas e os outros elementos articuladores. Clodovis Boff trata desta articulação em sua obra Teoria do método teológico.[25]

Não cremos que se possa dizer que o direito da Igreja subordina-se[26] à idéia geral de direito. A idéia geral do direito, qual é? Seguramente não é única — é iluminada por uma nova forma de considerá-la, a saber, o aspecto e a perspectiva da fé cristã. Graças a isto, o direito da Igreja pode tomar suas distâncias dos vários direitos civis,[27] ou seja, das várias idéias gerais do direito, tanto quanto à procedência[28] como quanto à sua estrutura.[29] Sinal disso é a variedade de adjetivos que se lhe aplicaram ao longo da história (direito sagrado, canônico, eclesiástico, eclesial). É evidente que não se pode ignorar o problema de fundamentar uma norma canônica invocando o direito divino. É este, justamente, o ponto crucial.[30]

---

[24] Idem, ibidem, pp. 57s. SALVADOR, C. C. (diretor). *Dicionário de direito canônico*. São Paulo, Loyola, 1994. pp. 252s.

[25] Cf. BOFF, C. Op. cit., pp. 358-521.

[26] Cf. WALF, Knut. Direito da Igreja. In: *Dicionário de conceitos fundamentais de teologia*. São Paulo, Paulus, 1993. p. 180.

[27] Usaremos a expressão "direitos civis" para falar dos vários ordenamentos jurídicos estatais, sem distinguir, dentro dos vários Estados, o direito civil, o penal, o processual, o constitucional etc. Cf. JUNGES, José Roque. Op. cit., p. 203.

[28] Cf. CONGAR, Yves. "Jus divinum". In: *Igreja e papado — Perspectivas históricas*. São Paulo, Loyola, 1997. pp. 71ss.

[29] Cf. WALF, Knut. Op. cit., pp. 181s.

[30] Cf. GONZÁLEZ FAUS, José Ignácio. *A autoridade da verdade — Momentos obscuros do magistério eclesiástico*. Trad. de Gilmar Saint'Clair Ribeiro. São Paulo, Loyola, 1998. pp. 49ss. Esta obra apresenta diversos exemplos do perigo que há em invocar o direito divino para fundamentar normas jurídicas. Por exemplo, o modo como Bonifácio VIII fundamentou sua afirmação de poder temporal do papa e outras definições magisteriais. Cf. também COMBLIN, José. *Vocação para a liberdade*. São Paulo, Paulus, 1998. Temas de atualidade, pp. 103-117.

Os códigos vigentes na Igreja católica devem ser interpretados e aplicados na perspectiva teológica.

Deste modo, podem ser evitados certos reducionismos hermenêuticos que empobrecem a ciência e a práxis canônica, distanciando-as de seu verdadeiro horizonte eclesial. É óbvio que isto acontece quando a normativa canônica coloca-se a serviço de interesses estranhos e alheios à fé e à moral católica.[31]

São de tal maneira iluminadoras as palavras do papa que as citamos integralmente:

[...] Portanto, em primeiro lugar, é preciso situar o Código no contexto da tradição jurídica da Igreja. Não se trata de cultivar uma erudição histórica abstrata, mas de penetrar nesse fluxo de vida eclesial que é a história do Direito Canônico para iluminar a interpretação da norma. Com efeito, os textos do Código enxertam-se num conjunto de fontes jurídicas que não é possível ignorar sem expor-se à ilusão racionalista de uma norma que esgota todo o problema jurídico concreto. Tal mentalidade abstrata resulta estéril, sobretudo porque não leva em consideração os problemas reais e os objetivos pastorais que estão na base das normas canônicas. Mais perigoso ainda é o reducionismo que pretende interpretar e aplicar as leis eclesiásticas separando-as da doutrina do magistério. Segundo esta visão, os pronunciamentos doutrinais não teriam nenhum valor disciplinário, só reconhecido nos atos formalmente legislativos. Sabe-se que, a partir deste ponto de vista reducionista, chega-se, às vezes, a teorizar duas soluções diferentes para o mesmo problema eclesial: uma, inspirada nos textos do magistério e outra, nos textos canônicos. Baseados neste enfoque, temos uma idéia de Direito Canônico muito pobre, praticamente identificada só com o ditame positivo da norma. Não é assim, pois a dimensão jurídica, sendo teologicamente intrínseca às realidades eclesiais, pode ser objeto de ensinamento do magistério, inclusive definitivo. Este realismo na concepção do direito fundamenta uma autêntica interdisciplinaridade entre a ciência canônica e as outras ciências sagradas. Um diálogo benéfico deve partir desta realidade comum que é a própria vida da Igreja. A realidade eclesial, embora seja estudada em perspectivas diversas nas várias disciplinas científicas, permanece idêntica a si mesma e, como tal, pode permitir um intercâmbio recíproco entre as ciências, seguramente útil a cada uma. O direito orienta-se ao serviço pastoral.[32]

---

[31] João Paulo II. *Discurso por ocasião do 20º aniversário do Novo Código de Direito Canônico*, 24.01.2003. n. 2.
[32] Idem, ibidem, n. 3.

1.1. Direito e pastoral

Ouve-se, às vezes, que o Direito Canônico é um empecilho para a evangelização. A rigidez das normas quebra a espontaneidade das comunidades e não liberta as pessoas. Torna-se difícil combinar a ação pastoral com as normas jurídicas, leis meramente humanas, já inadequadas para as mudadas circunstâncias históricas.[33]

Com relação à distância entre o direito e a vida pastoral, sabemos que a questão é mais profunda e abrangente. A teologia da era dos Padres é profundamente unitária: é uma visão cristã do mundo. Só em 1140, com o *Decretum,* de Graciano, a teologia apresenta-se dividida em duas grandes disciplinas: Sagrada Escritura e Direito Canônico. Nos tempos modernos, a unidade da teologia é apenas formal, porque de fato ela é fragmentada. Ao falar das causas dessa fragmentação, Clodovis Boff ressalta, especialmente, "a especialização interna dos vários tratados e, mais ainda, a dissociação da teologia em relação à vida da comunidade".[34] Em suma, a própria teologia afastou-se da vida. Queremos reafirmar, porém, que o direito situa-se no ramo prático da teologia. Ele é, por isso, eminentemente pastoral. O discurso de João Paulo II ao Tribunal da Rota Romana, em 1990, tratou exclusivamente deste tema. Treze anos depois, comemorando os vinte anos do CIC/83, o mesmo papa insiste no assunto dizendo que é, sem dúvida, urgente redescobrir essa dimensão do jurídico eclesial.[35]

Acerca das leis eclesiásticas

Quando se diz que as leis eclesiásticas são o objeto material de nosso estudo, precisamos dizer algo sobre este tema. Falemos primeiramente sobre a *fundamentação da lei* e depois de sua *estrutura*.

Quanto à procedência ou fundamentação, devemos voltar ao já referido problema do direito divino,[36] da lei natural. Pensamos trabalhar este tema à luz do conceito de lei em santo Tomás de Aquino. É muita pretensão, mas apresentamos aqui umas pistas, decorrentes da leitura que fizemos do texto de Tomás. Falando da essência da lei,[37] em geral, o santo conclui que é certa ordenação da razão promulgada, para o bem comum, por aquele que tem o cuidado da comunidade.[38] Santo Tomás diz que a lei não é o direito propriamente, mas é uma certa razão do direito.[39] Apesar das críticas que

---

[33] AA.VV. *Manual de derecho canónico.* 2. ed. Pamplona, Ediciones Universidad de Navarra, 1991. p. 42.
[34] BOFF, C. Op. cit., p. 621.
[35] Cf. JOÃO PAULO II. O valor pastoral do direito na Igreja. *L'Osservatore Romano,* 28.01.1990 (edição portuguesa). JOÃO PAULO II. *Discurso por ocasião do 20º aniversário...,* cit., n. 1.
[36] Cf. HERVADA, Javier & LOMBARDÍA, Pedro. Art. cit., pp. 46ss.
[37] Cf. *Summa theologicae,* I-II, q. 90.
[38] Idem, ibidem, art. 4.
[39] Ibidem, II-II, q. 57, art. 1, ad 2.

se possam fazer a tal definição,[40] aplicada ao Direito Canônico, cremos que seja aplicável ao nosso estudo. Situada numa obra teológica, esta não é simplesmente uma definição filosófica.

O *Doutor Angélico* estuda a lei, na *Suma,* quando começa a considerar os princípios externos dos atos. Ele distingue esses princípios em dois: o que inclina para o mal e o que move para o bem. Este último é Deus, que nos instrui pela lei e nos ajuda pela graça.[41] Considerando, depois da essência das leis, a diversidade destas, Tomás fala dos tipos de lei na seguinte ordem: lei eterna, lei natural, lei humana, lei divina. O ponto de partida, como fonte,[42] é a lei eterna, que, segundo santo Tomás, nada mais é que a razão da sabedoria divina enquanto diretriz de todos os atos e movimentos.[43] Quando Tomás dá a definição geral de lei, incluindo a lei eterna, fala de uma razão divina. Logo nem toda a ordenação da razão é puramente humana. Vemos subentendido na expressão "ordenação da razão", com que Tomás define a lei, o ponto de vista da fé, uma vez que se insere dentro de uma obra eminentemente teológica. Logo está incluída ali a ordenação da fé ou a razão animada pela fé e pela caridade do Espírito Santo. Não concordamos com a distinção, no âmbito do Direito Canônico, entre ordenação da razão — como aparece na definição de Tomás — e ordenação da fé, visto que a razão fundamental é a da sabedoria divina.

Partindo do pressuposto de que o humano pode participar do divino, podendo conhecer a vontade de Deus, reafirmamos que isto se tornou possível graças à iniciativa de Deus. Porque o Verbo fez-se carne, o próprio Deus torna-nos capazes desta participação (Jo 1,9-14). Participar é *receber*, graças à iniciativa de Deus, *parte* da luz divina, uma vez que a criatura não é capaz de alcançar e abranger todo o mistério de Deus. Essa participação da criatura racional na providência de Deus (= lei eterna) é a lei natural.[44]

---

[40] Francisco Javier Urrutia considera que esta definição é filosófica, vinda do Direito Romano. Trata da lei em comum, propriamente falando, da lei humana, cujas divisões não incluem a lei eclesiástica. É insuficiente dizer que a lei eclesiástica é um ordenamento da razão, sem considerar a dimensão da fé. Na Igreja, as normas têm uma significação própria (*LG*, n. 27,1). Visam, como específico, não ao bem comum, mas a *salus animarum* (c. 1752). A Igreja tem fins específicos (*UR* 2,2-4). Donde se conclui que a lei canônica não pode abstrair do bem do indivíduo, nem da consciência individual e, além disso, não basta uma mera execução externa da lei eclesial. Quando santo Tomás fala *ab eo... communitatis*, certamente fala abstratamente da comunidade; e quando diz *qui curam habet*, referindo-se à autoridade, seguramente não vale para a Igreja, pois nem a Igreja é uma sociedade no sentido do direito civil, nem a jurisdição (c. 129) pode ser entendida num sentido unívoco (Cf. URRUTIA, F. J. "Legis ecclesiasticae definitio". *Periodica* 75 [1986] 303-335). O papa apresenta a lei canônica como meio de libertação espiritual que ajuda a crescer na fé, na caridade e na santidade: *L'Osservatore Romano* 45 (07.11.1998) 608s. Cf. também GHIRLANDA, G. Op. cit., pp. 42ss.
[41] Cf. *Summa theologicae,* I-II, q. 90.
[42] Cf. CICat 1951.
[43] Cf. *Summa theologicae,* I-II, q. 93, art. 1.
[44] Ibidem, q. 91, art. 2.

Até que ponto e como se dá essa participação? Não é fácil a delimitação entre lei divina e lei meramente eclesiástica, trata-se de um processo contínuo de diálogo e descoberta, em comunidade unida e participativa.

Fundamentados na indicação do doutor de Aquino quanto à etimologia de lei dada por Isidoro — a saber, lei vem do verbo ler, porque é escrita –,[45] julgamos oportuna a distinção entre *direito* e *lei*. A lei é o direito escrito. Falamos, então, de um direito divino e, porque Deus escreveu, criando, podemos falar também de uma lei eterna ou lei divina.[46] Podemos distinguir igualmente o direito divino natural da lei natural, considerando que o Filho de Deus fez-se pessoa humana e expressou-se, como por escrito, de modo humano, no meio de nós. Chamamos lei natural à nossa participação na manifestação de Deus.

A unidade da verdade, natural e revelada, encontra a sua identificação viva e pessoal em Cristo, como recorda o apóstolo Paulo: a verdade que existe em Jesus (Ef 4,21; cf. Cl 1,15-20). Ele é a Palavra eterna, na qual tudo foi criado, e ao mesmo tempo é a Palavra encarnada, que, com toda a sua pessoa, revela o Pai (cf. Jo 1,14.18). Aquilo que a razão humana procura sem o conhecer (cf. At 17,23) só pode ser encontrado por meio de Cristo: de fato, o que nele se revela é a *verdade plena* (cf. Jo 1,14-16) de todo o ser que, nele e por ele, foi criado e, por isso mesmo, nele encontra a sua realização (cf. Cl 1,17).[47]

Quando se trata de falar da procedência das leis humanas, o que está em jogo é a identidade do humano perante o divino. Entram em cena as perguntas sobre a autonomia do humano.

Muito nos ajuda, no aprofundamento do que até aqui se expôs acerca da procedência da lei eclesiástica, a reflexão feita por Queiruga em torno das categorias autonomia-heteronomia-teonomia. Não pensamos, ao afirmar o direito natural, negar o que a humanidade já alcançou em termos de reflexão e prática de uma autonomia que desemboca na teonomia ao reagir contra a heteronomia.

Por heteronomia, entende-se aquela sensação pesada de que toda a normativa — especialmente da Igreja — é algo imposto por um poder visto cada vez mais como externo e alheio, uma lei de outrem, uma imposição.

Por isso "autonomia" passou a ser a palavra-chave de toda a Modernidade, entendida como a lei do próprio ser, a que a liberdade dá-se a si mesma. Queiruga interpreta como um avanço para toda a humanidade, porque "é verdade que a liberdade só existe onde ela se determina por si mesma, onde age, definitivamente, 'porque quer' e não só porque se manda".[48] Nem Deus obriga.

---

[45] Ibidem, q. 90, art. 4, ad tertium.
[46] Ibidem, q. 91, art. 1, ad secundum.
[47] JOÃO PAULO II. *Fides et ratio*. n. 35.
[48] QUEIRUGA, Andrés Torres. *Recuperar a criação — Por uma religião humanizadora*. São Paulo, Paulus, 1999. pp. 204ss.

Na análise do referido autor, esse foi um passo importante na história da humanidade no sentido de dar forças à nascente cultura secular. Era grande o domínio cultural, social e político das igrejas e tinha-se tornado extemporâneo.

Falar de teonomia é falar de uma síntese nova, porque, situando em seu justo nível e sentido o apelo divino, mostra-o não como anulação heterônoma, mas como fundamento da própria autonomia. Reconhecendo-se a pessoa humana como criatura de Deus, fica claro que a lei de seu ser e a vontade de Deus, a respeito dela, são uma só e a mesma coisa, pois Deus quer única e exclusivamente que a criatura realize-se. Dizer "quero realizar meu ser" é a mesma coisa que "quero fazer a vontade de "Deus". [...] que eu cumpra tua vontade. Meu Deus, é isto que desejo, tua lei está no fundo do meu coração" (Sl 40,9). Deus, estabelecendo a aliança, apresenta-se como Deus libertador, que só quer a salvação e a vida (Dt 30,15-20; 11,26-28; Jr 21,8).

> *A autonomia e a heteronomia enraízam-se na teonomia, e cada uma delas se extravia quando se rompe sua unidade teônoma. A teonomia não significa a aceitação de uma lei divina imposta à razão por uma muito alta autoridade. Significa a razão autônoma unida à sua própria profundidade. Numa situação teônoma, atualiza-se a razão obedecendo às leis estruturais e arraigando-se no poder de seu próprio fundo inesgotável. Sendo Deus (theos) a lei (nomos) tanto da estrutura como do fundo da razão, ambos, estrutura e fundo, estão unidos em Deus, e sua unidade manifesta-se em situação teônoma.*

Estas são palavras de Paul Tillich, citadas por Andrés Torres Queiruga.[49]

É com esta ótica que devemos ler os pronunciamentos do magistério eclesiástico quando invocam a lei natural.[50] Não se trata da imposição autoritária que provoca um silêncio estéril, mas trata-se de um convite ao aprofundamento da questão. Na *Evangelium vitae*, por exemplo, ficou confirmada a doutrina da necessidade de a lei civil conformar-se com a lei moral. Todo o poder vem de Deus. As leis contrárias à vontade de Deus não obrigam a consciência dos cidadãos. A própria autoridade que as ditou deixa de existir e constitui-se em abuso de poder. Santo Tomás de Aquino escreve que a "lei humana tem valor de lei enquanto está de acordo com a reta razão: derivando, portanto, da lei eterna. Se, porém, contradiz a razão, chama-se lei iníqua e, como tal, não tem valor, mas é um ato de violência". E ainda: "toda a lei constituída pelos homens tem força de lei só na medida em que deriva da lei natural. Se, ao contrário, em alguma coisa está em contraste com a lei natural, então não é lei, mas sim corrupção da lei". Aplicando esses princípios aos crimes legalizados, o papa é claro:

---

[49] Idem, ibidem.
[50] Cf. *GS* 74, 79, 89. CICat 1949-1974. CDF. *Considerações sobre os projetos de reconhecimento legal das uniões entre pessoas homossexuais.* 03.06.2003, nn. 1, 3, 4, 6.

[...] Se as leis não são o único instrumento para defender a vida humana, desempenham, contudo, um papel muito importante, por vezes determinante, na promoção de uma mentalidade e dos costumes. Afirmo, uma vez mais, que uma norma que viola o direito natural de um inocente à vida, é injusta e, como tal, não pode ter valor de lei.[51]

Devemos, entretanto, reconhecer que o uso dos termos direito divino, direito natural, direito positivo não é sempre claro. Em geral, considera-se natural o que tem sua imediata origem na própria natureza e positivo o que vem da livre vontade do legislador. Segundo alguns, o direito natural é, em sua essência, divino, dado que o autor da natureza é o próprio Deus. E o direito positivo pode ser divino ou humano, conforme se constitui por Deus ou pela pessoa humana. O direito positivo (revelado) divino está contido no Velho Testamento, que compreende preceitos de fé, de moral, de cerimônias e de juízos; está contido, também, no Novo Testamento, que compreende a nova aliança. O direito positivo humano pode ser eclesiástico (eclesial) ou civil-estatal, conforme for constituído pelas Igrejas ou pelos Estados. Propomos os seguintes quadros esquemáticos acerca do que se disse. São quadros referenciais, a serem considerados dentro daquela visão da natureza e graça já apresentada (trata-se de uma proposta de padre Cappello, quando traça a divisão geral do direito).[52]

---

[51] JOÃO PAULO II. Carta encíclica *Evangelium vitae.* Sobre o valor e a inviolabilidade da vida humana. São Paulo, Paulinas, 1995. Col. A Voz do Papa, 139, nn. 72 e 90. Cf. também JOÃO PAULO II. Carta encíclica *Splendor veritatis.* Sobre algumas questões fundamentais do ensinamento moral da Igreja. Petrópolis, Vozes, 1993. Col. Documentos Pontifícios, 255, n. 97. Muito enriquecedora é a leitura de todo o capítulo terceiro (*A salvação de Deus*: a lei e a graça) da primeira seção (*A vocação do homem:* a vida no Espírito) da terceira parte (*A vida em Cristo*) do catecismo da Igreja Católica.

[52] Cf. CAPPELLO, Felix M. *Summa iuris canonici in usum scholarum concinnata.* Editio quinta. Roma, Gregoriana, 1951. v. I, pp. 6ss.

Direito objetivo	Referente à lei ou a um complexo de leis e chama-se também preceptivo ou legal
Direito subjetivo	Referente à faculdade moral (poder) inviolável de fazer, exigir ou possuir algo (actio)
Direito natural	Tem sua origem imediata na própria natureza
Direito positivo	Tem sua origem imediata na vontade do legislador. Pode ser divino ou humano
Direito positivo divino	Contido no Antigo e no Novo Testamento
Direito positivo humano	Pode ser eclesiástico ou civil, conforme seja constituído pela Igreja ou pelo Estado
Direito escrito ou legal	Formulado numa lei escrita
Direito não-escrito ou consuetudinário	Estabelecido pelo comportamento de uma comunidade (consuetudo = costume)
Direito público	Indica propriamente a constituição essencial de uma sociedade
Direito privado	Indica propriamente o regime de governo da sociedade
Direito de propriedade	Direito de agir ou exigir, possuir algo em seu próprio benefício
Direito de jurisdição	Poder de dirigir (ordenando, proibindo, permitindo ou punindo) outros, quer em benefício deles, quer do bem comum

Quanto ao direito natural e positivo, propomos ainda a seguinte consideração:

Quem é o autor do direito?	Qual a denominação do direito?	Qual a fonte que cria[53] o direito?	De onde podemos conhecer o direito?
Deus	Direito divino — Natural	Criação	Luz da razão (Rm 2,14)
	Direito divino — Positivo	Revelação — Fé	Sagrada Escritura Tradição Magistério
Igreja	Direito divino – Humano	Papa — Bispos — Concílios	Coleções de leis (códigos)
Estado	Direito divino – Humano	Poder legislativo	Coleções de leis
Igreja e Estado	Direito divino – Humano	Santa Sé e Estado	Concordatas

Um direito pura e simplesmente humano, dentro de nossa visão, não existe. Seria o direito positivo no sentido estrito, como no quadro a seguir:

Direito natural → Lei natural	Direito positivo → Lei positiva
Estritamente natural (primário)	Não estritamente positivo
"Viver honestamente, não lesar o outro, dar a cada um o que é seu" (D. I, 1, 1,1)	Tem algo de direito natural
	Fundamenta-se no direito natural
Vale sempre e por toda a parte	Ao menos, não contradiz o direito natural
Nunca cessa	
Impõe-se de modo intuitivo como os primeiros princípios da sindérese	Conhecível só por técnicos, peritos e estudiosos, por meio de raciocínios mais elaborados
Não pode ser dispensado	Às vezes, cessa
	Pode ser dispensado

---

[53] Idem, ibidem, pp. 15ss (sobre as fontes do Direito Canônico e sua distinção). Pode-se fazer o estudo da história das fontes do direito.

Não estritamente natural (secundário)	Estritamente positivo
Não matar, não furtar... (derivados do primário)	Propriamente falando, não existe, não é verdadeiro direito
Vale quase sempre e quase por toda parte	Fundamenta todas as formas do assim chamado totalitarismo
Às vezes, cessa	
Facilmente cognoscível por todos, no início do uso de razão, a modo de conclusão imediata	
Por isso, é um direito verdadeiramente humano	
Pode ser dispensado	

O direito eclesial, dependendo do conteúdo tratado ou da perspectiva, é também especificado com adjetivos diversos, como no quadro a seguir:

Quanto à matéria ou ao objeto tratado	Público: caso estude a constituição fundamental da Igreja e seus poderes e direitos em relação aos membros (direito público eclesiástico interno) ou em relação ao Estado e outras sociedades políticas (direito público eclesiástico externo). Para Cappello, leis divinas que definem a constituição essencial da Igreja
	Privado: caso se refira ao estado, direitos, interesses, obrigações de cada fiel. Para Cappello, leis eclesiásticas que ordenam o governo da própria Igreja. O sentido não é o mesmo que na consideração vulgar do termo
Quanto ao âmbito ou à extensão	Universal: caso se aplique a toda a Igreja, sem limites
	Particular: caso se aplique a um determinado território (nação, província, diocese, paróquia etc.)
	Geral: caso se refira a todas as pessoas fiéis
	Singular: caso se refira a uma determinada parte de fiéis
	Comum: caso deva ser observado ordinariamente e dirigido a todas as pessoas fiéis, podendo ser geral ou singular (direito comum dos religiosos)
	Especial: caso contenha uma exceção à regra a ser observada comumente

Quanto ao tempo	Arcaico: dos primórdios até Graciano (1140)
	Antigo: de Graciano até o Código de 1917
	Novo: do Código de 1917 ao de 1983
	Vigente: da entrada em vigor dos Códigos de 1983 e 1991
Quanto à forma	Escrito: se é estabelecido em documentos autênticos, devidamente promulgados
	Não-escrito: se nasce da lei natural, da tradição e do costume. Sendo inserido num documento público e formal, esse último torna-se, também, *jus scriptum* (direito escrito)
Quanto ao rito	Latino: referente à Igreja de rito latino
	Oriental: referente às Igrejas católicas de rito oriental católico

Olhando para nossa atual legislação, para dar alguns exemplos, vemos os termos natural e positivo usados nos seguintes cânones: 199, 1163 § 2, 1165 § 2, 1259, 1619. Os cânones 22, 24 § 1, 1059 e 1692 § 2 usam a expressão direito divino. Termos equivalentes para significar também direito divino são encontrados nos cânones 98 § 2 e 1249 (lei divina); 113 § 1 (ordenação divina); 129 § 1, 207 § 1, 1008, 375 § 1 (instituição divina) e 145 § 1 (disposição divina).

O uso dos termos público e privado acontece nos seguintes cânones: 116 § 1, 322 § 2 — para falar da associação particular de fiéis, 1192 § 1 — para falar do voto, e ainda nos cânones: 944 § 1, 1047 § 2, 1269, 1391, 1430, 1227, 1446 § 3, 1542. Algumas vezes, o termo *privatum,* em latim, é traduzido por particular, em português, confundindo um pouco o enfoque. Trata-se de um conceito tirado do âmbito dos direitos civis de difícil adaptação no âmbito eclesiástico.[54]

Considerando a matéria mais detalhadamente, o direito eclesial assume múltiplos aspectos: direito constitucional, litúrgico, sacramental, religioso, legislativo, processual, administrativo, penal, patrimonial etc.

Ainda com relação aos termos universal e particular, é preciso conferir os seguintes cânones 6 § 1, n. 2; 19; 20 (onde aparece também o termo especial); 89; 118; 127 § 1;[55] e mais de 40 outros.

---

[54] Cf. CORECCO, E. Fundamentos eclesiológicos do Código de Direito Canônico. *Concilium* 205/3 (1986) 14-15.
[55] Uma interpretação autêntica sobre o cânon foi dada, em 5 de julho de 1985, pelo PCITL in *AAS* 77 (1985) 771. Cf. AA.VV. *Comentario exegético al Código de Derecho Canónico.* 3. ed. Navarra, EUNSA, 2002. v. V, p. 233.

A expressão geral aparece associada à especial no c. 1290 do CIC/83 (= c. 1034 do CCEO) referindo-se à lei civil. O termo singular vem associado, no código, à definição de decretos e preceitos. Assim também para a palavra geral. O termo comum aparece no c. 392 § 1 (= 201 § 1 do CCEO), associado à disciplina, e no c. 882. O termo especial aparece nos cânones 344, 346 §§ 1[56] e 2, 348 § 1, 359, 360. Há uma referência ao direito antigo no c. 6 § 2 (= c. 2 do CCEO) e ao direito vigente no c. 26. Esta mesma expressão, ligada a costume, aparece nos cânones: 507 § 1 e 952 § 2. Não é fácil ter uma visão clara e coerente dessa variedade de adjetivos para referir-se ao Direito Canônico.

Quanto à estrutura e à índole do direito eclesial, em relação aos direitos civis, cremos poder apresentar alguns elementos a partir dos princípios que orientaram a elaboração dos códigos para o Ocidente e para o Oriente. Quanto ao código latino, há trinta e três anos a assembléia geral do sínodo dos bispos[57] traçou uma série de princípios que deveriam inspirar o trabalho dos grupos de estudo da anunciada e tão desejada reforma das leis canônicas na Igreja católica.

São os seguintes princípios que orientaram a elaboração do Código ocidental:

- **Índole jurídica do novo Código**

Que se entende aqui por índole jurídica? Trata-se daquele jurídico visto à luz da fé cristã. A sua força não está na letra da lei, mas no Espírito. Para o Direito Canônico, não basta ser uma arte, ou uma técnica, ou uma ciência prática. É preciso que seja pastoral, pois é teologia prática.[58]

- **Coordenação entre foro interno e foro externo**

Aqui, foro significa o lugar onde o poder de governo (não o de santificação, nem o de ensino) produz os seus efeitos. Na nossa antiga legislação, foro interno era identificado com o foro da consciência. Para a atual legislação, essa identificação não existe, pois a consciência é o sacrário íntimo do encontro da pessoa humana com Deus (GS 16). Por isso se diz que a Igreja não julga as coisas internas, da consciência, que não podem ser "castigadas publicamente, mas só pelo juízo de Deus".[59]

---

[56] Cf. interpretação autêntica sobre o cânon, incluindo o c. 402 § 1, foi dada, em 10 de outubro de 1991, pelo PCITL in AAS 83 (1991) 1.093. Cf. AA.VV, *Comentario exegético...*, cit., v. V, p. 235.

[57] Em outubro de 1967, depois de um estudo da reunião geral do sínodo dos bispos, foram aprovados quase por unanimidade dez princípios a serem seguidos na revisão de todo o código. Cf. João Paulo II. *Codex juris canonici — Fontium annotatione et indice analytico-alphabetico auctus — Praefatio*. Romae, Libreria Editrice Vaticana, 1989. Para leitores de língua portuguesa: *Código de Direito Canônico*, tradução da Conferência Nacional dos Bispos do Brasil, notas e comentários de padre Jesus S. Hortal, sj, São Paulo, Loyola, 1983, pp. xxviii — xxx.

[58] Cf. Hervada, Javier & Lombardía, Pedro. Art. cit., p. 57.

[59] Cf. Aquino, Tomás de. *Summa theologicae* III, q. 86, a. 6.

Para distinguir os foros, é preciso olhar o modo do exercício do poder. Este pode ser público ou privado. O modo público indica que a comunidade tem conhecimento legítimo deste exercício, pois existem provas legítimas (documentais ou testemunhais) dele. O modo privado quer dizer que a comunidade não tem conhecimento, pois não existem provas legítimas. O foro interno pode ser sacramental ou não sacramental, conforme o exercício do poder ocorra ou não na confissão sacramental.

Geralmente, os direitos civis consideram e regulamentam o procedimento jurídico externo (distinção entre direito civil e ética). O direito eclesial, enquanto direito religioso, atinge também campos que não são visíveis para o exterior, mas que não estão só sob a responsabilidade do indivíduo ou de sua consciência. A adequada coordenação entre esses dois foros não é fácil. Deve-se salvar sempre o princípio da intimidade da pessoa, consideradas as circunstâncias. Nos seguintes cânones, trata-se da aplicação deste princípio: 37, 64, 74, 130, 142 § 2, 144 § 1, 221 § 1, 508 § 1, 596 § 2, 1047 § 1, 1049 § 1, 1074, 1079 § 3, 1081, 1082, 1123, 1126, 1145 § 3, 1319 § 1, 1340 § 1, 1357 § 1, 1361 § 2, 1407 § 3, 1409 § 1, 1675 § 1, 1692 §§ 2-3, 1704 § 2, 1716 § 1-2, 1732.

• Eqüidade canônica

Um elemento importante do direito eclesial é o lugar ocupado, por um lado, pela epiquéia — benigna e justa interpretação da mente do legislador — na forma da eqüidade canônica (c. 19) — justiça temperada com o amor — e, por outro lado, precisamente no uso do direito penal ele rompe o "juízo com misericórdia" e o princípio fundamental do "não há pena, se não houver lei penal", permitindo a um juiz, por razões determinadas, punir mais rigorosamente do que prevêem a lei e a penalidade mandada (c. 1326). Lembra o papa, em 1979, falando para a Rota Romana, que o caminho do juiz eclesiástico começa com uma exigência primária da justiça, que é o respeito à pessoa, passa pela eqüidade até chegar à caridade. O código refere-se explicitamente à eqüidade nos seguintes cânones: 19, 221 § 2, 271 § 3, 686 § 3, 1148 § 3, 1752.

• Dispensa das leis gerais dada pelos bispos

Este princípio apareceu no c. 381 § 1 que se fundamenta em *LG* 27. O bispo, na diocese a ele confiada, tem o poder ordinário, próprio e imediato. Ele não é um vigário do papa.

Conferir os cânones 14, 87 §§ 1-2, 291, 527 § 2, 584, 1014, 1031 § 4, 1047 §§ 1, 2-3, 1078 §§ 1-2, 1127 § 2, 1196, 1245 (poder do pároco), 1354 § 3, 1698 (ratificado e não consumado).

• Princípio de subsidiariedade

Foi Pio XI, em 1931, quem formulou pela primeira vez o princípio de subsidiariedade para proteger a autonomia da família diante da intromissão do Estado, sobretudo quanto à educação dos filhos.[60] Pio XII, falando aos cardeais em 1946, afirmou explicitamente que a subsidiariedade pode ser adaptada à vida interna da Igreja, com exceção de sua estrutura hierárquica. E não só Pio XII. Os sínodos internacionais de 1967 e 1969 foram favoráveis à aplicação do princípio de subsidiariedade no Direito Canônico e nas conferências dos bispos. A subsidiariedade, todavia, deve ser vista no contexto da verdade cristã e com ela equilibrada. O papa Pio XII contrapõe a subsidiariedade na Igreja à centralização das sociedades totalitárias de nosso tempo.[61]

Segundo Ghirlanda, o princípio foi aplicado na elaboração do CIC de 1983; é só ver os constantes apelos ao direito particular ou ao direito próprio.[62] São muitos os cânones que pedem a determinação da legislação particular. Em geral, esses cânones dirigem-se à conferência dos bispos de cada país. Sejam vistos, por exemplo, os cânones 230, 236, 237 § 2, 242 § 1 e muitos outros. Basta conferir na *legislação complementar* da respectiva conferência de bispos, em geral publicada em anexo ao código.

Outra questão, de certa forma relacionada com esta, é a distinção que o direito da Igreja faz — estranha aos direitos civis — dentro do poder eclesiástico, entre o chamado poder de ordem e o poder de jurisdição. No Direito Canônico, conservada a unidade do poder (que é o de Cristo em sua Igreja), considera-se que, pela sagrada ordem, o próprio Senhor dá um poder que não mais pode ser tirado da pessoa ordenada por nenhuma força humana, como também por nenhuma autoridade da Igreja (caráter indelével). O exercício desse poder, conferido pela Igreja — que pede da pessoa um ministério ou missão —, contudo, pode ser deixado pela própria pessoa ou pode ser-lhe retirado pela direção eclesiástica:[63] confira o c. 290, por exemplo.

Outro elemento típico do direito eclesial é o valor que ele dá, pelo menos na teoria, ao direito não escrito, ou seja, o costume da comunidade (direito consuetudinário: cc. 23-28), apontado como o melhor intérprete das leis (c. 27). Por isso a lei admite até a existência de um costume contra ela.

---

[60] Cf. GHIRLANDA, G. Op. cit., p. 84. Para um aprofundamento sobre a questão, Rafael Llano Cifuentes, *Relações entre a Igreja e o Estado. A Igreja e o Estado à luz do Vaticano II, do Código de Direito Canônico de 1983 e da Constituição Brasileira de 1983*. Rio de Janeiro, José Olympio, 1989.

[61] Cf. O'CONNELL, Gerard & FERRÒ, Giovanni (a cura di). Riformare il papato per unire i cristiani — Intervista a monsignor John Raphael Quinn. *Jesus — Mensile di cultura e attualità religiosa* 1 (2000) 12-18. Periodici San Paolo, Alba (Cuneo), Italia. Cf. QUINN, John R. *Reforma do papado — Indispensável para a unidade cristã*. Trad. de padre Flávio Cavalca de Castro CSsR. Aparecida, Santuário, 2002.

[62] Cf. GHIRLANDA, G. Op. cit., p. 85.

[63] Cf. CORECCO, E. Fundamentos eclesiológicos..., cit., p. 3.

- **Deveres e direitos das pessoas fiéis de Cristo**

Não pode haver autoritarismos, arbitrariedades e abusos nas relações entre as pessoas fiéis de Cristo. A atenção dada ao tema levou a comissão a redigir os cânones 208-231 referentes aos deveres-direitos de todas as pessoas fiéis. Aqui, o direito da Igreja também se apresenta diferente do civil, uma vez que a "Igreja não é, como a sociedade civil, simplesmente o efeito da socialidade humana, mas o efeito da presença da obra salvadora de Deus".[64] A fonte dos direitos-deveres é o batismo, e para as pessoas cristãs os deveres, que são realizados com a alegria da caridade, vêm primeiro.

No primeiro encontro do papa João Paulo II, recém-eleito, com o Tribunal da Rota Romana, em 1979, foi ressaltado que faz parte da vocação da Igreja também o empenho e o esforço de ser intérprete da sede de justiça e de dignidade que os homens e mulheres sentem vivamente na época hodierna. A Igreja apresenta-se como principal baluarte de defesa dos direitos humanos. E o papa ressalta o papel pedagógico do Direito Canônico.[65]

- **Direitos subjetivos — Recursos administrativos**

Um elemento importante do direito eclesial é a norma fundamental da unidade do poder eclesiástico. A distinção de poderes (no sentido de Locke e Montesquieu) tem só um valor funcional, ou seja, não de uma separação efetiva de poderes.[66] A comunidade eclesial é espaço de comunhão e participação. A oposição e a reivindicação egoísta e interesseira não podem ter lugar na Igreja.

Confira os cânones 1400 § 2, 1445 § 2, 1732ss. Para garantir o que foi enunciado neste princípio, pensou-se na constituição de tribunais administrativos em cada nação, além do serviço já prestado pela Assinatura Apostólica em Roma.

- **Revisão do princípio da territorialidade**

De um modo geral, considera-se o território para delimitar o espaço de aplicação do direito eclesial. Mas este não é o único nem o elemento essencial do Povo de Deus. Confira os cânones 295 § 1, 296, 372, 518, 1110.

- **Direito de coação da Igreja**

A vida jurídica da Igreja, e, por isso, também a atividade judiciária, é em si mesma pastoral. Ela deve, por isso, ser profundamente animada pelo Espírito Santo. Na visão de uma Igreja que protege os direitos de cada fiel e

---

[64] GHIRLANDA, G. Op. cit., p. 88.
[65] Cf. JOÃO PAULO II. Discurso à Sagrada Rota Romana A função judicial da Igreja ao serviço da eqüidade e da caridade. *L'Osservatore Romano,* 25.02.1979 (edição portuguesa).
[66] Cf. CORECCO, E. Fundamentos eclesiológicos..., cit., p. 3.

promove o bem comum como condição indispensável para o desenvolvimento integral da pessoa humana e cristã, a disciplina penal aparece como um instrumento de comunhão, isto é, como meio de recuperar o bem individual e comunitário, eventualmente perdido pelo comportamento antieclesial, escandaloso e delituoso dos membros do Povo de Deus.[67]

O princípio canônico é que a Igreja não julga o íntimo. A pessoa fiel tem direito à boa fama e à própria intimidade (c. 220). As penas *latae sententiae* ficaram reduzidas às seguintes: cc. 1364, 1367, 1370 §§ 1 e 2, 1378 §§ 1 e 2, 1382, 1388 § 1, 1390 § 1, 1394 §§ 1 e 2, 1398.

• Disposição sistemática

Padre Ghirlanda faz uma sugestão significativa quanto à estrutura do código, dizendo que, para ser mais coerente com a doutrina do Concílio Vaticano II, a disposição sistemática deveria ser a seguinte:

Livro I: Do Povo de Deus — correspondente ao atual livro II — sem a parte II — e mais os cc. 96-128 e 197-203.

Livro II: Do múnus de santificar da Igreja — atual livro IV.

Livro III: Do múnus de ensinar da Igreja — atual livro III.

Livro IV: Do múnus de governar da Igreja — formado pelos livros V, VI e VII do atual Código, mais os cânones 129-196 e 7-95.

Livro V: A constituição hierárquica da Igreja — correspondente aos cc. 330-572.[68]

Já a Comissão Pontifícia para a Revisão do Código de Direito Canônico oriental, instituída por Paulo VI em 1972, na primeira assembléia plenária dos seus membros, acontecida nos dias 18-23 de março de 1974, contando com a presença de alguns observadores das Igrejas orientais não-católicas, aprovou quase unanimemente alguns princípios pelos quais os consultores deveriam deixar-se orientar nos vários grupos de estudo para compor os esquemas dos cânones.

São os seguintes os princípios mais importantes que orientaram a elaboração do Código oriental,[69] publicados em três línguas nas atas da Comissão:

• Único código para todas as Igrejas orientais

"Tudo o que se sugeriu sobre um único código para todas as Igrejas orientais, considerando o patrimônio único dos sagrados cânones, deve ser conforme também com as atuais circunstâncias da vida."

---

[67] Cf. CHIAPPETTA, Luigi. Op. cit., p. 448.
[68] Cf. GHIRLANDA, G. Op. cit., p. 109.
[69] Cf. JOÃO PAULO II. *CCEO — Praefatio*. In: *EV 12 — Documenti ufficiali della Santa Sede, 1990*. Bologna, Dehoniane, 1992. p. 56.

- **Caráter oriental do código**

O caráter do código deve ser verdadeiramente oriental, isto é, deve ser conforme aos postulados do Concílio Vaticano II sobre a observância das próprias disciplinas das Igrejas orientais enquanto se recomendam por sua venerável antigüidade, são mais conformes aos costumes de seus fiéis e mais adequadas para prover ao bem das almas" (OE 5), por isso o código deve refletir a disciplina que está contida nos sagrados cânones e nos costumes comuns a todas as Igrejas orientais.

- **Ecumenismo**

O código deve ser completamente conveniente para a peculiar missão, confiada pelo Concilio Vaticano II às Igrejas orientais católicas, de favorecer a unidade de todos os cristãos, especialmente dos orientais, segundo os princípios do decreto do Concílio sobre "o ecumenismo".

- **Caráter jurídico**

"O código deve ter, como é natural, um caráter jurídico: por isso deve definir e tutelar claramente os direitos e obrigações de cada uma das pessoas físicas e jurídicas entre si e em relação à sociedade eclesiástica."

- **Para além da justiça**

Além da justiça, na própria formulação das leis, o código deve levar em conta a caridade e a humanidade, a temperança e a moderação, para favorecer sobretudo a salvação das pessoas no trabalho pastoral; por isso, não se devem impor normas a serem observadas por estrito direito, a não ser que sejam exigidas pelo bem comum e pela disciplina eclesiástica geral.

- **Princípio de subsidiariedade**

O denominado princípio de "subsidiariedade" deve ser observado no código, por isso este deve conter só aquelas leis que se considerem, a juízo do Supremo Pastor de toda a Igreja, como devendo ser comuns a todas as Igrejas orientais católicas, remetendo todas as outras ao direito particular de cada uma das Igrejas.

Padre Ghirlanda fala de outro princípio, não explicitado, mas válido para ambos os Códigos, uma vez que eles devem fundamentar-se na eclesiologia do Vaticano II. É o princípio de comunhão.[70]

Com a enumeração desses princípios, nós quisemos dizer que o direito da Igreja, à luz sob o qual é estudado, toma as devidas distâncias dos direi-

---

[70] Cf. GHIRLANDA, G. Op. cit., pp. 111ss.

tos humanos e civis. Sem, evidentemente, desconsiderar ou cancelar tais direitos, a Igreja os reinterpreta segundo a fé cristã.

Falando ainda sobre o método jurídico-teológico, gostaríamos de apresentar uma advertência que foi feita por Hervada-Lombardía: "[...] adoptar métodos, modos de conceptualizar, enunciar o proceder propios de otras ciencias (p. ej., la filosofía o la teología moral) sólo conduce a errores e impreciones".[71] É um alerta bastante sério, pois uma postura assim poderia levar à negação de direitos elementares à pessoa cristã, dizem esses autores, porque a pessoa está moralmente obrigada a respeitar a autoridade. Ou, então, poderia confundir-se a possibilidade de exercer um direito com a obrigação de fazê-lo, esquecendo regras morais e ascéticas do próprio Evangelho. E os citados autores continuam a elencar os pressupostos de uma metodologia propriamente jurídica:

1 — Critério jurídico ou visão própria do jurista. Essa condição consiste em contemplar a realidade do ponto de vista da ordem justa da sociedade. Conseqüentemente, observa a realidade e suas leis à medida que produzem e conseguem a ordem justa. Não se trata de uma contemplação individual, mas social.

2 — Pureza metódica formal. Dizem os autores que a ciência canônica é uma ciência autônoma, uma vez que dependente dos dados de outras ciências. Autonomia, para eles, parece significar que a ciência canônica não é parte da teologia nem de outra ciência. Tem um instrumental suficiente para conhecer o objeto material em função de seu objeto formal. No entanto, os autores citados falam da subordinação das ciências, graças à qual o Direito Canônico é insuficiente para captar a realidade total. Nenhum conhecimento é exclusivo, é somente parcial. Os dados de outras ciências são estudados e tomados na perspectiva típica da ciência jurídica, segundo sua relevância.

Preferimos não seguir uma linha tão definida de separação, pela reflexão e leitura de grandes canonistas, conforme foi exposto anteriormente.[72] Teologia e direito viveram unidos, como única ciência, durante mil anos. A história dos mil anos seguintes, marcados pelo divórcio das duas áreas da teologia, não deixou somente marcas gloriosas. A independência total — quando ocorreu — do direito em relação à teologia só trouxe desastre. O terceiro milênio surge com o veemente convite do papa no sentido de alcançarmos a unidade do saber teológico (OT 16) e humano, pois o ser humano é capaz de alcançar uma visão unitária e orgânica do saber.[73]

---

[71] HERVADA, Javier & LOMBARDÍA, Pedro. Art. cit., pp. 71s.
[72] Cf. GHIRLANDA, G. Op. cit., pp. 57-61. Um importante artigo do mesmo autor nos deu mais luz nesta maneira de ver a relação entre direito e teologia: Riforma degli studi nelle facoltà di Diritto Canonico. *Periodica* 92 (2003) 193-222.
[73] JOÃO PAULO II. *Fides et ratio*, n. 84.

Resumindo

• *Há uma relação íntima entre teologia e direito. Podemos falar tanto de uma teologia sobre o direito como também de uma teologia sob o direito.*

• *Direito Canônico não é sinônimo de código. O código é uma das expressões do direito.*

• *Direito pode ser definido como conjunto de relações entre as pessoas fiéis na Igreja; como conjunto de normas que regulam as relações entre as pessoas fiéis; como ciência das relações e normas.*

• *Enquanto ciência, o direito é definido como teologia prática acerca das leis da Igreja.*

• *O Direito Canônico é uma disciplina inserta no ramo das ciências práticas do conjunto das disciplinas teológicas.*

• *O objeto material do Direito Canônico são as leis da Igreja. O objeto formal é a fé cristã sob o ponto de vista da vivência da comunidade eclesial em abertura e diálogo com outras igrejas, comunidades eclesiais, religiões e mundo. O método é o teológico.*

• *O fundamento das leis eclesiásticas é o direito divino. Disso decorre sua estrutura distinta da dos direitos civis.*

• *Os princípios que orientaram a elaboração dos atuais códigos de direito eclesial oferecem-nos alguns elementos acerca da estrutura desse direito em relação aos direitos estatais.*

Perguntas para reflexão e partilha

1. Como se define o Direito Canônico enquanto ciência?

2. Como você constata a íntima relação entre direito e teologia?

3. Que fazer para que o direito na Igreja apareça sempre mais como um direito pastoral?

Bibliografia

AQUINO, Tomás de. *Suma teológica — Teologia, Deus, Trindade*. São Paulo, Loyola. 2001. v. 1.

BLANK, Renold J. & VILHENA, M. Ângela. *Esperança além da esperança*. Valencia, Siquem, 2001. Col. Livros Básicos de Teologia, Teologia Sistemática 4 — Antropologia / Escatologia.

BOFF, Clodovis. *Teoria do método teológico*. Petrópolis, Vozes, 1998.

HERVADA, Javier & LOMBARDÍA, Pedro. Prolegómenos — Introducción al derecho canónico. In: AA.VV. *Comentario exegético al Código de Derecho Canónico.* 3. ed. Navarra, EUNSA, 2002. v. 1.

LIBANIO, João Batista & MURAD, Afonso. *Introdução à teologia — Perfil, enfoques, tarefas.* São Paulo, Loyola, 1996.

QUEIRUGA, Andrés Torres. *Recuperar a criação — Por uma religião humanizadora.* São Paulo, Paulus, 1999.

RAHNER, Karl. *Curso fundamental da fé.* 2. ed. São Paulo, Paulus, 1989.

RAMPAZZO, Lino. *Metodologia científica — Para alunos dos cursos de graduação e pós-graduação.* São Paulo, Loyola, 2002.

RUBIO, Alfonso García. *Unidade na pluralidade:* o ser humano à luz da fé e da reflexão cristãs. São Paulo, Paulinas, 1989. Col. Teologia Sistemática.

STICKLER, Alfonso M. Teologia e diritto canonico nella storia. In: CASTILLO LARA, R. J. et alii. *Teologia e diritto canonico.* Città del Vaticano, Libreria Editrice Vaticana, 1987. Col. Studi Giuridici XII.

Capítulo terceiro

QUE DIREITO PARA QUE IGREJA?

Falaremos, neste capítulo, dos fundamentos eclesiológicos do Direito Canônico. A íntima relação entre o conceito de Direito Canônico e a doutrina sobre a Igreja que está subjacente a este é um dado importante.[1]

O Concílio Vaticano II[2] sublinhou que o estudo do direito não pode ser feito sem referência ao mistério da Igreja,[3] dizendo, explicitamente, que na exposição do Direito Canônico e da história eclesiástica deve-se estar atento ao mistério da Igreja, segundo a constituição dogmática *Lumen gentium*. Logo a busca de compreensão da realidade jurídica está intimamente unida ao objeto de estudo da eclesiologia.

É verdade que há uma única Igreja de Cristo.[4] Não se pode falar, porém, de uma única reflexão da Igreja sobre si mesma ao longo dos séculos. A comunidade eclesial, de acordo com o contexto histórico em que vive, elabora de si mesma idéias diferentes, colocando em relevo um aspecto de seu mistério e, inevitavelmente, esquecendo outros.[5] Por isso podemos falar que a unidade é compatível com a diversidade. Podemos falar de igrejas, no plural. E isto não só dentro da comunhão plena conforme os critérios do c. 205, mas também fora dela.

O Concílio Vaticano II enumerou várias imagens da Igreja. Chamou a atenção para a imagem da Igreja como Povo de Deus,[6] mas nem no Concílio há uma única eclesiologia, embora o espírito do Vaticano II aponte para um modelo de Igreja menos jurídico. Os teólogos costumam falar de pelo menos três modelos de Igreja, que se interpenetram e superam, nestes últimos quinhentos anos. São como que três eixos, em torno dos quais giram várias tendências eclesiológicas. Cada um desses eixos tem uma idéia predominante e central.

---

[1] Cf. Hervada, Javier & Lombardía, Pedro. Prolegómenos – Introducción al derecho canónico. p. 33.
[2] Cf. *OT* 16.
[3] Cf., para uma ampla apresentação do tema, o grande professor Gianfranco Ghirlanda. *Il diritto nella Chiesa mistero di comunione – Compendio di diritto ecclesiale*, pp. 30-71. Cf. também: Rahner, Karl. *Curso fundamental da fé*. 2. ed. São Paulo, Paulus, 1989. pp. 451ss. Corecco, E. Fundamentos eclesiológicos do Código de Direito Canônico. pp. 13-23. Provost, James H. Estratégias para a aplicação da vida ao direito eclesiástico. *Concilium* 267/5 (1996), 146-156.
[4] Cf. *LG* 8; CDF. Declaração *Dominus Iesus*, nn. 4; 16s.
[5] Cf. Stickler, A. Teologia e diritto canonico nella storia. In: Castillo Lara, R. J. et alii. *Teologia e diritto canonico*. Città del Vaticano, Libreria Editrice Vaticana, 1987. Col. Studi Giuridici XII, p. 27.
[6] Cf. Hervada, Javier & Lombardía, Pedro. Op. cit., pp. 34s.

1º — Eclesiologia de Trento (Igreja = sociedade perfeita);
2º — Eclesiologia do Vaticano II (Igreja = Povo de Deus); e
3º — Eclesiologia latino-americana (Igreja dos pobres).[7]

Quanto ao primeiro modelo, atribuído especialmente ao trabalho do jesuíta Roberto Belarmino, visava responder às pretensões dos Estados nascentes de negar à Igreja sua capacidade inata de dar-se uma disciplina e um corpo de leis. Era importante, neste tempo, afirmar que a Igreja, como as demais instituições humanas, e com mais razão, dada sua antigüidade, é fonte de seu próprio direito. Daí a necessidade de valorizar as instituições e aparatos jurídicos.[8]

Quanto ao segundo modelo, nascido dos vários movimentos que desembocaram no Concílio Vaticano II, buscava ressaltar a realidade não só temporal e jurídica da Igreja, mas o fato de ser um mistério de comunhão e participação de todo o Povo de Deus. Há uma igualdade fundamental entre todas as pessoas batizadas quanto à dignidade e à ação evangelizadora; há uma legítima diversidade quanto à forma de participação na obra de Cristo e de consagração ao serviço do Reino. Por isso, esse modelo pode ser chamado de eclesiologia de comunhão.[9] Os fatos históricos que nos fazem captar o espírito do Concílio Vaticano II e afirmar que a Igreja, nele, é vista como comunhão, são os seguintes: o movimento ecumênico; a exigência de uma menor centralização e de uma conseqüente maior autonomia das Igrejas particulares; a renovação eclesiológica da primeira metade do nosso século, acontecida na Igreja católica, na ortodoxa e nas comunidades cristãs separadas.

Quanto ao terceiro modelo, chamado eclesiologia latino-americana,[10] foi elaborado pela Teologia da Libertação. Ele parte do magistério dos bispos latino-americanos e constrói-se sobre temas fundamentais, como, por exemplo, Igreja como sacramento de libertação histórica; Igreja como sinal e servidora do Reino de Deus; Igreja como Povo de Deus; unidade e conflito na Igreja; novos serviços, estruturas e ministérios na Igreja. É importante

---

[7] Cf. TABORDA, Francisco. Três modelos de Igreja. In: *CRB, nova evangelização e vida religiosa no Brasil (XV AGO, 1989)*. pp. 59-66. LIBANIO, J. B. Perspectivas eclesiológicas. In: CNBB. *Sociedade brasileira e desafios pastorais*. São Paulo, Paulinas, 1990. pp. 113-146.

[8] Cf. TABORDA, F. Art. cit., pp. 60ss.

[9] Cf. CORECCO, Eugenio. Op. cit., p. 18 (274). JIMENEZ URRESTI, Teodoro I. Eclesiología subyacente en el nuevo código canonico. In: *La nueva codificación canónica — 1. Temas fundamentales en el nuevo código — XVIII semana española de derecho canónico*. Salamanca, Universidad Pontificia, 1984. pp. 81ss. KASPER, W. Unità della Chiesa e comunione ecclesiale nella prospettiva cattolica. *Studia Moralia* 40 (2002) 17-37.

[10] Para a eclesiologia na América Latina, JOÃO PAULO II, exortação apostólica pós-sinodal *Ecclesia in America*, *L'Osservatore Romano*, n. 5, 30.01.1999, pp. 5-20. Cf. também: MUÑOZ, Ronaldo. A eclesiologia da CTI. *Concilium* 208 (1986/6) 45-51. ALMEIDA, Luciano Mendes de, NOEMI, Juan, IGLESIAS, Enrique, GUTIÉRREZ, Gustavo, ANTONCICH, Ricardo, SCANNONE, Juan Carlos & GALLI, Carlos María. *El futuro de la reflexión teológica en América Latina*. Colombia, D'Vinni Editorial, 1996. Col. Documentos CELAM n. 141. LIBÂNIO, J. B. *Cenários da Igreja*. São Paulo, Loyola, 1999. Col. CES 2. IDEM. *Igreja contemporânea — Encontro com a modernidade*. São Paulo, Loyola, 2000. Col. CES 4.

nesta eclesiologia, como o foi — com as devidas adaptações — no primeiro modelo, o caráter histórico e visível da Igreja. A Igreja, num contexto de exclusão, congrega e forma agentes de libertação e inclusão. Urgente é o compromisso sociopolítico, bem como a igualdade e a fraternidade na Igreja, a participação de leigos, os novos ministérios, a abertura às culturas oprimidas e ao diálogo inter-religioso — pistas dadas no próprio Vaticano II e contextualizadas por Medellín, Puebla e Santo Domingo.

O alcance da Igreja da libertação ultrapassa o simples campo da teologia. Os seus dois eixos centrais são as comunidades eclesiais de base e as pastorais sociais, ambas alimentadas pela teologia da libertação e pela atividade de grupo expressivo de bispos, sacerdotes, religiosos e leigos engajados.[11]

Quais eclesiologias estão subjacentes à nossa atual legislação codificada? Levando-se em conta o Oriente e o Ocidente, considerando os dois códigos, temos aqui uma pergunta que mereceria um estudo à parte. Para ficarmos no âmbito de nosso estudo introdutório, passemos a indicar algumas linhas que consideramos comuns e fundamentais, conseqüentemente presentes em todas as eclesiologias e necessárias a qualquer legislação canônica.

Voltemos à dinâmica inicial da construção da casa. Partindo de alguns daqueles elementos, indicaremos aqui algumas aplicações.[12]

Uma casa, antes de ser construída, é projetada. O projeto nasce da colaboração de várias pessoas, profissionais ou não, agindo em conjunto.

Assim é a Igreja, enquanto projeto: uma comunhão de amor trinitário. Não é só a Igreja do Pai — contra o patriarcalismo; nem só a Igreja do Filho — contra o horizontalismo; nem só a Igreja do Espírito — contra o anarquismo. Enquanto projeto, está na história, mas, ao mesmo tempo, a transcende. A Igreja é "Povo de Deus — Pai", "Corpo de Cristo" e "Templo do Espírito Santo".[13]

A Igreja é, na sua essência, a comunidade humana do amor divino, isto é, do amor do Pai comunicado aos homens pelo Filho no Espírito Santo. A Igreja é como um projeto que vem da Trindade.[14] O amor divino é essencialmente doação, desejo de comunhão, que se manifesta à pessoa humana situada na história em forma de vocação. Essa vocação, enquanto dirigida a todos, é sempre convocação que se traduz em associação.[15] Essa *ecclesia* torna-se o lugar do diálogo de Deus com o mundo, levado até o fim

---

[11] LIBANIO, J. B. *Igreja contemporânea — Encontro com a modernidade*, cit., p. 138.
[12] Cf. ClCat, 748ss.
[13] Cf. ClCat, 770, 781, 787, 797.
[14] Cf. PAULO VI. Alocução à Rota Romana A natureza e o valor das normas jurídicas na Igreja. *L'Osservatore Romano*, 18.03.1973 (edição portuguesa) ou *AAS* 65 (1973) 102-103.
[15] Cf. *LG* 9c, 13a; *AG* 15b; *PO* 4a; *CD* 11a; c. 899 § 2. Para uma visão da Igreja como assembléia de pessoas vocacionadas, José Lisboa Moreira Oliveira, *Teologia da vocação*, São Paulo, IPV-Loyola, 1999, pp. 47-70.

dos tempos. O desejo de comunhão realiza-se plenamente na encarnação do Verbo, pela qual nos tornamos participantes da natureza divina.

Como Cristo é o sacramento primordial do amor divino, a Igreja é o sacramento de Cristo,[16] que lhe conferiu o mandato de continuar a sua missão salvífica. Em suma, a Igreja vem da Trindade, vive pela presença dela e dirige-se a ela.[17]

Quanto à execução do projeto da casa, passemos, primeiramente, aos serviços preliminares.

Também a Igreja, ao longo da história da salvação, foi preparada e preanunciada muitas vezes e de muitos modos.[18]

Deve-se dar uma atenção especial às fundações.

Não há outro fundamento para a Igreja senão o Cristo — Filho de Deus — no amor. Nele — enviado do Pai (missão divina) — está a fonte da comunhão eclesial, à medida que é a comunhão com Deus que fundamenta a comunhão eclesial. Cristo e a Igreja não podem confundir-se nem mesmo separar-se, constituindo um único Cristo total.[19]

Uma boa casa tem suas estruturas.

A Igreja, nascida da comunhão trinitária, estrutura-se nesta comunhão que se manifesta visivelmente na comunhão eclesial. Chamados e enviados por Cristo, os apóstolos cumpriram sua tarefa (missão apostólica), transmitindo o que eles mesmos receberam do Cristo (tradição apostólica), pelo testemunho de suas vidas.[20] Por isso que, para se falar de "Igreja — Igrejas", os elementos a seguir são essenciais.

a) A Igreja é una na diversidade

Na comunhão plena eclesiástica há, legitimamente, Igrejas particulares com tradições próprias. É a caridade que garante a unidade (Cl 3,14), mas "a unidade da Igreja peregrinante é também assegurada por vínculos visíveis de comunhão".[21]

A árvore das tradições eclesiais é rica e bastante diversificada. Conhecê-la é o primeiro passo importante para uma ação jurídico-pastoral adequada. Nem sempre, para os ocidentais, é clara a diversidade das Igrejas orientais,

---

[16] Cf. CICat 774-776.
[17] Cf. CICat 758. GHIRLANDA, G. *Introdução ao direito eclesial*. pp. 23s. LIBANIO, J. B. *Crer num mundo de muitas crenças e pouca libertação — Teologia fundamental*. São Paulo, Paulinas-Valencia, Siquem, 2003. p. 88.
[18] Cf. CICat 751-769.
[19] Cf. CICat 795. Cf. CODINA, Victor. *Para compreender a eclesiologia a partir da América Latina*. São Paulo, Paulinas, 1993. BARREIRO, Álvaro. *Povo santo e pecador — A Igreja questionada e acreditada*. São Paulo, Loyola, 1994. pp. 70ss.
[20] Cf. CICat 642.
[21] Cf. CICat 815.

com sérios riscos de até mesmo nem se reconhecerem, na prática pastoral, as que estão em plena comunhão da Igreja e são, por isso, católicas.[22] Além do patriarcado de Roma, no Ocidente, temos as seguintes tradições orientais que constituem, hoje, as 21 Igrejas orientais unidas a Roma:[23]

Tradições	Igrejas católicas com homóloga ortodoxia	Igrejas católicas sem homóloga ortodoxia
Alexandrina	Copta (Egito) Etíope (Etiópia)	
Antioquena	Siríaca (Líbano, Síria, Iraque) Malancar (Kerala-Índia)	Maronita (Líbano, Síria, Israel)
Armênia	Armênia (Líbano, Síria, Iraque, Turquia, Egito)	
Caldéia	Caldeana (Iraque, Irã, Síria, Líbano, Turquia, Israel, Egito) Malabar (Kerala-Índia)	
Constantinopolitana (ou Bizantina)	Bielo-russa (Belarus) Búlgara (Bulgária) Grega (Grécia, Turquia) Húngara (Hungria) Melquita (Síria, Líbano, Egito, Israel, Jordânia) Romena (Romênia) Rutena (Ucrânia) Eslovaca (República Tcheca, Eslováquia) Ucraniana (Ucrânia) Iugoslava (Iugoslávia) Albanesa (Albânia) Russa (Rússia)	Ítalo-Albanesa (sul da Itália)

---

[22] NEDUNGATT, George. Presentazione del CCEO. In: *EV 12 — Documenti ufficiali della Santa Sede, 1990*. Bologna, Dehoniane, 1992. pp. 889-914.

[23] Igrejas orientais são aquelas que têm uma liturgia própria, uma disciplina eclesiástica e um patrimônio espiritual próprios. Isto corresponde de fato às cinco grandes Igrejas de tradições orientais, isto é: Alexandrina, Antioquena, Armênia, Caldéia e Constantinopolitana. Atualmente existem 21 Igrejas orientais: 20 têm um ramo (histórico) ortodoxo, enquanto 1, a Igreja maronita, ficou sempre Católica Apostólica Romana e, por isso, nunca teve um ramo separado da Santa Sé. Ainda que o CCEO deixe, a cada Igreja *sui iuris* oriental, a possibilidade de governar-se segundo o seu próprio direito particular (o CCEO fala 178 vezes do direito particular), essa autonomia não quer dizer autocefalia, mas autonomia sob a suprema autoridade do Pontífice Romano. O patriarca é o chefe da Igreja própria e tem jurisdição sobre todos os bispos, o clero e o povo, mas sem esquecer a suprema autoridade do papa. Além disso, no governo da sua Igreja, o patriarca é assistido pelo seu sínodo: sínodo patriarcal, sínodo para eleição dos bispos e sínodo permanente. Cf. KHATLAB, Roberto. *As Igrejas orientais católicas e ortodoxas — Tradições vivas*. São Paulo, Ave-Maria, 1997.

O que fere a unidade não acontece sem os pecados dos homens — heresia, apostasia e cisma.[24] A unidade, de modo especial, com as Igrejas orientais não-católicas deve ser, continuamente, reconstruída e reencontrada. Esse desejo é dom de Cristo e convite do Espírito Santo.[25]

b) A Igreja é santa

Enquanto Cristo, sua cabeça, é santo. Reunindo pecadores, porém, a Igreja precisa purificar-se, buscando a penitência e a renovação.[26]

c) A Igreja é católica

Em dois sentidos: quanto à totalidade e quanto à integralidade. Ela é enviada em missão por Cristo (missão divina) a todo o gênero humano. E ela recebe de Cristo todos os meios de salvação que ele quis: confissão de fé correta e completa, vida sacramental integral e ministério ordenado na sucessão apostólica.[27] O Concílio e o código latino apresentam vários elementos importantes para a compreensão da Igreja enquanto universal.[28]

Cada Igreja particular, em comunhão com a Igreja de Roma, é universal no sentido de ser formada à imagem da Igreja universal, isto é, quando nela se encontram todos os elementos essenciais da natureza da Igreja. É nas igrejas particulares e a partir delas que existe a Igreja católica una e única. Com a definição de diocese (ou eparquia), o Concílio dá a definição de Igreja particular. Trata-se de uma "comunidade de fiéis cristãos em comunhão na fé e nos sacramentos com seu Bispo ordenado na sucessão apostólica".[29] Em geral, no Concílio e no código há uma identificação da Igreja particular com a diocese ou comunidades equiparadas, mas o Concílio entende por Igreja particular, às vezes, os patriarcados, os arcebispados maiores e outros organismos a estes equiparados, que indicam a comunhão daquela porção do Povo de Deus que, permanecendo íntegro o primado do Sumo Pontífice, goza de uma própria disciplina, de próprios usos litúrgicos e de um próprio patrimônio teológico, espiritual e cultural. A variedade de todas essas Igrejas, na unidade que realizam, mostra a catolicidade da una e indivisa Igreja.

Às vezes, o Concílio chama Igreja local o patriarcado e a diocese, todavia é de se notar que o Concílio usa a expressão Igreja particular quando

---

[24] Cf. c. 751 do CIC/83.
[25] Cf. CICat 817 e 820. JOÃO PAULO II. Carta encíclica sobre o empenho ecumênico *Ut unum sint*, 25.05.1995. QUINN, John R. *Reforma do papado — Indispensável para a unidade cristã*. Aparecida, Santuário, 2002.
[26] Cf. CICat 827.
[27] Cf. CICat 830.
[28] Cf. GHIRLANDA, G. *Il Diritto nella Chiesa mistero di comunione — Compendio di dirtito ecclesiale*. pp. 30-71.
[29] Cf. *CD* 11; cc. 368-369 do CIC/83; cc. 177§ 1, 178, 311 § 1 e 312 do CCEO; CICat 833.

fala da porção do Povo de Deus referindo-se não tanto ao território, mas ao rito, à tradição teológica, espiritual e cultural e ao governo, enquanto usa a expressão Igreja local quando se refere à mesma realidade em relação ao território.

Uma única vez — anota Ghirlanda — o Concílio chama expressamente Igreja local aquela parte do Povo de Deus que é guiada por um presbítero,[30] enquanto para indicar esse nível de comunhão eclesiástica usa várias expressões, como: comunidade local de fiéis, comunidade de fiéis, comunidade local, comunidade cristã.[31]

Tal comunidade local é a comunhão de fiéis presidida por um presbítero, que torna presente nela o bispo, especialmente na celebração eucarística, que é o centro da vida da assembléia cristã. Em cada comunidade local torna-se presente a Igreja espalhada pelo mundo inteiro, pelo que também esta pode ser chamada por Igreja de Deus. A noção de Igreja local adapta-se especialmente à paróquia, mas não de modo exclusivo, à medida que se pode aplicar também a outras comunidades locais. Embora o elemento territorial para a paróquia seja mais importante que para a Igreja particular, não é um elemento necessário nem no primeiro, nem no segundo caso, visto que podem existir paróquias ou Igrejas particulares pessoais por razão de rito, língua, nacionalidade etc.[32] Na América Latina surgem as comunidades eclesiais de base como um "novo jeito de ser Igreja, onde a Palavra de Deus e a vida comunitária comprometida com a luta do povo são pilastras que a sustentam".[33] A paróquia torna-se, assim, uma rede de comunidades, em comunhão e participação, superando-se a estrutura de rígida centralização criada pela idéia de uma igreja principal (matriz) e outras secundárias (capelas).

d) A Igreja é apostólica

A perseverança no ensinamento dos apóstolos, na comunhão fraterna, na prece e na partilha do pão são essenciais para que um grupo humano possa chamar-se Igreja de Cristo (At 2,42). Um dos grandes desafios para a Igreja e, conseqüentemente, para o nosso direito é justamente o resgate da dignidade da pessoa humana, pela comunhão e partilha,[34] num mundo altamente injusto.[35]

---

[30] Cf. *PO* 6d.
[31] Cf. congregatio localis fidelium *LG* 28b, congregatio fidelium *PO* 5c, *AG* 15b.d, communitas localis *LG* 28d, *AA* 30c, communitas christiana *PO* 6d.
[32] Cf. GHIRLANDA, G. *Il Diritto nella Chiesa mistero di comunione — Compendio di diritto ecclesiale.* pp. 30-71.
[33] LIBANIO, J. B. *Igreja contemporânea — Encontro com a modernidade.* São Paulo, Loyola, 2000. pp. 135s. Col. CES 4.
[34] Cf. BOFF, C. *Uma Igreja para o próximo milênio.* São Paulo, Paulus, 1998. Col. Temas de Atualidade.
[35] Cf. JOÃO PAULO II. Carta apostólica *Novo millennio ineunte.* 06.01.2001, n. 50.

A Igreja, como instituição, comporta-se dentro de determinado cenário, num duplo movimento: internamente, organizando sua própria vida, e externamente, tecendo relações com o mundo político-econômico, cultural e religioso circundante.[36] Pelo fato de sua existência ser para o mundo, ela é apostólica. A apostolicidade da Igreja significa que a redenção continua a ser realizada por uma mediação humana.

A Igreja, mesmo humana na sua apostolicidade, é compreensível somente na fé, justamente pelo seu caráter sacramental e pelo fato de ser uma realidade plenamente inscrita na vida trinitária.

A Igreja é fundada sobre os apóstolos, em três sentidos. Primeiro, ela foi e continua sendo construída sobre o fundamento dos apóstolos (Ef 2,20); segundo, ela conserva e transmite, com a ajuda do Espírito que nela habita, o ensinamento dos apóstolos; terceiro, ela continua a ser ensinada, santificada e dirigida pelos apóstolos, até a volta de Cristo, graças aos seus sucessores: os bispos, "assistidos pelos presbíteros, em união com o sucessor de Pedro, pastor supremo da Igreja".[37] Sendo assim, Cristo governa a Igreja por meio de Pedro e dos demais apóstolos, presentes em seus sucessores, o papa e o colégio dos bispos.

1. IGREJA, MISTÉRIO DE COMUNHÃO E PARTICIPAÇÃO

Comunhão hierárquica[38] é o termo que significou, no Concílio Vaticano II, o encontro e a síntese da eclesiologia da comunhão e da eclesiologia societária. A Igreja, assim, é vista como o sacramento de Cristo. Sob esse ponto de vista, pode-se já entender como todo o agir visível da Igreja esteja a serviço da salvação, mesmo que nem todos os seus atos sejam imediatamente salvíficos. Assim, também o Direito Canônico positivo é um meio, um instrumento de salvação, obra do Espírito, um "direito sagrado, inteiramente distinto do direito civil... por sua natureza 'pastoral'".[39]

A comunhão com Deus é que fundamenta a comunhão visível. Na fidelidade ao Espírito, a Igreja poderá viver em formas históricas institucionais sempre renovadas.

---

[36] Cf. LIBANIO, J. B. *Cenários da Igreja,* cit., p. 13.
[37] CICat 857.
[38] Este foi o tema da tese de doutorado de Padre Ghirlanda: *"Hierarchica communio" — Significato della formula nella "Lumen gentium",* Roma, Università Gregoriana Editrice, 1980, col. Analecta Gregoriana, v. 216. Para aprofundamento do tema, cf. G. Ghirlanda, *Il Diritto nella Chiesa mistero di comunione — Compendio di diritto ecclesiale,* pp. 30-71 ou *O direito na Igreja — Mistério de comunhão — Compêndio de direito eclesial,* trad. de Roque Frangiotti, Adwino Aloysius Royer e Adauri Fiorotti, Aparecida, Santuário, 2003, pp. 33-62.
[39] Cf. PAULO VI. Alocução à Rota Romana. A natureza e o valor das normas jurídicas na Igreja, cit., p. 6.

O termo *comunhão* indica, segundo Ghirlanda, o vínculo de união — entre todas as pessoas fiéis — efetivado e manifestado pela comunhão eucarística. Por isso, tal vínculo significa a própria Igreja, que é chamada comunhão dos santos. A Igreja local forma uma comunhão, em torno da mesa eucarística presidida pelo bispo, entre todas as pessoas fiéis.

Essa comunhão é um vínculo institucional que se manifesta por meio de vários aspectos da vida da Igreja. Todos esses aspectos têm uma direta relação com a eucaristia. Podemos dizer que a comunhão, desde os primeiros séculos, é uma instituição sacramental jurídica. É uma instituição porque consiste em um conjunto de relações intersubjetivas determinadas por precisas regras de comportamento. Trata-se de uma instituição sacramental porque tais relacionamentos intersubjetivos encontram a sua origem e sua obrigatoriedade nos sacramentos do batismo, da ordem sagrada e da eucaristia. Enfim, é uma instituição sacramental jurídica porque as normas que regulam tais relacionamentos intersubjetivos são dadas e aplicadas pela autoridade e têm força jurídica.

A comunhão espiritual deve ser entendida como uma realidade orgânica, que requer uma forma jurídica animada pela caridade. A comunhão eclesial especifica-se, assim, na comunhão hierárquica.

Não vemos incompatibilidade entre estes dois termos — comunhão/hierarquia — desde que se entenda por hierarquia aquela atitude serviçal de busca constante, na Igreja, daquele fundamento (*arché*) que é sagrado (*hierós*). Graças a esse serviço, é transmitida, através dos tempos, a força de uma origem sagrada. Segundo o cardeal Ratzinger, a Igreja, com isso, "não vive da simples continuidade das gerações, mas da própria fonte sempre nova e presente, que se volta sempre a comunicar através do sacramento". E continua:

> *Julgo que isto é, primeiro, uma outra perspectiva importante, que a categoria que corresponde ao sacerdócio não seja a do poder. Tem, pelo contrário, de ser passagem, de tornar presente um início e de se pôr à disposição para isso. Se se entende o sacerdócio, o ministério episcopal e o ministério papal essencialmente como poder, então está tudo distorcido e deformado. Nós sabemos pelos evangelhos que houve conflitos entre os discípulos sobre o lugar que cada um ocupava, que houve desde o início e que continua a haver a tentação de se fazer um poder do facto de se ser discípulo. Não se pode, pois, contestar que essa tentação exista em cada geração, e também na geração de hoje. Mas há, ao mesmo tempo, o gesto do Senhor, que lava os pés aos discípulos e os torna capazes de se sentarem à mesa com ele, com o próprio Deus. Com este gesto ele diz, por assim dizer: o sacerdócio é isto. Se não gostais disto, então não sois sacerdotes. Ou também, como ele diz à mãe de Zebedeu: a condição prévia é a*

de beber o cálice, o que significa sofrer com Cristo. Se depois estão sentados à direita ou à esquerda ou noutro lugar qualquer, tem de ficar em aberto. E isso significa também que ser discípulo significa beber o cálice, entrar na comunidade de destino do Senhor, ser alguém que lava os pés do próximo, alguém que sofre antes e com o Senhor. Este é o primeiro ponto; a origem, o verdadeiro sentido de hierarquia não é, certamente, o de construir uma estrutura de poder, mas de manter algo presente, que não vem simplesmente de um indivíduo. Ninguém pode perdoar pecados, por si mesmo, ninguém pode transmitir, por si, o Espírito Santo, ninguém pode, por si, transformar o pão na presença de Cristo ou mantê-la presente. É preciso prestar um serviço em que a Igreja não se torna numa empresa que se administra a si mesma, mas volta sempre a viver a partir da sua origem.[40]

Para concluir, continuando a usar a imagem da construção da casa para falar de nossa idéia de Direito Canônico comparada com a idéia de instrumento, diríamos que o direito eclesial serve, em primeiro lugar, para sondagem do terreno. É este o ponto de partida: o conhecimento da realidade, desde suas entranhas mais escondidas e obscuras. A realidade é dinâmica, é mutação constante, é vida, é complexa. Raramente é o que parece ser. E o que é um complicador a mais: o ser humano pode criar realidades. Como teologia prática, o direito é um setor da pastoral da Igreja que, por isso, parte da consideração da vida cristã, como ela acontece, em primeiro lugar, no âmbito da Igreja católica.

Em se tratando da Igreja de Cristo, a realidade última e única é a vida de Deus, porque "a Palavra se fez carne e veio morar entre nós" (Jo 1,14). Na esperança, Deus fez-se tudo em todos. A realidade é o campo de Deus. Nós somos de Cristo e Cristo é de Deus (Rm 14,8). Neste mundo, somos, por um lado, terrenos, por outro, celestes (1Cor 15,44; Gl 5,19.22); participamos da ambigüidade da vida e dos paradoxos da realidade. O Direito Canônico é um instrumento no constante desafio de discernir a realidade. Não pela letra da lei, mas pela prudência dos juízes-pastores, sacerdotes do direito.

O direito eclesial também funciona como planta da casa. Estão ali indicadas a pedra angular, as colunas fundamentais e também as partes não essenciais. As reformas são necessárias, pois a ação do tempo danifica o edifício. As restaurações são urgentes, visando ao reencontro da originalidade perdida. Muitas vezes, a má interpretação da planta leva a construir cômodos inúteis, anexos supérfluos ou que se tornam tais ao longo dos tempos, quebrando a beleza original da casa. A planta é a representação gráfica do sonho do arquiteto ou engenheiro civil.

---

[40] RATZINGER, Joseph. *O sal da terra — O cristianismo e a Igreja católica no limiar do terceiro milênio — Uma entrevista com Peter Seewald.* Trad. de Inês Madeira de Andrade. Lisboa, Multinova, 1997. pp. 150s.

Numa fase determinada da construção, o direito na Igreja serve de máquina de escavar. Ajuda a aplainar e perfurar a terra, tirar a areia até chegar na rocha, comparando os dados que colhe da realidade com a solidez da verdade, a rocha. O direito ajuda a escolher o material para a base.

O direito é um instrumento para manter o equilíbrio. Nível e prumo. O antigo povo romano definia o direito como "arte do bom e do equilíbrio".[41] Na Igreja, o antigo sempre novo corre o risco de envelhecer, ou pela postura rígida de um tradicionalismo fundamentalista ou pelo avanço leviano do aventurismo.

O direito, enquanto instrumento, não pode ser mais ostensivo que a casa. Algumas vezes, as antenas parabólicas de televisão apresentam-se mais resistentes às intempéries que o próprio barraco sobre que estão. Há algo de errado. Por isso que, na metodologia jurídica, uma boa dose de discrição é fundamental, como as ligações subterrâneas. Para conhecer a realidade, é necessário ir além das aparências, pois a realidade esconde-se constantemente.

Epiquéia e eqüidade são duas características da lei da Igreja que evidenciam este papel do direito. A eqüidade[42] é fundamental para todas as atividades jurídicas, ou seja, na produção (para o legislador), na aplicação (para o executor) e na interpretação (para o juiz) da lei. Em todos esses momentos, o espírito do Evangelho deve estar presente. A epiquéia é uma norma subjetiva da consciência, que com um seu juízo íntimo considera-se desculpada da observância da lei em casos e circunstâncias particularmente difíceis (Cf. cc. 1323, n. 4, e 1324 § 1,5).

Lembremo-nos, porém, de que mesmo os instrumentos mais requintados, computadorizados, podem tornar-se inúteis ou até prejudiciais, dependendo de quem os maneja, pois sabemos, com efeito, que a lei é boa, desde que seja usada como lei (1Tm 1,8). Ela é um meio necessário de disciplina para os que vivem na desordem (1Tm 1,9-10).

Outro significado, mais amplo, da palavra instrumento é estratégia,[43] ou seja, o instrumento colocado a serviço dos fins da Igreja. Que objetivos têm a Igreja? A missão salvífica, ou seja, a salvação da pessoa toda e de todas as pessoas. Essa verdade foi reafirmada e destacada no último cânon do código latino.

Quando o papa João Paulo II promulgou o novo Código de Direito Canônico, em 1983, para a Igreja ocidental, ele usou três vezes o substanti-

---

[41] Definição do jurisconsulto Celso transmitida por Ulpiano in *Digesto* I, 1 ([...] *ius est ars boni et aequi*).
[42] Cf. PAULO VI. Alocução à Rota Romana. A natureza e o valor das normas jurídicas na Igreja, cit., p. 7.
[43] Cf. PROVOST, James H. Art. cit., p. 156.

vo instrumento (= *instrumentum*, em latim) para designar o código ou a legislação canônica.

Na primeira vez, o papa disse que o código, baseado na herança jurídico-legislativa da revelação e da tradição, "deve ser considerado instrumento indispensável para assegurar a devida ordem tanto na vida individual e social como na própria atividade da Igreja".[44] Depois, ressaltou que tal instrumento combina "perfeitamente com a natureza da Igreja, tal como é proposta, principalmente pelo magistério do Concílio Vaticano II, no seu conjunto e de modo especial na sua eclesiologia". Encerrando sua palavra, fez votos de que a nova legislação canônica tornasse-se instrumento eficaz, do qual a Igreja pudesse valer-se, a fim de aperfeiçoar-se segundo o espírito do Concílio Vaticano II e tornar-se sempre mais apta para exercer, neste mundo, sua missão salvífica.[45]

Quando promulgou o Código das Igrejas Orientais, João Paulo II pediu a Virgem Maria que os cânones sagrados fossem um instrumento (*vehiculum*) da caridade que jorrou profusamente do coração de Cristo perfurado pela lança na cruz, sob o olhar do discípulo amado, penetrando e vivificando o íntimo de toda a criatura humana, tornando-o fonte de água viva.[46]

Diz o papa:

> *O Código dos Cânones das Igrejas Orientais deve ser considerado como um novo complemento do magistério proposto pelo Concílio Vaticano II, mediante o qual se leva a termo, finalmente, o ordenamento canônico da Igreja universal, começando com o Código de Direito Canônico da Igreja latina promulgado em 1983 e também com a "Constituição apostólica sobre a Cúria Romana" de 1988, que se soma aos dois códigos como principal instrumento do Romano Pontífice para a "comunhão que agrega toda a Igreja".*[47]

Não só o direito deve ser estudado em referência ao mistério da Igreja, mas, ao seu lado, o Concílio colocou a história. Assim, direito e história da Igreja guardam entre si uma relação muito estreita. O Direito Canônico contemporâneo é o fruto de uma longa história. Suas raízes chegam aos primórdios da Igreja. Ele soube, num paciente desenvolvimento, em meio

---

[44] João Paulo II. Constituição apostólica *Sacrae disciplinae leges*, 25.01.1983. AAS 75/II (1983) VII-XIV (conferir nas versões em vernáculo do CIC/83).
[45] Cf. João Paulo II. *Sacrae disciplinae leges*, cit.
[46] Idem. Constituição apostólica *Sacri canones*, 1991, 18.10.1990. AAS 82 (1990) 1.033-1.044. Tb. *EV 12 — Documenti ufficiali della Santa Sede, 1990*. Bologna, Dehoniane, 1992. p. 416.
[47] Idem. *Sacri canones*, cit., p. 416. Hoje, quando falamos da realidade jurídica na Igreja católica, referimo-nos a um dúplice instrumento de comunhão, como que a "dois pulmões ou dois ventrículos de um único coração": o CIC, válido para a Igreja de rito latino" e o CCEO, vigente desde 1991 para as Igrejas orientais. Tanto o CIC como o CCEO são uma expressão, historicamente situada, do direito no mistério da Igreja, santa e pecadora.

aos desafios que acompanharam a marcha do Povo de Deus, prover o mesmo povo dos instrumentos jurídicos necessários ao desempenho de seu múnus, conforme o projeto de Deus, a respeito da humanidade. O estudo desta história é importante para os canonistas contemporâneos, aos quais ela possibilita o reencontro das origens dos mecanismos jurídicos e, ao mesmo tempo, o sentido eclesial da regra do direito. A bibliografia sobre o tema é vasta, ainda que nem tanto no Brasil.[48] Seguindo o critério cronológico, teremos as seguintes fases dessa história:

1.1. 1ª fase: Do início até o Decreto, de Graciano (1140)

É o período do direito arcaico. Esta primeira fase subdivide-se em três momentos: 1º, Época patrística (= do início até o século VIII): deixou-nos coleções de direito consuetudinário.[49] 2º, Época da reforma carolíngia: século VIII-IX. 3º, Época carolíngia até Graciano: século X-XII: período caracterizado pela reforma gregoriana, lutas e discussões.[50]

---

[48] Sugerimos: prefácio ao CIC/83 e prefácio ao CCEO. GHIRLANDA, G. *Introdução ao direito eclesial*, cit., pp. 61-75. WALF, Knut. Direito da Igreja. In: *Dicionário de conceitos fundamentais de teologia*. São Paulo, Paulus, 1993. pp. 182s. SALVADOR, C. C. (diretor). *Dicionário de direito canônico*. São Paulo, Loyola, 1994. pp. 252s. LIMA, Maurílio Cesar de. *Introdução à história do direito canônico*. São Paulo, Loyola, 1999. Em outras línguas: GHIRLANDA, G. *Il Diritto nella Chiesa mistero di comunione — Compendio di diritto ecclesiale*. pp. 72-83. Cf. ERDO, P. Storia del diritto canonico — Disciplina. In: SALVADOR, C. C., PAOLIS, V. de & GHIRLANDA, G. (a cura di). *Nuovo dizionario di diritto canonico*. Milano, San Paolo, 1993. pp. 1040ss. NEDUNGATT, George. Presentazione del CCEO. In: *EV 12 — Documenti ufficiali della Santa Sede, 1990*. Bologna, Dehoniane, 1992. pp. 889-914.

[49] Entre estas coleções pseudo-apostólicas, algumas são obras fundamentais, como a *Didaché*. Começa também a legislação pontifícia e primeiras coleções de decretais. As primeiras decretais ainda conservadas são do papa Dâmaso (363-384) e do papa Sirício (384-398).

[50] As fontes são muito instrumentalizadas. Deste período possuímos vários tipos de coleções. Em geral, trata-se de coleções sistemáticas, que se caracterizam pelo espírito da reforma, seja imperial, seja gregoriana. Entre as principais está o *Decretum Burchardi Wormatiensis* (1008-1022); sobre o Decreto de Burcardo pode-se dizer que trata do poder do bispo, aliás, combate tal poder para colocar em relevo o primado do Romano Pontífice contra a anarquia na Igreja; todavia a afirmação do primado pontifício não é feita ainda de modo tão direto como vai acontecer na reforma gregoriana: afirma o poder da autoridade civil, mas ao mesmo tempo a independência da Igreja; refuta a possibilidade de que os leigos governem as Igrejas (onde o proprietário que tinha mandado construir em seu terreno um oratório procurava influenciar sobre a organização da Igreja); aceita, porém, os oratórios privados; sublinha o celibato dos padres, mas aceita os sacramentos administrados pelo clero casado, dando até mesmo textos que punem as pessoas fiéis que rejeitam os sacramentos administrados pelos padres casados; refuta as práticas vindas do paganismo, mas aceita as ordálias (*purgatio vulgaris*), por exemplo, a prova de ferro, do fogo etc.; coloca em relevo a indissolubilidade do matrimônio, mas *admite o divórcio*. O Decreto de Burcardo é uma verdadeira coleção canônica, de tipo geral e de caráter sistemático. Dividida em 20 livros, no livro 19 encontramos um *penitencial* chamado *Corrector sive medicus* que contém normas canônicas e normas extraídas dos penitenciais antigos. O 20º livro, chamado *Speculator*, contém matéria de caráter dogmático. As fontes do decreto são a *Collectio Anselmo dicata*, os penitenciais, entre outras. Há também coleções de tipo menos radical, como as de Yvo de Chartres (1093-1095).

No Oriente, o caminho foi outro e mereceria uma consideração especial. Em 787, o Concílio Ecumênico Nicéia VII confirmou como único corpo de leis para todas as Igrejas orientais os cânones dos seis primeiros concílios ecumênicos da Igreja. Toda a disciplina oriental desenvolveu-se a partir dessa referência.[51] Nos manuais antigos de Direito Canônico latino, antes do Vaticano II, o direito oriental era considerado como direito particular ou especial ou pessoal, enquanto o termo direito comum era empregado para indicar as normas contidas no CIC. Essa tese não se sustenta mais. O próprio legislador, ao promulgar o CCEO, exprimiu o desejo de que os dois códigos fossem estudados como partes de um todo. O papa serve-se da imagem dos dois pulmões usada pelo poeta russo Vjacieslav Ivanov (1866-1949), que, desejando pertencer à plenitude da Igreja, aderiu à Igreja católica em 1926 sem abandonar as riquezas espirituais da Igreja ortodoxa.[52]

1.2. 2ª fase: Da época de ouro até o Concílio de Trento (1140-1563)

É o período do desenvolvimento do *Corpus Iuris Canonici*. É caracterizado pela unidade orgânica. Segundo os protestantes, este é o período das decretais, que são a forma típica da normatividade da Igreja. Esse Corpo de Direito Canônico é formado pelo *Decretum*, de Graciano, e pelas coleções de decretais de Gregório IX e Bonifácio VIII.

Quanto às circunstâncias da composição do *Decretum*, é preciso destacar que se trata de um momento do renascimento do Direito Romano, do crescimento da escolástica. Em 1080, o texto dos *Digesta* torna-se novamente conhecido no Ocidente, sobretudo em Bolonha. Mestre de explicação literária dos *Digesta* era Irnério (1121). Também no estudo da teologia havia influência dos *Digesta*. Sobre o autor do *Decretum*, Graciano, fala-se muito, mas sabe-se bem pouco a seu respeito. Sabemos que nasceu no final do século XI, na Umbria, Itália. Ensinou em Bolonha nos anos 1130 e 1140 (até quando, não se sabe); em 1159, mais ou menos, Rufino fala de Graciano como de pessoa já falecida; era monge camaldulense.[53] Ele ensinava teologia prática e não criou uma jurisprudência propriamente dita.

Quanto à obra de Graciano, originalmente, era intitulada *Concordia discordantium canonum* (*Concórdia dos cânones discordantes*). Deste

---

[51] JOÃO PAULO II. *Sacri canones*, cit., pp. 406-427. Para leitura complementar, George Nedungatt, Presentazione del CCEO, cit., pp. 889-914.
[52] NEDUNGATT, George. Presentazione del CCEO, cit., p. 889.
[53] Assim concordam os autores clássicos como Cappello, Vermeersch-Creusen, Regatillo e outros, especialmente José António Martins Gigante, *Instituições de direito canônico — Das normas gerais e das pessoas*, 3. ed., Braga, Escola Tip. da Oficina de S. José, 1955, v. I, pp. 24ss. Seguramente, Graciano não era eremita. Quanto ao fato de ser camaldulense, há certa dúvida, uma vez que o mosteiro dedicado aos santos Félix e Nabor, em Bolonha, onde vivia Graciano, somente mais tarde passou a pertencer aos camaldulenses. No tempo de Graciano, pertencia aos beneditinos.

modo, o autor estabelece o programa da sua coleção. Ele pretende oferecer um tratado no qual se reconciliem as tensões no Direito Canônico. A obra é ao mesmo tempo coleção e tratado. Por causa do caráter de coleção, os contemporâneos chamaram-na *Decreta* e *Decretum*, embora não fosse este o objetivo do autor. Existem diversas opiniões acerca da data de composição. Segundo alguns, trata-se de uma obra anterior a 1140. Encontram-se traços do Concílio de Latrão II, celebrado em 1139, razão pela qual a coleção não poderia ter sido composta muito antes de 1140. Segundo outros, poderia ter sido feita até mais tarde, em 1150.

Quanto à estrutura da obra, a primeira parte contém 101 "distinções",[54] que tratam de vários assuntos, como, por exemplo, a teoria geral do direito, a noção da hierarquia eclesiástica, as ordenações, deposição, eleição e outras questões ligadas à ordem sacra. A segunda parte da obra contém 36 causas.[55] As causas, por sua vez, dividem-se em questão e capítulo. As questões tratadas podem também ser de ordem teórica. Os temas são variados: a simonia, o poder dos bispos, os bens temporais da Igreja, o direito dos religiosos, a heresia e os direitos de guerra, direito matrimonial concentrado em grupos de questões. O c. 33 da questão terceira ocupa-se da penitência, dividindo-se em sete distinções. A terceira parte da obra[56] não contém os *dicta* de Graciano, mas só uma coleção de fontes. Os *paleas*[57] são textos de fontes anexadas ao *Decretum* no século XII.

Quanto ao valor jurídico e à influência do *Decretum*, pode-se dizer que é uma coleção privada, não autêntica, que não foi aprovada oficialmente. Esta não era uma preocupação da época.

Os papas exercitavam um papel legislativo para toda a Igreja por meio das *decretais*. Já no tempo de Graciano existiam tais leis pontifícias. Depois de Graciano, procede-se à coleta delas e, em um primeiro momento, elas foram ajuntadas ao *Decretum*. Depois, aparecem verdadeiras e próprias coleções autônomas que continham somente as decretais. Elas se distinguem

---

[54] Trata-se da enunciação de um princípio teórico que depois era explicado mediante as *auctoritates*.

[55] Causas judiciárias, isto é, diversos tratados ordenados em forma de causa.

[56] Esta parte do *Decretum* e o c. 33 — *De Poenitentia* — foram, ao que parece, acrescentados posteriormente.

[57] A palavra *palea* seria fruto de um jogo de palavras que se difundiu na escola de Bolonha, como anagrama que indica Graciano e Paucapalea: o grau e a palha: *granum et palea* de Gra (tia) nus et (Pauca) palea. Paucapalea foi um dos "decretistas", ao lado de Rolandus Bandinelli (posteriormente Alexandre III), Omnibonus, Rufinus, Ioannes Faventinus, Huguccio Pisanus e outros assim chamados por usarem o *Decretum,* de Graciano, como manual didático, especialmente na Universidade de Bolonha. (Cf. CAPPELLO, Felix M. *Summa iuris canonici in usum scholarum concinnata*. Romae, apud aedes Universitatis Gregorianae, 1951. v. I, pp. 25-27. Este autor aceita que Graciano seja camaldulense do mosteiro de Félix e Nabor, em Bolonha.)

em várias categorias: coleções primitivas, coleções sistemáticas, coleções recebidas-adotadas pela escola de Bolonha.[58]

Houve, então, um período de formação do sistema das cinco compilações. As decretais de Gregório IX, cujo título original é *Liber extra*, foram publicadas porque a legislação pontifícia desenvolvia-se continuamente. Eram emitidas sempre novas decretais, por isso a necessidade de recolher todas em uma só coleção. Para isso, provavelmente no ano 1230, o papa Gregório IX encarregou Raimundo de Peñafort[59] de compor uma só coleção de todas as decretais que não se encontram no *Decretum* de Graciano. A compilação foi promulgada pelo papa em 1234 com a bula *Rex pacificus* e por ordem do mesmo pontífice foi enviada às universidades de Bolonha e Paris. A promulgação confere valor jurídico à coleção, que é autêntica, universal (= recolhe todo o direito universal da Igreja) e exclusiva.[60]

A edição crítica[61] das decretais, aos cuidados de E. Friedberg, faz uma comparação com o texto inteiro de cada decretal, desde que seja conhecida, e a insere no texto de Raimundo. O *Liber extra* foi a coleção mais difundida em toda a Idade Média, mais que o próprio *Decretum*. Ela ficou em uso na Igreja latina até o CIC/17. Na escola de Bolonha, no século XIII, era ainda usado o *Decretum*, todavia, pouco a pouco, foi perdendo seu lugar pelas decretais.

O chamado *Liber sextus* (1298) foi promulgado sob os cuidados de Bonifácio VIII. No fim do século XIII, surgem novas dificuldades para o trabalho prático dos canonistas. O papa Bonifácio VIII pede a preparação, aos cuidados de um grupo de canonistas,[62] de uma nova compilação de decretais, que, todavia, não pretendem substituir a de Gregório IX, mas somente

---

[58] Coleções de decretais usadas no ensino do direito canônico fora da Itália: a *compilatio prima*, cujo autor é Bernardo de Pavia (†1213), bispo de Faenza. Parece que não ensinou em Bolonha. Apresenta uma estrutura bastante clara e prática. É conhecida também sob outros nomes: *Liber extra vagantium*; *Breviarium extra vagantium*. Quanto à estrutura, ela determinou a divisão de todas as coleções que se seguiram até a redação do CIC/17. É dividida em cinco livros conforme este conteúdo: 1º *iudex* (aquele que tem autoridade judicial); 2º *iudicium* (direito processual); 3º *clerus* (hierarquia); 4º *connubia* (direito matrimonial); 5º *crimen* (direito penal e outros assuntos). Esses livros dividiam-se em títulos e capítulos (que eram os fragmentos das decretais). Além disso, são recolhidos também cânones dos concílios; fragmentos de Direito Romano, textos patrísticos. A influência dessa coleção foi muito forte sobre todas as coleções de decretais e não só, mas também no próprio direito consuetudinário alemão.

[59] Religioso da Ordem dos Frades Pregadores (dominicanos), pertencente à primeira geração da sua ordem. Era o penitenciário pontifício.

[60] A intenção declarada é tirar o valor jurídico das outras coleções, com exceção do *Decretum Gratiani*.

[61] Esta edição crítica contém: 1) As constituições dos Concílios Lateranenses III e IV; 2) As decretais; 3) Decretais de antiga compilação, mas deixadas de lado por Raimundo de Peñafort. Pela primeira vez o legislador age conscientemente ab-rogando outros textos emanados por outros Romanos Pontífices.

[62] Trata-se de Guilherme de Mandagota, Berengarius Fredoli e Riccardo da Siena.

as coleções intermediárias. A coleção tem a mesma estrutura das decretais de Gregório IX. No final da coleção, encontra-se uma série de *regulae juris* (regras de direito).

Outras coleções do *Corpus Iuris Canonici* são as seguintes: coleções clementinas, ou seja, decretais de Clemente V, promulgadas pelo sucessor, papa João XXII, em 1317;[63] trata-se de uma coleção autônoma, mas sem a pretendida universalidade e exclusividade. Coleções extravagantes de João XXII (1500).[64] Coleções extravagantes comuns (1500-1503).

1.3. 3ª fase: Época moderna das coleções

É o período que vai do Concílio de Trento até o CIC/17. A base do Direito Canônico é o Concílio de Trento. É também conhecido como período do direito curial, porque os dicastérios produzem grande parte das normas da Igreja.

1.4. 4ª fase: Do CIC/17 até o CIC/83 e o CCEO/91

Remetemos à leitura do prefácio dos códigos que estão em vigor.

Resumindo

- *A autocompreensão da Igreja determina uma noção de direito eclesial.*
- *Nem no Concílio, que explicitou a relação íntima entre eclesiologia e Direito Canônico, há — no texto — uma única eclesiologia. No contexto, pode-se dizer que a Igreja entendeu-se como mistério de comunhão, afastando-se da concepção societária.*
- *Pode-se buscar uma aproximação dialogal entre a eclesiologia latino-americana e as eclesiologias subjacentes aos atuais códigos.*
- *A eclesiologia da comunhão é a que nos dá mais elementos de convergência nesta aproximação com a eclesiologia latino-americana.*
- *Há uma continuidade e um enriquecimento do conceito de comunhão referido à Igreja, partindo dos escritos do Novo Testamento até os textos conciliares e os códigos de direito eclesial.*
- *Direito é, por um lado, projeto de Deus que se revela em Jesus Cristo de Nazaré, presente, hoje, em sua Igreja, graças à missão apostólica e ao ministério ordenado, pela infusão do Espírito Santo.*

---

[63] Estamos na época do pontificado em Avignon. As circunstâncias históricas mudam, o que se vê imediatamente por meio da atividade legislativa dos pontífices. As coleções são mais raras e menos importantes.

[64] Trata-se de uma coleção privada e não autêntica.

- *Direito é, por outro lado, resposta da pessoa humana construída pacientemente no contexto paradoxal de um mundo perverso, em oposição ao projeto de Deus e, ao mesmo tempo, um mundo tocado pelas mãos e pelos pés do Verbo encarnado.*

> **Perguntas para reflexão e partilha**
> 1. Que é a Igreja? Explicite esta compreensão de Igreja.
> 2. Como você reage ao dito: "Cristo sim, Igreja não"?
> 3. Quais propostas para uma ação pastoral que mais retrate aquilo que a Igreja é?

Bibliografia

BARAUNA, Guilherme. *A Igreja do Vaticano II*. Petrópolis, Vozes, 1965.

BARREIRO, A. *Povo santo e pecador — A Igreja questionada e acreditada*. São Paulo, Loyola, 1994.

BOFF, Clodovis. *Uma Igreja para o próximo milênio*. São Paulo, Paulus, 1998. Col. Temas de Atualidade.

CELAM. *Puebla, a evangelização no presente e no futuro da América Latina*. 6. ed. Petrópolis, Vozes, 1985. Texto oficial da CNBB, nn. 658-891 e 892-1095.

CODINA, Victor. *Para compreender a eclesiologia a partir da América Latina*. São Paulo, Paulinas 1993.

CONGAR, Yves. "Jus divinum". In: *Igreja e papado — Perspectivas históricas*. São Paulo, Loyola, 1997.

FORTE, Bruno. *A Igreja, ícone da Trindade — Breve eclesiologia*. Trad. de Marcos Marcionilo. São Paulo, Loyola, 1987.

GRINGS, Dadeus. *A ortopráxis da Igreja — O direito canônico a serviço da pastoral*. Aparecida, Santuário, 1986.

LIBANIO, João Batista. *Cenários da Igreja*. São Paulo, Loyola, 1999. Col. CES 2.

_____. *Igreja contemporânea — Encontro com a modernidade*. São Paulo, Loyola, 2000. Col. CES 4.

PHILIPS, Gerard. *A Igreja e seu mistério no II Concílio do Vaticano*. São Paulo, Herder, 1968.

Rahner, Karl. Chiesa e sacramenti. In: *Quaestiones disputatae* (dirette da Karl Rahner e Heinrich Schlier, edizione italiana a cura di Alberto Bellini). Brescia, Morcelliana, 1973.

____. L'elemento dinamico nella Chiesa — Principi, imperativi concreti e carismi. In: *Quaestiones disputatae* (dirette da Karl Rahner e Heinrich Schlier, edizione italiana a cura di Alberto Bellini). Brescia, Morcelliana, 1970.

Ratzinger, J. *Compreender a Igreja hoje — Vocação para a comunhão.* Petrópolis, Vozes, 1992.

____. *O novo povo de Deus.* Trad. de Clemente Raphael Mahl. São Paulo, Paulinas, 1974.

____. *O sal da terra — O cristianismo e a Igreja católica no limiar do terceiro milênio — Uma entrevista com Peter Seewald.* Trad. de Inês Madeira de Andrade. Lisboa, Multinova, 1997.

Taborda, Francisco. Três modelos de Igreja. In: *CRB, nova evangelização e vida religiosa no Brasil (XV AGO, 1989).* Publicações da CRB, 1989.

Capítulo quatro

FIDELIDADE E JUSTIÇA — FONTE DO DIREITO

Para exercitar

O capítulo marca o início de uma nova temática, por isso propomos o seguinte exercício:

- Ler individualmente o texto que segue, anotando os pontos sujeitos a reações de sua parte.
- Que o grupo tem a dizer a respeito das atitudes dos personagens da história?
- Há níveis de justiça? Como se educar para a justiça?
- Considerando Mt 20,1-16, pode-se falar de injustiça cometida em nome do cumprimento do Direito Canônico?

Num lugarejo distante, o povo vivia muito feliz. Todos se beneficiavam dos sábios conselhos de um velho monge. Passaram-se os anos. O povo começou a sentir o cansaço do bom conselheiro e, em grupo, foi até ele pedir que instruísse algum jovem da comunidade para sucedê-lo em tão importante função.

O velho religioso concordou e pediu ao povo que lhe indicasse três jovens para irem morar com ele e formarem-se. Assim foi feito. Na primeira semana de convivência, um dos jovens, visivelmente irritado e exaltado, apresentou-se perante o monge com um de seus dois companheiros preso pelo pescoço. Aos gritos, o jovem irritado dirigia-se ao monge: "Aqui está um ladrão, trapaceiro, desleal. Ele quebrou sua vasilha de tomar alimentos, pegou a minha e deixou a quebrada no meu lugar". Calmamente, o monge falou ao acusado: "Que você quer? Ir embora ou ficar?" "Ficar", respondeu o jovem infrator. E o monge: "Podem ir". Passado mais algum tempo, volta o terceiro jovem, com o mesmo delinqüente preso pelo braço, e coloca-se diante do velho monge: "Não dá mais, esse sujeito é desonesto, além de estragar sua ferramenta de trabalho, lançou mão da minha". E o monge, de novo: "Que você quer? Ir embora ou ficar?" "Ficar!" Então o monge disse-lhes: "Vão, chamem o outro companheiro e voltem dentro de uma hora. Já terei a solução".

Foram e, depois do tempo determinado, voltaram. O bondoso velho então deu-lhes a resposta: "Você, que quer ficar, fique. Há muito que aprender.

Vocês dois já sabem tudo sobre o justo e o injusto, não há nada que aprender, podem ir embora".

Amar a Deus e amar a Justiça é a mesma coisa.[1]

Já dissemos, na introdução, que, para nós, a justiça é o fundamento do direito. Que justiça, porém? Seguindo nossa proposta, apresentaremos, neste momento, à luz do conceito de justiça, os protagonistas,[2] da ação evangelizadora, a saber, as pessoas fiéis. Colocamos, assim, juntas, a justiça e a fidelidade. É na fidelidade que se proclama a verdadeira justiça (Is 42,1-7). O justo viverá pela fé (Rm 1,16s). A justiça recebida pela fé é perdão dos pecados, reconciliação com Deus e união com Cristo e as outras pessoas. Ela inaugura a vida do Espírito (Gl 3,2-5; 5,5-6), cujo fruto é o amor.

Se o direito, enquanto teologia, é uma disciplina que parte da prática cristã para iluminá-la com a fé, queremos aqui considerar a justiça da vivência em Cristo, sempre mais perfeita, fonte da justiça entre as pessoas humanas (Mt 5,6.10.20). Tal justiça é a fidelidade dos discípulos à lei de Deus, fidelidade nova, tornada possível e urgente pela interpretação autorizada que Jesus dá desta lei (Mt 7,29).[3]

A superioridade de Jesus sobre Moisés é tema central de Mateus.[4] Em Moisés, a justiça indica, na sua essência, uma relação da pessoa humana com Deus (Ex 20; Lv 19; Dt 5). A justiça é a esfera divina na qual a pessoa humana é colocada por graça de Deus. Assim situado, o ser humano é salvo e pode agir segundo a justiça, porque foi feito participante da justiça e da misericórdia de Deus (Pr 20,28; Is 16,5). Uma vez que o julgamento pertence a Deus (Dt 1,16-17), o direito humano depende estreitamente do direito divino.

Segundo a Escritura, a pessoa humana pode conhecer a vontade de Deus (*Lei Eterna*),[5] que se exprime por meio da justiça, expressa pelas leis ou juízos humanos, *somente* graças à ação de Deus. A justiça bíblica, embora seja diferente da noção elaborada pela filosofia grega e recebida pela jurisprudência romana (dar a cada um o que é seu), todavia não a exclui. De fato, embora a Escritura, no seu referir-se constante à vontade transcendente e onipotente de Deus, em quem a justiça se une estreitamente com a sabedoria, a benignidade e a misericórdia, dê à justiça uma dimensão diferente, não

---

[1] São Leão Magno. "De beatitudinibus sermo 95,6-8". In: Paulo VI. *Ofício divino — Liturgia das horas.* Traduzido no Brasil da 2. ed. típica. São Paulo, Vozes-Paulinas-Paulus-Ave-Maria, 1995. v. IV, p. 188.

[2] Bonnet, Piero Antonio. Il Christifidelis recuperato protagonista umano nella Chiesa. In: Latourelle, R. *Vaticano II, bilancio & prospettive — Venticinque anni dopo.* 2 ed. Assisi, Citadella, 1987. pp. 471.

[3] Biblia. Tradução ecumênica. São Paulo, Loyola, 1994 (notas de rodapé).

[4] Cf. Libanio, J. B. *Crer num mundo de muitas crenças e pouca libertação — Teologia fundamental.* São Paulo, Paulinas-Valencia, Siquem, 2003. p. 97.

[5] Cf. São Leão Magno. "De beatitudinibus sermo 95,6-8", cit.

exclui que a realização histórica da justiça de Deus dê-se conforme a regra do "a cada um o que é seu", a fim de que cada pessoa seja acolhida como "companheira", melhor, como próxima da outra (Ex 23,9; 1Cor 10,24).

Cristo, na nova e eterna aliança, cumpre toda a justiça divina (1Cor 1,30) e coloca o fundamento angular de toda a justiça humana: a pessoa que crê nele é justificada e pode realizar obras de justiça, porque vive no amor de Deus (Jo 3,18-21). Na morte e ressurreição de Cristo, Deus restitui à pessoa humana o que ela tinha perdido com o pecado, a saber, a relação de comunhão com Deus e com as outras pessoas. Ao mesmo tempo, a pessoa humana é reintegrada plenamente na sua dignidade de filha de Deus e nos seus originários e fundamentais direitos, sem distinção de sexo, etnia, condição jurídica e social (Lc 15,20-24).

A justiça instaurada por Cristo — cumprimento da vontade do Pai expressa na aliança (Mt 3,15) —, ainda que em continuidade com aquela de Moisés, é nova porque realiza plenamente o ser com as pessoas humanas da parte de Deus e, enquanto tal, é o fundamento de toda a possibilidade de realização do ser com Deus da parte da pessoa humana (Mt 1,23; Rm 3,21-31).

A exigência de radicalidade intrínseca da nova justiça é revelada por Jesus no sermão da montanha. A justiça evangélica não exige só o respeito exterior da lei nas relações intersubjetivas, mas algo mais: as atitudes interiores de caridade, a superação do conflito público sobre a base de um entendimento fraterno, a exclusão de todo o tipo de violência ou vingança — porque, no reivindicar o próprio direito lesado, deve-se buscar, primeiro, a salvação e o bem de quem agrediu, por meio da caridade: é o exercício da perfeição da caridade no amor aos inimigos (Mt 5,21-24). Então a justiça evangélica distingue-se da justiça puramente legal, que, segundo os juristas clássicos, discerne, divide. A justiça do Evangelho, ao contrário, é aquela virtude que, plenamente cumprida, se identifica com a caridade e edifica a comunidade de fé, onde as pessoas reconhecem-se como irmãos. A regra fundamental da justiça evangélica é a da solidariedade e da comunhão (Mt 20,1-16). A comunidade será perseguida por causa desta justiça, como Cristo foi perseguido.

Podemos dizer, então, que a caridade é a forma da justiça e deve ser o elemento fundamental constitutivo da ordem jurídica que regula a vida da comunidade de fiéis de Cristo. A justiça evangélica não nega a experiência e a sabedoria da justiça humana, mas, superando-a, completa-a. Assim o conceito de justiça não é unívoco, mas analógico. A justiça enquanto tal é só de Deus e foi revelada plenamente por Jesus Cristo: segundo tal modelo divino, a justiça é feita pelas pessoas humanas somente quando é participação interna e imagem externa da justiça de Deus. Dado que na Igreja o Reino de Cristo já está presente misteriosamente,[6] a ordem de justiça atua-

---

[6] Cf. *LG* 3.

da neste constitui um verdadeiro direito estabelecido pela vontade de Deus, revelado por Cristo e, historicamente, atualizado pela ação do Espírito Santo. Esse direito pertence à história, enquanto vive e realiza-se na dimensão histórica; logo as suas instituições devem ser compreendidas dentro dos limites históricos, mas ao mesmo tempo orientam-se para a instauração daquela ordem de justiça definitiva, daquele direito que terá lugar quando, no fim dos tempos, será revelado e instaurado em plenitude o Reino de Deus.[7]

Tanto o Concílio Vaticano II quanto o código latino nasceram de uma única intenção: a de renovar a vida cristã.[8] Ao celebrar os vinte anos do CIC/83, o papa declara que há ainda muito a fazer para consolidar, nas atuais circunstâncias históricas, uma "verdadeira cultura jurídico-canônica e uma práxis eclesial atenta à dimensão pastoral intrínseca das leis da Igreja".[9] O papa continua dizendo que na mente do legislador estava, ao redigir o novo CIC/83, a intenção de colocar à disposição dos pastores e de todas as pessoas fiéis

> *um instrumento normativo claro, que contivesse os aspectos essenciais da ordem jurídica. Seria completamente simplista e errôneo, porém, conceber o direito da Igreja como um mero conjunto de textos legislativos, segundo a perspectiva do positivismo jurídico. De fato, as normas canônicas referem-se a uma realidade que as transcende; esta realidade não só se compõe de dados históricos e contingentes, mas compreende também aspectos essenciais e permanentes em que se concretiza o direito divino.*[10]

1. APRESENTANDO OS CÓDIGOS VIGENTES

Ambos promulgados por João Paulo II, um em 1983 — para a Igreja latina[11] — e outro em 1991 — para as Igrejas orientais,[12] os códigos vigentes apresentam uma estrutura ainda marcada pela influência do Direito Romano. Admitindo que tal estrutura não é a que mais corresponde à eclesiologia do Vaticano II,[13] nós a apresentamos, brevemente, a seguir. O CIC/83 subdivide-se em sete livros, conforme o quadro a seguir. Seis cânones introdutórios precedem o livro primeiro deste código, estabelecendo sua relação

---

[7] Cf. *LG* 5.
[8] Cf. JOÃO PAULO II. *Sacrae disciplinae leges*, 25.01.1983.
[9] IDEM. *Discurso por ocasião do 20º aniversário do Novo Código de Direito Canônico*, 24.01.2003. n. 1.
[10] Idem, ibidem, n. 2.
[11] IDEM. *Sacrae disciplinae leges*, 25.01.1983.
[12] IDEM. *Sacri canones*, 1991, 18.10.1990. p. 416.
[13] Cf. GHIRLANDA, G. *Introdução ao direito eclesial*. São Paulo, Loyola, 1998. p. 109.

com o direito que vigorava no momento da promulgação do referido corpo de direito. Quanto ao CCEO, subdivide-se em títulos. Apresenta também, antes do primeiro título, seis cânones introdutórios. Comparemos a estrutura geral do Direito Romano com a estrutura que o Direito Canônico foi assumindo, em suas coleções de leis, ao longo de sua história:

Direito Romano	Decretais	CIC/17	CIC/83	CCEO/91
I As pessoas	Juiz	1. Normas gerais	1. Normas gerais	Segue a divisão por *títulos* e não por *livros*.
	Juízo Clero	2. Pessoas	2. Povo de Deus	São trinta títulos, subdivididos em capítulos.
II As coisas	Casamento	3. Coisas	3. Múnus de ensinar	Conferir a seqüência dos títulos no quadro seguinte.
			4. Múnus de santificar	
			5. Bens temporais	
III A ação	Crime	4. Processo	6. Sanções	
		5. Delitos	7. Processos	

I — Os fiéis e todos os seus direitos e obrigações

II — As Igrejas *sui iuris* e os ritos

III — A suprema autoridade da Igreja

IV — As Igrejas patriarcais

V — As Igrejas arquiepiscopais maiores

VI — As Igrejas metropolitanas e todas as outras igrejas *sui iuris*

VII — As eparquias e os bispos

VIII — Os exarcados e os exarcas

IX — As assembléias dos hierarcas de diversas Igrejas *sui iuris*

X — Os clérigos

XI — Os leigos

XII — Os monges e todos os outros religiosos e os membros dos outros institutos de vida consagrada

XIII — As associações dos fiéis cristãos
XIV — A evangelização dos povos
XV — O magistério eclesiástico
XXI — O poder de governo
XXII — Recursos contra os decretos administrativos
XXIII — Os bens temporais da Igreja
XXIV — Os juízos em geral
XXV — O juízo contencioso
XXVI — Alguns processos especiais
XXVII — As sanções penais na Igreja
XXVIII — O procedimento para infligir as penas
XXIX — As leis, os costumes e os atos administrativos
XXX — A prescrição e a contagem do tempo
XVI — O culto divino e especialmente os sacramentos
XVII — Os batizados não-católicos que vêm para a plena comunhão com a Igreja católica
XVIII — O ecumenismo, isto é, a promoção da unidade dos cristãos
XIX — As pessoas e os atos jurídicos
XX — Os ofícios

    O primeiro cânon introdutório, tanto para o Oriente como para o Ocidente, estabelece a relação do respectivo código com os direitos das comunidades eclesiásticas orientais e ocidentais. O segundo cânon do CIC/83, correspondente ao terceiro no CCEO, refere-se às leis litúrgicas que continuam a vigorar, a não ser que algumas contrariem o código. O terceiro, correspondente ao quarto no CCEO, refere-se aos direitos derivados das concordatas, que continuam mesmo se contrárias ao código. O quarto, igual ao quinto das Igrejas orientais, estabelece a relação dos códigos com os direitos adquiridos e os privilégios que só se consideram revogados se o forem expressamente. O quinto, sem correspondente oriental, trata dos costumes então vigentes. E o sexto, correspondente ao sexto e ao segundo do CCEO, fala das leis em vigor, no momento da promulgação dos novos códigos, e sua relação com estes.

    O código dos cânones das Igrejas orientais, no primeiro cânon, diz também que as relações com a Igreja latina são indicadas expressa e explicitamente. Isso acontece em nove cânones orientais: o primeiro deles fala da necessidade de anotar no livro de batismo o rito a que a pessoa fica pertencendo, o outro fala da importância para uma pessoa fiel de conhecer e venerar o rito a que pertence outra pessoa com quem a primeira relaciona-se freqüentemente; outro cânon fala do dever de todo o bispo, mesmo latino, dar informações à Santa Sé sobre o estado e as necessidades das pessoas fiéis cristãs, também orientais, e assim, em outros cânones, há várias indicações disciplinares que tocam explícita ou implicitamente a Igreja latina em suas relações com as Igrejas orientais.[14]

O título do segundo livro do CIC/83 é *Do Povo de Deus,* justamente o mesmo do capítulo segundo da *Lumen gentium.* Atitude revolucionária! Fala-se de uma revolução copernicana. Alguns autores até sugerem a mudança do binômio hierarquia-laicato para comunidade-carismas e ministérios, deixando mais explícita a nova perspectiva eclesial. Há entre todas as pessoas batizadas, pela fé, uma igualdade fundamental quanto à dignidade e uma diversidade legítima quanto à vocação e condição de cada uma.[15]

A noção de fiel de Cristo (c. 204 do CIC/83)[16] é fundamental, pois a ela se referem todas as outras noções acerca das pessoas e das instituições de Igreja.[17] O termo fiel de Cristo é empregado num sentido distinto de cristão. Este c. 204, um dos eixos do novo código, abre o corpo legislativo consagrado às pessoas, indicando os que, neste mundo, protagonizam a ação evangelizadora católica. São as pessoas fiéis, na comunhão total com a Igreja católica. Este é o cânon por onde começa o Código dos Cânones das Igrejas orientais.[18]

É fiel a pessoa que recebeu o batismo na Igreja católica.[19] O c. 204 descreve as duas conseqüências jurídicas que fundamentam o quadro de de-

---

[14] Cf. NEDUNGATT, George. Presentazione del CCEO. In: *EV12 — Documenti ufficiali della Santa Sede, 1990.* Bologna, Dehoniane, 1992. pp. 897s.
[15] Cf. FORTE, Bruno. *A Igreja, ícone da Trindade — Breve eclesiologia.* Trad. de Marcos Marcionilo. São Paulo, Loyola, 1987. p. 25. É o esquema seguido pelo documento da CNBB sobre os leigos: CNBB, *Missão e ministérios dos cristãos leigos e leigas.* São Paulo, Paulinas, 1999. Doc. 62. Cf. também: VÁRIOS DICASTÉRIOS. *Instrução acerca de algumas questões sobre a colaboração dos fiéis leigos no sagrado ministério dos sacerdotes.* São Paulo, Paulinas, 1997.
[16] Cf. cc. 96 e 849 do CIC, cc. 7 e 675 § 1 do CCEO.
[17] Cf. GHIRLANDA, G. Op. cit., p. 112.
[18] O CCEO não tem o correspondente ao nosso c. 96. Diz o CCEO, no c. 7: "§ 1. Fiéis cristãos são aqueles que, incorporados a Cristo pelo batismo, são constituídos em Povo de Deus e, por essa razão, feitos participantes, a seu modo, do múnus sacerdotal, profético e real de Cristo, segundo a condição própria de cada um, são chamados a exercer a missão que Deus confiou à Igreja no mumdo. § 2. Esta Igreja, constituída e ordenada como sociedade neste mundo, subsiste na Igreja católica, governada pelo sucessor de Pedro e pelos bispos em comunhão com ele".
[19] Faltaria aqui, na definição de fiel na Igreja, uma referência ao *carisma*? Outra questão: por que só o batismo aparece como elemento genético? Prevalece o princípio *os sacramentos e a Palavra vêm da Igreja?* Cf. CORECCO, E. Fundamentos eclesiológicos do Código de Decreto Canônico. *Concilium* 205/3 (1986) 18-20.

veres e direitos das pessoas fiéis, ligadas à recepção do batismo: a) pertença à Igreja: é um primeiro efeito do batismo, que em termos teológicos, retomados no cânon, apresenta-se como incorporação a Cristo, cabeça e unidade do corpo que ele constitui com todos os batizados; b) capacidade de exercer a missão confiada a todo o corpo.[20] Trata-se, portanto, de um fato da ordem da graça que determina a participação na missão confiada ao Povo de Deus. As pessoas fiéis exercem o múnus sacerdotal nos atos do culto divino (por exemplo, celebração do matrimônio); o múnus profético, anunciando a Palavra de Deus mediante a pregação, catequese, ensino, por iniciativa privada ou como missão pedida pela Igreja; o múnus régio, cooperando na direção e organização do Povo de Deus.[21]

O c. 96, paralelo ao 204, traz também uma descrição da relação entre batismo e aquisição de um elenco de deveres e direitos na Igreja. Considera-se, geralmente, que os não-batizados não têm personalidade jurídica na Igreja, isto é, não têm, dentro da Igreja católica, deveres e direitos, a não ser que lhe sejam dados, como, por exemplo, no c. 1476 (c. 1134 do CCEO), em que se declara que um não-batizado pode entrar com uma causa num tribunal da Igreja.

O termo fiel não aparece no c. 96. Ali se fala de pessoa física, distinta da pessoa jurídica. Trata-se, sem dúvida, de uma categoria herdada do Direito Romano e denota a eclesiologia societária. No nosso código, são dois termos sinônimos, o espírito deles é o mesmo. Usaremos, por isso, a expressão pessoa-fiel para falar de quem tem — graças ao Espírito de Deus — o protagonismo da evangelização, no direito em vigor, por força dos sacramentos do batismo (pessoa-fiel) e da ordem (pessoa-fiel-ordenada). O ser humano é feito, pelo batismo, sujeito de deveres e direitos que são próprios das pessoas cristãs. O adjetivo cristã, de sentido mais amplo que fiel, é empregado também num sentido determinado. Isso permite ver melhor o papel do batismo, que, conferido validamente, incorpora à Igreja de Cristo. Do ponto de vista jurídico, esta maneira de falar distingue entre o ser cristão (c. 96), que é toda a pessoa batizada, e o ser fiel (c. 204), que é a batizada na Igreja católica ou nela recebida. O c. 96, assim, permite distinguir a Igreja de Cristo e a Igreja católica, juridicamente.

O c. 96 declara que o exercício das obrigações e direitos é possível desde que as pessoas estejam na comunhão plena da Igreja.[22] Foi o Concílio Vaticano II que recuperou o conceito de comunhão, sempre vivo na tradição da Igreja, mas um pouco esquecido nos tempos do Concílio. A comunhão

---

[20] Cf. CORECCO, E. Fundamentos eclesiológicos..., cit., p. 19 B.
[21] Cf. SALVADOR, C. C. (diretor). Dicionário de direito canônico. São Paulo, Loyola, 1994. pp. 344s.
[22] Cf. DE PAOLIS, V. Le sanzioni nella Chiesa. In: AA.VV. Il diritto nel mistero della Chiesa. Roma, Pontificia Università Lateranense, 1992. v. III, pp. 485s (uma importante explicação sobre os conceitos de comunhão e excomunhão).

vem indicada, pela constituição *Sacrae disciplinae leges,* como uma das bases de sustentação de toda a estrutura do novo Código de Direito Canônico. O decreto *Unitatis redintegratio,* n. 3, coloca na base da comunhão o batismo. Porque existe um batismo comum, as pessoas batizadas e as comunidades às quais pertencem têm bens comuns de salvação, que Cristo deixou à sua Igreja. Ao longo dos séculos, aconteceram divisões. A comunhão nos bens da Igreja una de Cristo tornou-se, em muitos casos, imperfeita, incompleta, não plena. O c. 205 oferece os critérios da plena comunhão com a Igreja católica. São os critérios de pertença à mesma Igreja a comunhão na fé, a comunhão no culto e nos sacramentos e a comunhão no governo. Quem não possui, mesmo que seja um só, tais vínculos, não está na plena comunhão com a Igreja católica. Tais são as pessoas batizadas que não pertencem à Igreja católica. Aquelas pessoas que não estão na plena comunhão, segundo os critérios do c. 205, não são, contudo, pura e simplesmente excomungadas. Não o são as não-católicas, pelo simples fato de que essas não podem ser acusadas de heresia ou de cisma, imputando-lhes fatos do passado. Não o são porque as penas canônicas valem só para as pessoas católicas, conforme o c. 11. Tampouco são excomungadas as pessoas católicas que tenham cometido o *pecado* de heresia ou de apostasia da fé ou de cisma (cf. c. 751) sem que, por outro lado, tenham cometido o *delito* de apostasia, heresia ou cisma (c. 1364 coligado ao c. 1330). A pessoa católica que, de fato, não tem mais a plenitude da fé não está mais em comunhão plena com a Igreja, mas não necessariamente cometeu um delito e, por isso, não cai em excomunhão, não está, necessariamente, excomungada. Mais ainda. A pessoa católica que comete um delito que não implica a perda de nenhum dos três vínculos elencados no c. 205, como, por exemplo, a pessoa que, consciente e livremente, comete o aborto: sabendo que a Igreja tem uma punição para essa ação e, apesar disso, querendo praticá-la (c. 1398), fica excomungada, mas não perde a comunhão com a Igreja. Em conclusão: a excomunhão não representa simplesmente o negativo de comunhão; a falta de comunhão plena não comporta necessariamente a excomunhão. Mesmo que pareça paradoxal, deve-se dizer que pode haver a pessoa excomungada em plena comunhão e pode haver a pessoa cristã que não está em plena comunhão e que, nem por isso, está excomungada. O aparente paradoxo está no fato de o conceito de comunhão ser eminentemente teológico e servir para individuar a pessoa católica, isto é, oferecer os critérios de pertença à Igreja católica, enquanto o conceito de excomunhão é eminentemente jurídico-penal e está em relação ao delito. Vemos que no código vigente ficam bem distintos o critério da comunhão do da excomunhão, por exemplo, quando se proíbe a aceitação de pessoas que tenham negado a fé católica, ou abandonado a comunhão eclesiástica, ou estiverem sob excomunhão irrogada ou declarada em associações públicas (c. 316 § 1). O fato de não poder receber a hóstia consagrada (comungar), c. 915 do CIC/83 e 712 do CCEO, não quer dizer que a pessoa está fora da comunhão plena de que fala o c. 205. Também não significa, automaticamente, que está excomungada no sentido penal.

O código procura seguir a eclesiologia do Vaticano II. O c. 205 (c. 8 do CCEO) descreve a plena comunhão como uma união a Cristo no corpo visível da Igreja, pelos laços da profissão de fé, dos sacramentos e do governo eclesiástico.[23] A profissão de fé quer dizer a adesão a um único depósito de fé, revelado na Sagrada Escritura, transmitido pela tradição e, como tal, proposto e interpretado pelo magistério da Igreja. A unidade nos sacramentos faz-se a partir do batismo. A unidade com os pastores manifesta a comunhão espiritual e eclesiástica, por meio da comunhão hierárquica. Uma rejeição — com culpa pessoal ou sem ela — de um desses laços quebra a comunhão plena.

Em primeiro lugar, não estão na plena comunhão da Igreja, ou seja, estão juridicamente separados, os que validamente receberam o batismo noutra Igreja ou comunidade eclesial. O estatuto dessas pessoas cristãs comporta, em razão dessa comunhão não perfeita, não mais a necessidade de observância de todas as leis eclesiásticas, mas de direitos e deveres específicos.[24] Em segundo lugar, não estão na plena comunhão da Igreja os que foram reconhecidos culpados de delitos contra a unidade da Igreja. No código, são três os delitos que separam da plena comunhão com a Igreja — cc. 1364 § 1 e 751.[25] Podemos considerar como exemplo, o caso de excomunhão por cisma em que incorrem os adeptos do movimento do bispo Marcel Lefebvre.[26] O Conselho Pontifício para a Interpretação dos Textos Legislativos — que é um órgão da Cúria Romana — considerando a divulgação deste fato nos meios de comunicação, achou oportuno pronunciar-se, respondendo a um pedido de interpretação autêntica do moto-próprio *Ecclesia Dei,* de 2 de julho de 1988 e do decreto da Congregação dos Bispos de 1º de julho de 1988, referentes à excomunhão do bispo Marcel Lefebvre e de outros ligados a ele. O Conselho para a Interpretação não via necessidade de uma interpretação autêntica nem do moto-próprio, nem do decreto, nem dos cânones referentes ao tema, 1364 § 1 e 1382, uma vez que não havia no pedido de esclarecimento uma autêntica dúvida de direito,

---

[23] Eugenio Corecco faz a seguinte observação: "Um último aspecto da eclesiologia pragmatista, que aqui desejo destacar, é a eliminação no c. 205 da fórmula conciliar *Spiritum Christi habentes* (*LG* 14,2). A redução dos critérios de pertença dos fiéis 'à plena comunhão' aos três elementos clássicos da tradição belarminiana trai uma concepção em que não considera a graça elemento necessariamente imanente à instituição. Que a graça, assim como o carisma, possui validade jurídica própria, independente do fato de aflorar (como no caso dos *tria vincula*) ou não, através de fatos institucionais perceptíveis, aparece claramente no c. 916". Cf. CORECCO, E. Fundamentos eclesiológicos..., cit., pp. 20s.
[24] Cf. cc. 383 § 3, 528 § 1, 844 § 3, 869 § 2, 874 § 2, 1170, 1183 § 3.
[25] Cf. DE PAOLIS, V. Le sanzioni nella Chiesa, cit., pp. 485s.
[26] Cf. *Communicationes* 29 (1997) 239-243.

condição indispensável para se dar uma interpretação autêntica. A preocupação era mais de índole pastoral, visando acabar com interpretações errôneas na mídia. O Conselho Pontifício deu uma nota explicativa à Congregação dos Bispos, com intenção de ajudar no discernimento da consulta feita a tal Congregação, em 24 de agosto de 1996. Ficam ressaltados os seguintes elementos:

> O cisma de dom Lefebvre foi declarado em relação imediata com as ordenações episcopais realizadas no dia 30 de junho de 1988, sem o mandato pontifício (cf. c. 1382 do CIC). Tal gravíssimo ato de desobediência constituiu a consumação de uma progressiva situação global de índole cismática. Enquanto não houver mudanças no sentido de restabelecer a necessária comunhão, todo o movimento lefebvriano se considera cismático, existindo uma declaração formal da Suprema Autoridade a tal respeito. A excomunhão automática, por cisma, refere-se àqueles que "aderem formalmente" a tal movimento cismático. A "adesão" deve comportar dois elementos complementares: a) um de natureza interna, que consiste em condividir, livre e conscientemente, a substância do cisma, ou seja, no optar de tal maneira pelos seguidores de Lefebvre que se coloque tal opção acima da obediência ao papa (na raiz desse comportamento existem habitualmente posições contrárias ao magistério da Igreja); b) um outro de índole externa, que consiste na exteriorização dessa opção, cujo sinal mais manifesto será a participação exclusiva nos atos "eclesiais" lefebvrianos, sem tomar parte nos atos da Igreja católica (trata-se de um sinal não unívoco, pois há a possibilidade de algum fiel tomar parte nas funções litúrgicas dos seguidores de Lefebvre, sem condividir o seu espírito cismático). No caso dos diáconos e dos sacerdotes lefebvrianos, parece claro que a sua atividade ministerial no âmbito do movimento cismático é um sinal mais que evidente do fato de que existem os dois requisitos anteriormente citados. Quanto aos outros fiéis, é óbvio que não é suficiente, para que se possa falar de adesão formal ao movimento, uma participação ocasional nos atos litúrgicos ou atividades do movimento lefebvriano, feita sem apropriação da atitude de desunião doutrinal e disciplinar de tal movimento. Na prática pastoral pode ficar mais difícil julgar as situações deles. É preciso levar em conta, sobretudo, a intenção da pessoa e a manifestação em atos de tal disposição interior. As várias situações devem ser julgadas singularmente, caso por caso, nas sedes competentes de foro externo e interno. Será sempre necessário distinguir a questão moral sobre a existência ou não do pecado de cisma da questão jurídico-penal sobre a existência do delito de cisma e a sua respectiva sanção. Falando ainda do ponto de vista pastoral, parece oportuno relembrar aos sagrados pastores todas as normas do moto-próprio Ecclesia Dei,

com as quais a solicitude do Vigário de Cristo estimulava ao diálogo e a colocar os meios sobrenaturais e humanos necessários para facilitar o retorno dos lefebvrianos à plena comunhão eclesial.[27]

Eles não são mais considerados como membros da comunidade de fiéis, mas, guardando seu estatuto fundamental de batizados na Igreja católica, resta-lhes o direito de voltar à plena comunhão, sem precisarem, como os primeiros, de um rito de recepção na Igreja. Além disso, o c. 11 aplica-se a eles, de tal maneira que estão sujeitos sempre às leis eclesiásticas (uma vez católico, sempre católico — caso contrário, a Igreja reduzir-se-ia a uma associação a que cada um, por sua conta, entra e sai quando quer. Além disso, o delito de cisma ou apostasia não seria punível). Seu retorno à comunhão plena da Igreja corresponderia à cessação da pena de excomunhão.

Ao lado da excomunhão por delito contra a unidade, que dá à pessoa fiel um estatuto jurídico específico, pois ela não está mais na plena comunhão, outras sanções podem ser impostas ou declaradas pela autoridade eclesiástica, as quais privam do uso de certos direitos e deveres. A diminuição do estatuto jurídico da pessoa fiel impede-a de usar os direitos e deveres como o código o define no c. 1331 (cc. 1431 e 1434 do CCEO).

Por causa da comunhão eclesial (ou seja, teológica) que existe entre as pessoas batizadas em Cristo, pode haver uma certa participação comum nos sacramentos (c. 844), bem como noutras atividades (cc. 1183 § 3, 463 § 3, 1124s, 933).

2. AS QUATRO CONDIÇÕES CANÔNICAS DAS PESSOAS-FIÉIS: IDADE, MORADIA, PARENTESCO E RITOS

As pessoas fiéis são vocacionadas, segundo a condição própria de cada uma, a realizar missão que Deus confiou para a Igreja cumprir no mundo. A condição de cada pessoa depende de sua situação biográfica. Cada uma é fiel a Deus, na Igreja neste mundo, de acordo com seu contexto histórico-cultural. A biografia de uma pessoa gira em torno de seu nascimento e crescimento em idade; de sua terra natal e localização no mundo; sua relação com as outras pessoas, por isso que a disciplina da Igreja considera especialmente estas condições: idade, moradia, parentesco e ritos.

2.1. Idade

A idade (cc. 97-99 do CIC/83 e 909s do CCEO) tem uma influência determinante sobre a capacidade de agir na Igreja, pois dela depende, em

---

[27] Disponível em: <http://www.vatican.va> — Cúria romana, Conselhos Pontifícios, Textos legislativos, Notas explicativas.

parte, o desenvolvimento psicológico que está em relação direta com a capacidade de decidir livremente e responder a uma vocação cristã. Na disciplina da Igreja, atualmente, estão convencionados os seguintes termos: são maiores de idade as pessoas que completaram 18 anos; são menores as que são de idade inferior a 18 anos. A pessoa menor que não completou 7 anos é chamada de menor-criança. Acima de 7, a pessoa é considerada menor-adulta (cf. c. 857) até os 18 anos e maior-adulta depois dessa idade. O c. 1096 § 2 fala da puberdade, sem que o código atual a defina, como fazia o anterior, que estabelecia seu início aos 14 anos para o homem e 12 para a mulher.

A pessoa maior tem o pleno exercício de seus direitos. Obviamente ficam excluídos aqueles atos para os quais o direito prescreve uma idade superior a 18 anos, como, por exemplo, profissão de votos perpétuos num instituto de vida consagrada, ordenação diaconal, presbiteral e episcopal, exercício do cargo de vigário judicial, episcopal e geral etc. A pessoa menor, mesmo sendo sujeito de direitos eclesiais em virtude do batismo, não tendo uma maturidade suficiente, permanece sob a guarda dos pais ou tutores no exercício de tais direitos. Excetuam-se aqueles atos nos quais a pessoa menor, por lei divina ou disposição canônica, é isenta da tutela dos pais ou tutores, como, por exemplo, a escolha do próprio estado de vida (c. 219), a escolha da Igreja ritual no batismo (c. 111 § 2); para a celebração do matrimônio (c. 1083 § 1); para poder ser admitida como testemunha nos juízos (c. 1550 § 1). Depois dos 14 anos começa a obrigação da abstinência (c. 1252). Aos 16 anos completos pode assumir o encargo de padrinho no batismo e na confirmação (cc. 874 § 1 e 893); também aos 16 anos pode sofrer uma pena canônica (c. 1323, n. 1). Aos 17 anos completos a pessoa pode ser admitida ao noviciado religioso (c. 643 § 1) ou ao período de prova nas sociedades de vida apostólica (c. 735 § 2). Há normas referentes ao domicílio ou quase-domicílio de menores (c. 105), ao matrimônio de tais pessoas (cc. 1071 § 1 e 1072), à representação em juízo (cc. 1478-1479) e à imputabilidade delas (cc. 1323, n. 1; 1324, n. 4).

O uso de razão é um elemento essencial da personalidade jurídica. Sua falta, nas formas mais graves, compromete irreparavelmente a capacidade de agir. Quanto às crianças, o c. 97 § 2 estabelece que elas não são consideradas responsáveis de suas ações. Completados os sete anos, presume-se (*iuris tantum* e não *iuris et de iure*)[28] que tenham o uso de razão. Sendo assim, as crianças não estão obrigadas à observância das leis meramente eclesiásticas (c. 11) e não podem praticar nenhum ato jurídico (c. 124 § 1). Existem alguns deveres de caráter espiritual referentes às crianças, uma vez alcançado

---

[28] As expressões significam, respectivamente, de direito (admite prova em contrário) e de direito e por direito (não admite prova em contrário). Aqui a palavra direito significa lei positiva, na primeira expressão. Na segunda, lei positiva (*iuris*) e fundamento da lei ou direito (*de iure*).

o uso da razão: por exemplo, quanto à preparação para a recepção da comunhão e quanto ao sacramento da penitência. Sem dar uma definição, o c. 989, por exemplo, fala da idade da discrição, que parece não se identificar simplesmente com a idade da razão. O c. 99 refere-se às pessoas atingidas por graves enfermidades mentais, como os fracos de mente, e estabelece que todo aquele que carece habitualmente do uso de razão é considerado não-responsável de suas ações e é equiparado em tudo às crianças. Tais pessoas, a não ser que seja provada sua capacidade, são isentas das leis puramente eclesiásticas no foro externo, até nos eventuais intervalos lúcidos (c. 11); estão privados da capacidade processual (c. 1478 § 1); são incapazes para o matrimônio (cc. 1095, 1105 § 4), irregulares para receber as ordens sacras (c. 1041, n. 1), impedidos do exercício das ordens recebidas (c. 1044 § 2, n. 2), incapazes para a emissão de votos (c. 1191 § 2).

2.2. Moradia

Quanto à moradia (cc. 100-107 do CIC/83 e cc. 911-917 do CCEO), uma primeira observação refere-se ao sentido de falar disso no contexto atual. Num mundo de tanta mobilidade da população, de tamanha facilidade de comunicação não só física, mas também virtual, pode-se perguntar se tal instituto jurídico, nascido no Direito Romano para atender a uma sociedade que se caracterizava pela estabilidade e importância dada à pertença ao território, ainda tem razão de ser. Cremos que justamente por tudo isso é, mais do que nunca, oportuna a existência de tal aspecto da vida da pessoa fiel. A vivência da fé cristã, neste mundo, acontece, autenticamente, com os pés no chão. A pessoa fiel pertence a uma comunidade concreta. Embora se possa pensar na escolha livre da comunidade a que pertencer, por razões o mais possível variadas, os guetos são altamente prejudiciais à comunidade eclesial. Também nociva é a atitude espiritualizada de uma fé sem compromisso contextualizado. Parece-nos estranha a idéia de uma comunidade virtual, da mídia, sem o encontro entre pessoas de carne e osso, no ritmo diário de preocupações e desafios, quando descobrimos o valor extraordinário das coisas ordinárias.

O c. 102 indica o modo de adquirir o domicílio e o quase domicílio, bem como os tipos de domicílio. O modo de adquirir pode ser por intenção ou por moradia de fato. A moradia requerida pelo c. 102 é a residência estável, não aquela determinada por outros motivos, como estudo, trabalho, tratamento médico etc. Propriamente falando, é a habitação da família e onde se dorme regularmente. Uma tal moradia pode dar-se em lugares múltiplos, com a possibilidade de se ter contemporaneamente vários domicílios: por exemplo, quem tem casa na cidade e no campo. A intenção de permanecer no território de uma paróquia ou diocese ligada à efetiva moradia deve ser real, concreta. Não basta uma vontade condicional: por exemplo, "ficarei, se encontrar trabalho". Se a condição se cumpre, porém, a intenção é considerada válida desde o início. Chegando a um lugar com intenção de aí permanecer, a pessoa adquire, no momento de sua chegada, o domicílio naquele lugar. Os cânones 103 e seguintes definem o domicílio e o quase-domicílio legal, ou seja, aqueles adquiridos pela determinação da lei. É o caso, por exemplo, dos membros de institutos religiosos ou sociedades de vida apostólica. A perda do domicílio e quase-domicílio é regulada pelo c. 106. A partir desta norma, pode-se pensar também no acúmulo de domicílios.

Importante ressaltar os efeitos jurídicos dessa condição canônica das pessoas fiéis. Em que a moradia de uma pessoa-fiel influencia em sua missão na Igreja? O c. 107, por exemplo, apresenta como primeira conseqüência do ter ou não ter domicílio a indicação do pároco e ordinário próprio[29] da pessoa fiel, com quem esta pessoa estabelece o vínculo de comunhão eclesial. Disso vem a disciplina com relação a certas atividades da pessoa-fiel: a) para se casar, a pessoa fiel deve procurar o seu pároco, ou o ordinário (bispo, vigário-geral, vigário episcopal), ou o da paróquia onde ela tem residência de um mês (c. 1115); b) a paróquia própria para a celebração das exéquias é dada de acordo com o domicílio (c. 1177 §§ 1 e 3); c) o lugar de batismo de adulto é a igreja paroquial própria (c. 857 § 2); d) o pedido de alguma licença, autorização é dirigido ou ao pároco, ou ao bispo, ou ao vigário-geral, ou, se houver, vigário episcopal ou superior; e) os clérigos (diáconos, inclusive os permanentes, padres) devem pedir a licença do ordinário para realizar certas atividades, não podendo ser admitidos ao noviciado sem a consulta ao ordinário deles; f) a publicação de livros referentes à fé e aos costumes precisa da licença do ordinário; g) o bispo, para celebrar a crisma de fiéis que não são de sua diocese, deve ter a licença do bispo próprio deles; h) o domicílio está também relacionado com a possibilidade de o padre obter a faculdade de ouvir confissões (cc. 967 § 2, 975); o domicílio também indica o bispo que deve celebrar a ordenação diaconal da pessoa-fiel (c. 1016); a competência do juiz eclesiástico é determinada, em parte, pelo domicílio da parte demandada (cc. 1408s); o bispo competente para receber a instância da dispensa do matrimônio ratificado e não consumado é aquele do domicílio de quem a pede (c. 1699). Fiéis latinos podem ser confiados a párocos orientais e fiéis orientais, a párocos latinos, por razões de domicílio (c. 107 do CIC/83 e c. 916 do CCEO).[30]

2.3. Parentesco

O parentesco (cc. 108-110 do CIC/83 e cc. 918s do CCEO), em Direito Canônico, distingue-se nos seguintes tipos: de sangue, de casamento válido, espiritual (no CIC/17) e legal (sem cânon correspondente no CCEO).

---

[29] Que significa ordinário é dito no c. 134.
[30] Cf. NEDUNGATT, George. Presentazione del CCEO, cit., p. 899.

O parentesco de consangüinidade tem como fundamento a geração, seja legítima, seja ilegítima. Sua contagem faz-se por linhas e graus. Linha é a série ordenada de pessoas que nascem do mesmo tronco. Ela é linha reta quando as pessoas descendem uma da outra; é linha colateral quando as pessoas vêm do mesmo tronco, mas não descendem uma da outra. A linha reta pode ser tanto ascendente como descendente. O grau exprime a distância entre as pessoas consangüíneas. O tronco é a pessoa ou pessoas de quem descendem os vários consangüíneos. Regularmente, o tronco comum é formado de duas pessoas (pai e mãe) e a consangüinidade que deriva daí é chamada bilateral. Se o tronco comum é constituído de uma só pessoa, a consangüinidade chama-se unilateral: por exemplo, só por parte de mãe ou só por parte de pai. As pessoas nascidas de mesmo pai e mesma mãe são chamadas irmãs; as nascidas de mesmo pai e mães diferentes, consangüíneas; as nascidas de mesma mãe e pais diferentes, uterinas. O c. 108 apresenta a regra para determinar o grau de consangüinidade.

O parentesco de afinidade tem como fundamento o matrimônio válido. Trata-se de um vínculo jurídico e não natural, como a consangüinidade. A afinidade surge de qualquer matrimônio válido, de pessoas batizadas ou não-batizadas, consumado ou não-consumado. Embora jurídico, a afinidade é um vínculo perpétuo, não cessa nem pela morte de um cônjuge, nem pela eventual dispensa *super rato*. Se o matrimônio é declarado nulo, a nulidade do matrimônio implica a nulidade da afinidade, salvos os efeitos previstos no c. 1093 (pública honestidade). O modo de contar a afinidade é definido no c. 109.

Quanto aos efeitos jurídicos dessa condição canônica das pessoas fiéis, o principal refere-se ao matrimônio. As pessoas parentes consangüíneas em linha reta não podem casar-se (pai com filha, filho com mãe, neta com avô etc.); as consangüíneas em linha colateral (irmãos e irmãs, tios e sobrinhas, tias e sobrinhos, primos e primas etc.) só podem casar-se a partir do quarto grau (ou seja, do parentesco que chamamos vulgarmente de primos primeiros) em diante. Para se casarem, tio-sobrinha, tia-sobrinho, primos entre si, eles precisam de uma dispensa do ordinário (bispo, vigário-geral...). As pessoas parentes por afinidade na linha reta também estão impedidas de se casarem (cânones 1091 e seguintes). Outras conseqüências da condição de parentesco são, por exemplo: a) exclusão do ofício de vigário-geral ou episcopal para os consangüíneos do bispo diocesano até o quarto grau (c. 478 § 2); b) exclusão da nomeação para membro do conselho para assuntos econômicos para os consangüíneos e afins do bispo diocesano até o quarto grau (c. 492 § 3); c) proibições quanto à venda e locação de bens eclesiásticos (c. 1298); d) proibições de caráter judiciário (c. 1448 §§ 1-2); e) isenção para testemunhas judiciárias, em casos particulares (c. 1548).

O parentesco legal (adoção) é regulado no c. 110. Seu efeito jurídico refere-se também ao matrimônio. As pessoas ligadas por parentesco legal proveniente de adoção, em linha reta ou no segundo grau da linha colateral (c. 1094), não podem casar-se. Outros efeitos são indicados principalmente na legislação referente aos direitos e deveres de pais para com os próprios filhos e filhas. Para registro da adoção no livro de batizados, cf. cc. 535 § 2 e 877 § 3.

O parentesco espiritual, existente no antigo código, não figura no atual. Vigorava entre a pessoa fiel batizada e seu padrinho ou madrinha e o ministro; constituía um impedimento dirimente ao matrimônio (c. 1079 do CIC/17).

2.4. Ritos

A Igreja é una, mas existe nela uma pluralidade de ritos eclesiais,[31] que, com outros elementos, estão na base de particulares agrupamentos organicamente reunidos, nascidos no decorrer dos séculos, os quais, salva a unidade da fé e a única constituição divina da Igreja universal, gozam de uma própria disciplina, de um próprio uso litúrgico, de um próprio patrimônio teológico e espiritual.[32] Quando se diz rito, aqui, não se entende só a maneira de celebrar as ações litúrgicas, mas "um patrimônio litúrgico, teológico, espiritual e disciplinar distinto pela cultura e pelas circunstâncias da história dos povos, pelo qual se exprime o modo de viver a fé de cada Igreja *sui iuris*" (c. 28 do CCEO).

Os ritos fundamentais são dois: o ocidental (ou latino) e o oriental, subdividido em vários ritos particulares. Nem todos os ritos particulares constituem-se em Igrejas rituais *sui iuris* (cc. 111-112), ou seja, autônomas, com próprios livros litúrgicos e também com disciplina e hierarquia própria. Os cc. 111s regulam a inscrição numa Igreja ritual, antes e/ou depois dos 14 anos. Esses mesmos cânones lembram que o costume de participar da liturgia de outro rito que não o próprio não significa a passagem automática para o outro rito. Outras normas: a) competência do ordinário do lugar e do pároco acerca da assistência aos matrimônios no próprio território (c. 1109); a proibição de dar cartas dimissórias a um bispo de rito diferente do ordinando sem um indulto apostólico (c. 1021) etc. Essas normas visam a proteger a integridade das tradições rituais contra a imposição de culturas predominantes.

Segundo o c. 37 do CCEO, se um oriental foi batizado numa paróquia latina ou se um católico, sob o cuidado pastoral do pároco, passou validamente de uma Igreja oriental para a Igreja latina ou vice-versa, este fato deve ser anotado no registro paroquial dos batizados. O c. 535 § 2 do CIC contém essa prescrição referindo-se à mudança de rito que pode acontecer, por exemplo, no matrimônio entre pessoas de ritos diferentes (c. 112 § 1, nn. 1-2 do CIC e cc. 33-34 do CCEO).

---

[31] Cf. NEDUNGATT, George. Presentazione del CCEO, cit., pp. 897s. KHATLAB, Roberto. *As Igrejas Orientais católicas e ortodoxas — Tradições vivas*. São Paulo, AM Edições, 1997.
[32] *LG* 23

As pessoas fiéis latinas que, de alguma forma, têm contato com as pessoas fiéis orientais devem buscar o conhecimento do rito em questão, a fim de se evitarem preconceitos e erros com relação aos orientais (c. 41 do CCEO). No relatório qüinqüenal, os bispos latinos devem informar à Santa Sé acerca da situação e da necessidade das pessoas fiéis de outras Igrejas *sui iuris* sob seu cuidado pastoral (c. 207 do CCEO). O c. 383 § 2 ainda não continha tal obrigação.

Onde coexistem dioceses latinas e eparquias orientais num mesmo território, o CCEO, lembrando a exigência de colaboração entre os bispos, criou uma nova instituição hierárquica (c. 322), chamada *Conventus hierarcharum* — assembléia dos hierarcas, diferente da conferência dos bispos.

Um mosteiro, uma casa ou província de um instituto religioso da Igreja latina, adscritos a uma Igreja oriental *sui iuris,* devem observar as leis desta última, salvas algumas exceções (c. 432 do CCEO). Tal adscrição necessita da permissão da Congregação para as Igrejas Orientais.

A crisma pode ser válida e licitamente celebrada por presbíteros orientais também em relação a fiéis latinos. Igualmente, os padres latinos que têm tal faculdade podem fazê-lo em relação às pessoas fiéis orientais (c. 696). Um hierarca do lugar ou um pároco oriental pode delegar também um padre de rito latino para abençoar um matrimônio, até de modo geral (c. 830).[33]

2.5. Sexo

Quanto ao sexo, diríamos que não está diretamente considerado entre as condições canônicas de fiéis. Afirma-se uma plena igualdade de direitos e deveres entre homem e mulher, tanto em cânones de caráter geral, por exemplo, 208-231;[34] como em diversos cânones de caráter específico, em que são admitidas a participação e a cooperação da mulher ou do homem: a) ofícios e cargos eclesiásticos em geral (c. 228 §§ 1-2); b) nos vários conselhos (cc. 228 § 2, 492 § 1, 512 § 1, 536, 537); c) chanceler da cúria diocesana (c. 483 § 2); d) secretaria (c. 483); e) economato diocesano (c. 494); f) na atividade judiciária (cc. 1421 § 3, 1424, 1428 § 2, 1435); g) nas ações litúrgicas (c. 230 § 2);[35]

---

[33] Cf. NEDUNGATT, George. Presentazione del CCEO, cit., pp. 898s.

[34] Sempre que, no código, se usa a palavra fiel ou fiel leigo, deve-se entender tanto o homem quanto a mulher. Quando o código quer distinguir o sexo, usa o termo varão para o sexo masculino.

[35] Em 11 de julho de 1992 foi perguntado ao PCITL se entre os serviços litúrgicos que, segundo o c. 230 § 2 do CIC, os leigos — homens e mulheres — podem exercer está também o serviço do altar. A resposta foi afirmativa e remeteu para posteriores instruções da Sé Apostólica em *AAS* 86 (1994) 541-542. Por mandato pontifício, a Congregação para o Culto Divino e a Disciplina dos Sacramentos, em 15 de março de 1994, enviou aos presidentes das conferências episcopais uma carta circular com tais instruções (*Notitiae*, 1994, pp. 333-335). Cf. também: AA.VV. *Comentario exegético al Código de Derecho Canónico.* 3. ed. Navarra, EUNSA, 2002. v. V, pp. 233-234.

h) no ministério da palavra (cc. 230 § 3,[36] 759, 766); i) na distribuição da comunhão (c. 910 § 2);[37] j) na administração do viático (c. 911 § 2); l) no cuidado pastoral da paróquia (c. 517 § 2); m) na assistência canônica aos matrimônios (c. 1112); n) no rito de exéquias (*Ritual*, n. 19,2); o) na administração de alguns sacramentais (c. 1168); p) na celebração do concílio particular e do sínodo diocesano (cc. 443 § 3, n. 2, e § 4; 460, 463 § 1, n. 5, e § 2). No c. 1135 é afirmada a plena igualdade dos cônjuges no que se refere à vida conjugal. Quanto à mulher, há algumas proibições: a) acerca dos ministérios de leitor e acólito, conferidos estavelmente (c. 230 § 1); b) a ordenação diaconal e presbiteral (c. 1024); c) a promoção ao cardinalato (c. 351 § 1); d) todos os ofícios que requerem a ordem sacra.

Resumindo

• *A intenção do legislador eclesial, ao promulgar os atuais códigos, é colocar à disposição dos pastores e de todas as pessoas fiéis um instrumento normativo claro para renovar a vida cristã na Igreja.*

• *Embora não seja ainda a estrutura ideal, os atuais códigos tomaram certa distância da estrutura do Direito Romano, que tanto influenciou o direito da Igreja.*

• *Os seis cânones introdutórios aos códigos estabelecem a relação deles com o direito então vigente no momento de sua promulgação.*

• *A pessoa fiel é protagonista da evangelização. É ela quem abre o livro II do CIC/83 e o título I do CCEO. Ela se define pelo batismo, ato sacramental que funda a comunidade eclesial.*

• *A plena comunhão da Igreja, neste mundo, é uma conquista e um dom. No âmbito externo, há certos critérios apontados pela Igreja enquanto organização visível.*

• *A pessoa fiel evangeliza, respondendo à sua vocação, segundo sua própria condição histórica. O código enumera as seguintes: idade, moradia, parentesco e rito.*

---

[36] Uma interpretação autêntica sobre o cânon foi dada, em 1º de junho de 1988, pelo PCITL em *AAS* 80 (1988) 1373. Cf. AA.VV. *Comentario exegético...* cit, v. V, p. 238.
[37] Idem, ibidem.

> **Perguntas para reflexão e partilha**
>
> 1. Que se entende por justiça no texto apresentado?
> 2. Como você experimenta sua condição de pessoa batizada na Igreja (fiel de Cristo)?
> 3. O que fazer para que a evangelização seja assumida como direito-dever de toda a pessoa fiel?

Bibliografia

AA.VV. *Comentario exegético al Código de Derecho Canónico.* 3. ed. Navarra, EUNSA, 2002.

CAPPELLINI, Ernesto (org.). *Problemas e perspectivas de direito canônico.* Trad. de Luiz João Gaio. São Paulo, Loyola, 1995.

CHIAPPETTA, L. *Il Codice di Diritto Canonico — Commento giuridico pastorale.* Napoli, Dehoniane, 1988. v. I.

_____. *Prontuario di diritto canonico e concordatario.* Roma, Dehoniane, 1994.

JOÃO PAULO II. Constituição apostólica *Sacrae disciplinae leges,* 25.01.1983. AAS 75/II (1983) VII-XIV (conferir nas versões em vernáculo do Código de Direito Canônico).

_____. Constituição apostólica *Sacri canones,* 1991, 18.10.1990 (*AAS* 82 (1990) 1033-1044). In: *Enchiridion Vaticanum 12 — Documenti ufficiali della Santa Sede, 1990.* Bologna, Dehoniane, 1992.

NEVES, Audálio. *O povo de Deus:* renovação do direito na Igreja. São Paulo, Loyola, 1987. Col. Igreja e Direito 1.

Capítulo quinto

DEVERES E DIREITOS DAS PESSOAS FIÉIS

O caminho real das pessoas fiéis inclui seus deveres e direitos, decorrentes de sua vocação e missão. Este é o assunto do presente capítulo. O papa João Paulo II escolheu para seu primeiro discurso dirigido à Rota Romana, em 1979, o tema dos deveres e direitos, quando ressalta que a pessoa fiel, sob a luz do Espírito Santo, percebe a necessidade de fazer da afirmação e exercício dos próprios direitos um sincero compromisso com o dever da unidade e da solidariedade na busca do interesse das outras pessoas.

O papa considera que a Igreja, no século XX, apresenta-se como principal baluarte de sustentação dos direitos da pessoa humana desde a concepção até a morte.

> *O Direito Canônico cumpre uma função sumamente educativa, individual e social, com intenção de criar uma convivência ordenada e fecunda, onde nasça e amadureça o desenvolvimento integral da pessoa humano-cristã. Esta só pode realizar-se à medida que (ela) se nega como exclusiva individualidade, sendo a sua vocação ao mesmo tempo pessoal e comunitária. O Direito Canônico permite e favorece este crescimento à medida que conduz à superação do individualismo: da negação de si como exclusiva individualidade, leva à afirmação de si como genuína comunicabilidade, mediante o reconhecimento e o respeito do outro como "pessoa" dotada de direitos universais, invioláveis e inalienáveis, revestida de uma dignidade transcendente.*[1]

Por ocasião do 20º aniversário de promulgação do Novo Código de Direito Canônico para a Igreja latina, o Conselho Pontifício para a Interpretação dos Textos Legislativos promoveu um dia de estudos. Nesta ocasião, o papa, que promulgou o código, pronunciou um discurso bastante amadurecido, graças à sua longa experiência pastoral. É um discurso conciso, direto e profundo, síntese da mentalidade do atual legislador, que vale a pena ler integralmente. Aqui, alguns excertos:

---

[1] JOÃO PAULO II. Discurso à Sagrada Rota Romana. A função judicial da Igreja ao serviço da eqüidade e da caridade. *L'Osservatore Romano*, 25.02.1979 (edição portuguesa).

Uma das novidades mais significativas do Código de Direito Canônico, assim como do sucessivo Código dos Cânones das Igrejas orientais, é a normativa que os dois textos contêm sobre os deveres e os direitos de todos os fiéis (cf. Código de Direito Canônico, cc. 208-223; Código dos Cânones das Igrejas orientais, cc. 7-20). Na verdade, a referência da norma canônica ao mistério da Igreja, desejada pelo Vaticano II (cf. OT 16), passa também através do caminho real da pessoa, de seus direitos e deveres, tendo presente, obviamente, o bem comum da sociedade eclesial. Exatamente esta dimensão personalista da eclesiologia conciliar permite compreender melhor o serviço específico e insubstituível que a hierarquia eclesiástica deve prestar para o reconhecimento e a tutela dos direitos das pessoas e das comunidades na Igreja. Nem na teoria, nem na prática pode-se prescindir do exercício do poder de regime e, em geral, de todo o munus regendi hierárquico, como caminho para declarar, determinar, garantir e promover a justiça intra-eclesial. Todos os instrumentos típicos, através dos quais se exerce o poder de regime — leis, atos administrativos, processos e sanções canônicas —, adquirem, assim, seu verdadeiro sentido, o de um autêntico serviço pastoral em favor das pessoas e das comunidades que formam a Igreja. Às vezes, este serviço pode ser mal interpretado e contestado: justamente nestes casos, tal serviço torna-se mais necessário, para evitar que, em nome de supostas exigências pastorais, sejam tomadas decisões que podem causar e até favorecer inconscientemente verdadeiras injustiças.[2]

São iluminadoras tais palavras. Se pensamos que as pessoas fiéis de Cristo, na Igreja que ele quis neste mundo, devem realizar, por força de seu batismo, a obra evangelizadora, vivendo em comunhão e participação, torna-se evidente que não só as condições de vida relativas ao tempo e ao espaço (idade, moradia, parentesco, rito) têm sua relevância, mas também os deveres e direitos decorrentes da opção vocacional mais específica de cada fiel.

Antes da promulgação do Código, em 1983, havia um projeto de elaboração de uma lei fundamental da Igreja.[3] Ali já aparecia uma lista dos direitos fundamentais das pessoas batizadas. Com a decisão de adiar a promulgação desta lei fundamental, os cânones nela contidos foram inseridos nos esboços do código. Tais direitos apareceram no CIC/83, com duas modifi-

---

[2] JOÃO PAULO II. *Discurso por ocasião do 20º aniversário do Novo Código de Direito Canônico*, 24.01.2003. nn. 4s.
[3] AA.VV. *Lex Ecclesiae fundamentalis*. Roma, Officium Libri Catholici, 1974. Col. Studia et Documenta Iuris Canonici, VI. ROSA, Luigi. La *Lex Ecclesiae fundamentalis*: il lungo e faticoso *iter* di un progetto. In: AA.VV. (a cura di Ernesto Cappellini). *Problemi e prospettive di diritto canonico*. Queriniana, Brescia, 1977. pp. 1-46. IDEM. Nuovo testo della "traccia di schema" *Legge fondamentale della Chiesa*. Regno-documenti 21 (1978) 482-493.

cações significativas no modo de tratá-los: primeiro, foi dada uma prioridade às obrigações, conforme se pode ver no título referente a esta matéria no código. Segundo, abandonou-se o termo fundamental. No direito eclesial, a noção de dever prevalece ontologicamente sobre a de direito.[4] São Paulo pergunta aos coríntios cristãos em litígio por que não toleram suportar uma injustiça (1Cor 6,7), pois a caridade suporta tudo (1Cor 13,7), e quando a caridade não se regozija com a injustiça (1Cor 13,6), é porque ela sabe do prazo limitado imposto a quem é injusto (Rm 12,17-21). Não é o mal que a pessoa sofre que lhe causa tristeza, mas o mal que a outra faz, pois a caridade quer ver livre do mal quem o pratica (Lc 23,34). Num contexto de direitos humanos tão violados, a Igreja deve aparecer como quem promove e defende direitos e não como quem os reivindica para si. Ela deve aparecer para o mundo como comunhão e não como confronto e oposição, sobretudo entre fiéis. Outra coisa é o relacionamento cidadão x estado.

1. OS DEVERES E DIREITOS DE TODAS AS PESSOAS FIÉIS

Os deveres e direitos descritos na lista dos cc. 208-223 não são apresentados numa ordem que revele uma vontade de classificação por sua importância. A lista, porém, começa anunciando a igualdade entre todas as pessoas fiéis quanto à dignidade e à atividade. Todas as pessoas são filhas de Deus e igualmente chamadas à ação evangelizadora, cada qual segundo sua condição, sua vocação, seu carisma (c. 208). A lista continua declarando a obrigação que cada fiel tem de conservar, também na maneira de agir, a comunhão com a Igreja (c. 209). O último cânon da lista apresenta o campo do exercício dos direitos, fazendo referência ao bem comum eclesial que as pessoas fiéis devem levar em conta, seja individualmente, seja em grupos ou associações. Esses três cânones são fundamentais. É a partir deles que os deveres e direitos das pessoas fiéis devem ser entendidos e vividos.

Assim o código enumera os deveres e direitos de todas as pessoas fiéis:

1. Dever de promover a santificação pessoal e eclesial, considerando a vocação universal à santidade — c. 210 (c. 13 do CCEO);

2. Dever-direito de se empenhar no anúncio missionário — c. 211 (c. 14 do CCEO);

3. Dever-direito de manter um relacionamento autêntico com os ministros ordenados, com liberdade responsável de manifestar-lhes os próprios anseios, necessidades e opiniões —

---

[4] Cf. Faus, José I. González. *Direitos humanos, deveres meus — Pensamento fraco, caridade forte*. Trad. de padre João Resende Costa. São Paulo, Paulus, 1998. Corecco, E. Fundamentos eclesiológicos do Código de Direito Canônico. *Concilium* 205/3 (1986) 22 B.

cc. 212s (cc. 15s do CCEO). Recentemente, o presidente do Conselho Pontifício para a Interpretação dos Textos Legislativos citou como aplicação do c. 213 o direito das pessoas fiéis à celebração do sacramento da penitência.[5]

4. Liberdade de praticar o próprio rito e viver segundo sua espiritualidade conforme a doutrina da Igreja — c. 214 (c. 17 do CCEO). A liberdade religiosa estende-se à liberdade de prestar culto a Deus segundo o próprio rito. Ninguém pode ser obrigado a mudar de rito. A violação desse direito é particularmente grave quando é cometida por pessoas que exercem algum ofício, ministério ou outra função. Essas pessoas ficam sujeitas a uma pena adequada (c. 1465 do CCEO).[6]

5. Liberdade de associação e de reunião para fins conformes à natureza da Igreja — c. 215 (c. 18 do CCEO);

6. Liberdade de promover e sustentar a atividade apostólica, até com iniciativas próprias — c. 216 (c. 19 do CCEO);

7. Direito à formação integral nos ensinamentos cristãos — c. 217 (c. 20 do CCEO);

8. Liberdade de pesquisa e de expressão nas ciências sagradas — c. 218 (c. 21 do CCEO);

9. Liberdade de escolha do próprio estado de vida — c. 219 (c. 22 do CCEO);

10. Direito à boa fama e à própria intimidade — c. 220 (c. 23 do CCEO);

11. Direitos de caráter judiciário — c. 221 (c. 24 do CCEO);

12. Dever de socorrer a Igreja em suas necessidades — c. 222 (c. 25 do CCEO);

13. Dever de promover a justiça social e a assistência aos pobres — c. 222 (c. 25 do CCEO);

14. Dever de promover o bem comum e o respeito aos direitos de outros — c. 223 (c. 26 do CCEO).

---

[5] Cf. HERRANZ, Julián. Intervento nella presentazione della lettera apostolica in forma di motu proprio *Misericordia Dei* su alcuni aspetti della celebrazione del sacramento della penitenza, Giovedì, 02.05.2002.

[6] Cf. NEDUNGATT, George. Presentazione del CCEO. In: *EV12 — Documenti ufficiali della Santa Sede, 1990*. Bologna, Dehoniane, 1992. p. 899.

2. OS DEVERES E DIREITOS DE FIÉIS PELO BATISMO

Um cânon introdutório (c. 224) lembra que as obrigações e direitos específicos de fiéis pelo batismo — expressão usada aqui para distinguir tais fiéis dos que foram marcados pela ordenação sacramental — pressupõem os deveres e direitos comuns a todas as pessoas fiéis.[7] Deve-se lembrar, também, que as obrigações e direitos de fiéis pelo batismo enumerados nesses cânones (cc. 224-231) não esgotam toda a matéria. São próprios de tais fiéis numerosos outros deveres e direitos dispersos pelo código. A esses direitos correspondem os deveres dos pastores.[8]

O trabalho apostólico e missionário já foi posto como dever de todas as pessoas fiéis no c. 211. Aqui é retomado para ficar claro que é um dever de fiéis pelo batismo, individualmente ou em grupo, como tarefa própria, não supletiva (c. 225 § 1). Há um amplo espaço acessível só a fiéis pelo batismo.[9] O c. 225 § 2 faz referência à ordem das realidades temporais — a família, a sociedade, as instituições públicas, os meios de comunicação social, as relações internacionais, a cultura, a ciência, a técnica, as artes, o trabalho profissional, a economia, o direito, a política, a escola etc. Uma tarefa especial de grande importância para a Igreja e para a sociedade civil é confiada às pessoas casadas (c. 226), seja como marido-mulher, seja como pai-mãe.[10] Durante o Concílio, diz G. Philips, foi comovente o depoimento dos padres da Igreja do Silêncio (na antiga União Soviética) a favor das pessoas fiéis pelo batismo.[11]

O c. 227 reivindica para fiéis pelo batismo uma dupla liberdade em matéria de interesses e atividades temporais: diante do Estado e diante da hierarquia eclesiástica. A cooperação de que fala o c. 228 não se fundamenta simplesmente na escassez de padre. A motivação é essencialmente teológica, pois as pessoas fiéis pelo batismo, bem como os padres e religiosos, são responsáveis pela edificação do Povo de Deus (c. 208) e têm a obrigação de promover e sustentar a atividade apostólica também mediante iniciativas próprias (c. 216) com força no batismo e na crisma.

Excetuados os ofícios que por sua natureza são reservados ao clérigo (cc. 150, 274 § 1), a participação e colaboração de fiéis pelo batismo são previstas nos seguintes casos: ações litúrgicas (cc. 230 § 3, 910 § 2, 943); ministério

---

[7] Cf. JOÃO PAULO II. Exortação apostólica pós-sinodal *Christifideles laici*. AAS 81 (1989) 396. VÁRIOS DICASTÉRIOS. *Instrução acerca de algumas questões sobre a colaboração dos fiéis leigos no sagrado ministério dos sacerdotes.* São Paulo, Paulinas, 1997. CNBB. *Missão e ministérios dos cristãos leigos e leigas.* São Paulo, Paulinas, 1999. Doc. 62.

[8] Cf. CORECCO, E. Fundamentos eclesiológicos do Código do Direito Canônico, cit., p. 23 D.

[9] Cf. *AA*, Introdução, 24. *LG* 31. PAULO IV. *Populorum progressio*, 26.03.1967, n. 81, *Octogesima adveniens*, 14.05.1971, n. 48.

[10] Cf. *AA*, 11. *LG* 11. *GS* 47ss. JOÃO PAULO II. Exortação apostólica pós-sinodal *Familiaris consortio*, 22.11.1981. Cc 774 § 2, 793, 796-798, 835 § 4, 1136, 1154, 1169.

[11] PHILIPS, Gerard. *A Igreja e seu mistério no II Concílio do Vaticano.* São Paulo, Herder, 1968.

da Palavra (cc. 759, 766); catequese (c. 776); missão (c. 785); magistério das ciências sagradas (c. 229 § 3); celebração do sínodo diocesano (cc. 460, 463 § 2); exercício do poder de governo (c. 129 § 2); cuidado pastoral das paróquias (c. 517 § 2); assistência aos matrimônios (c. 1112); ação missionária propriamente dita (c. 784); administração dos bens eclesiásticos (cc. 494, 1282); ofícios de cúria: chanceler, notário (c. 482); atividade judiciária dos tribunais eclesiásticos: juiz (c. 1421 § 2), assessores-consultores (c. 1424), auditores (c. 1428 § 2), promotores de justiça e defensores do vínculo (c. 1435). Não se pode esquecer da necessidade de formação e discernimento adequados neste assunto (c. 231).[12] A tais participação e cooperação são admitidas, em geral, as mulheres. Os ministérios de leitor e acólito, conferidos estavelmente e considerados também como degraus para as ordens sacras (c. 230 § 1), são reservados exclusivamente aos batizados do sexo masculino. Isto não contradiz o princípio da igualdade entre as pessoas fiéis, visto que não se trata de direitos, mas de funções e tarefas, algumas com caráter sacramental.

3. OS MINISTROS SAGRADOS OU FIÉIS PELO BATISMO/ORDEM

O conceito de clérigo no atual código (cc. 207 § 1 e 266 § 1) é diferente do apresentado no código de 1917 (c. 108 § 1). A reforma foi feita por Paulo VI, em 15 de agosto de 1972, na carta apostólica *Ministeria quaedam,* que reestruturou as chamadas ordens menores, de instituição eclesiástica, a saber: ostiariato, leitorado, exorcistado, acolitado, subdiaconado; aboliu a primeira tonsura e conservou, por lei geral, só duas ordens menores — leitorado e acolitado —, a serem chamadas de ministérios, podendo ser conferidos também a fiéis leigos. Ficou também estabelecida a entrada no estado clerical pelo diaconado — transitório ou permanente.

Embora a ordem não seja sinônimo de estado clerical, com a reforma o clérigo passou a ser também ministro sagrado, que, conforme o c. 1008, é a pessoa fiel assinalada com o caráter indelével do sacramento da ordem, consagrada e enviada a apascentar o Povo de Deus, na pessoa de Cristo Cabeça. Ordenado para o serviço.

O título III do Código de 1983 é dedicado aos ministros sagrados e compreende quatro capítulos. Trata da formação dos clérigos (cc. 232-264), da incardinação do clérigo, ou seja, sua pertença a uma determinada igreja particular ou instituto de vida consagrada ou sociedade de vida apostólica (cc. 265-272), das obrigações e os direitos dos clérigos (cc. 273-289) e da perda do estado clerical[13] (cc. 290-293). Estado clerical não é a mesma coisa que

---

[12] VÁRIOS DICASTÉRIOS. *Instrução acerca de algumas questões sobre a colaboração dos fiéis leigos no sagrado ministério dos sacerdotes.* São Paulo, Paulinas, 1997. pp. 47s.

[13] AMENTA, Pietra. La dispensa dagli obblighi della sacra ordinazione e la perdita dello stato clericale. *Periódica* 88 (1999) 331-359. DE PAOLIS, Velasio. "Amissio status clericalis". *Periodica* (1993) 251-282.

ordenação sacramental, de modo que, em tese, alguém não ordenado poderia fazer parte do estado clerical e alguém, mesmo ordenado, não fazer.

O c. 207 diz que existem na Igreja, por desejo de Deus, dois modos fundamentais de participação na missão de Cristo, confiada por ele à mesma Igreja e, conseqüentemente, existem dois estados de vida: o clerical e o laical, a que se acrescenta, por instituição eclesiástica, o estado dos religiosos, em sentido amplo, formado tanto de fiéis pelo batismo/ordem (sacerdócio ministerial) como de fiéis pelo batismo (sacerdócio comum).

Não ignoramos, porém, que se trata de um problema muito discutido. Não só acerca da natureza, mas da própria existência dos estados — clerical e laical.[14] Quanto à existência, tanto o código precedente como o Vaticano II e o novo código falam expressamente dela. Trata-se, então, de uma existência de fato que também tem seu valor teológico.

Acerca da natureza dos estados, há duas tendências, que partem de duas perspectivas eclesiológicas diversas: uma personalista ou ontológica e outra social ou funcional. Para a primeira, há uma diferença estrutural na ordem do ser entre os dois estados. Para a segunda, a diferença está na ordem do agir, enquanto a ordenação é o meio de conferir um serviço público na Igreja.

As duas tendências podem ser consideradas complementares e estreitamente conexas. A diferença entre os dois estados é tanto ontológica como funcional, sendo esta fundamentada naquela, enquanto o agir segue o ser (isto sob o aspecto teológico, pois sob o aspecto jurídico o estado clerical indica uma categoria de pessoas às quais a Igreja reconhece, em seu ordenamento, determinados deveres e direitos. Desse estado, a pessoa pode ser demitida, mesmo permanecendo ministro sagrado). No ordenamento anterior, faziam parte do estado clerical também os ministros não ordenados e até os que recebiam a tonsura (fim do primeiro ano de teologia).

Teologicamente, diz-se que não há diferença no sacerdócio de Cristo, sempre uno e indivisível. A diferença está no modo de participar (pelo batismo ou pelo batismo/ordem) nesse sacerdócio. A ordem coloca alguns fiéis a serviço do sacerdócio comum. Em síntese, a diferença consiste nisto: a) o sacerdócio ministerial tem a sua raiz na sucessão apostólica e é dotado de um poder sagrado, que consiste na faculdade e na responsabilidade de agir na pessoa de Cristo Cabeça e Pastor; b) esse sacerdócio torna os ministros sagrados servidores de Cristo e da Igreja, mediante a proclamação autori-

---

[14] Cf. CNBB. Doc. 62, cit., nn. 104ss. Para uma reflexão sobre o conceito de hierarquia, cf. J. Ratzinger, *O sal da terra — O cristianismo e a Igreja católica no limiar do terceiro milênio — Uma entrevista com Peter Seewald*. Trad. de Inês Madeira de Andrade. Lisboa, Multinova 1997. p. 150. Cf. também: FORTE, Bruno. *A Igreja, ícone da Trindade — Breve eclesiologia*. Trad. de Marcos Marcionilo. São Paulo, Loyola, 1987. p. 25 (onde o autor sugere a mudança do binômio hierarquia-laicato para comunidade-carismas e ministérios).

zada da Palavra de Deus, a celebração dos sacramentos e o governo pastoral das pessoas fiéis.[15]

O código precedente inseria o tema da formação dos clérigos no título sobre os seminários, na parte IV do livro III, dedicado ao magistério da Igreja. A nova colocação permite ver mais claramente que a formação deve ser integral, não só doutrinal, mas humana, espiritual, pastoral, litúrgica e ascética. Os documentos fundamentais para esse tema são *Optatam totius* e *Presbyterorum ordinis,* do Concílio Vaticano II; a exortação apostólica póssinodal *Pastores dabo vobis,* do papa João Paulo II; o *Catecismo da Igreja Católica,* nn. 875, 876, 1538, 1547, 1576, 1581, 1592; a *Diretriz fundamental da formação sacerdotal,* da Congregação para a Educação Católica, de 1970 (posteriormente revista e atualizada conforme o CIC/83); o *Diretório para a vida e ministério dos presbíteros,* de 31.01.1994, da Congregação para o Clero. No Brasil, o doc. 55 da CNBB: *Formação dos presbíteros da Igreja no Brasil — Diretrizes básicas,* 1995. Há outros documentos que chamam a atenção para aspectos específicos como a família, o ecumenismo e outros.[16]

A formação dos presbíteros é dever e direito próprio e exclusivo da Igreja (c. 232).[17] A Igreja segue o código para admitir ou não os candidatos aos seminários. Sobre a admissão dos alunos ao seminário (c. 241), a CNBB publicou um importante decreto,[18] motivada por uma Instrução da Congregação para a Educação Católica, sobre os que saem de um seminário e pedem ingresso noutro.

---

[15] Cf. Vários Dicastérios. Op. cit., p. 14.
[16] Por exemplo: CEC e CC. Normas fundamentais para a formação do diácono permanente e diretório do ministério e da vida dos diáconos permanentes. CEC. *Diretrizes sobre a formação dos seminaristas acerca dos problemas concernentes ao matrimônio e à família.* Roma, 1995. CC. O presbítero, mestre da palavra, ministro dos sacramentos e guia da comunidade em vista do terceiro milênio, 19.03.1999. *L'Osservatore Romano,* 24.07.1999 (edição portuguesa). PCPUC. *A dimensão ecumênica na formação dos que trabalham no ministério pastoral.* São Paulo, Paulinas, 1998.
[17] Uma questão que poderia ser colocada, na prática, referente a este dever-direito da Igreja é a seguinte: alguém, não admitido num seminário, por ser portador do vírus da Aids, vai ao tribunal civil com ação penal contra a Igreja. Até que ponto a exclusividade do direito da Igreja na admissão dos candidatos às ordens tem força perante o poder civil? Semelhante é o caso de um ex-seminarista que recorre à justiça do trabalho para obter indenização por trabalhos prestados. Este é, por exemplo, um campo em que seria oportuno algum acordo entre a Santa Sé e o governo brasileiro. No Brasil, a diocese é personalidade jurídica de direito público externo. Isto quer dizer que essa personalidade jurídica não é dada pelo Estado, mas reconhecida por ele. Para ser reconhecida como personalidade jurídica, a diocese simplesmente apresenta a bula de sua criação e seu estatuto, que, no caso, seria o código. Cf. Silva Martins Filho, Ives Gandra da (coord.) *Manual do trabalho voluntário e religioso — Aspectos fiscais, previdenciários e trabalhistas.* São Paulo, LTr, 2002. pp. 25s. Embora se deva fazer uma atualização do parecer a seguir, nós o citamos para possível aprofundamento da questão: cf. *Direito e Pastoral* 34 (1997) 49-50.
[18] CEC. Instrução às conferências episcopais sobre a admissão no seminário dos candidatos provenientes de outros seminários ou famílias religiosas. *Comunicado Mensal* 504 (1996). CNBB. Decreto geral legislativo sobre a admissão de egressos ao seminário. *Osib Informa,* nov. 1997.

O c. 233 trata da pastoral vocacional. Acerca dos seminários, tratam os cc. 234-235, o c. 237 (que fala dos seminários diocesanos e interdiocesanos), o c. 238 (da personalidade jurídica eclesial) e os cânones 239 e seguintes (da direção do seminário). Os aspirantes ao diaconado permanente devem formar-se adequadamente (c. 236).

Sobre a incardinação, o c. 265 enuncia um princípio normativo fundamental, pelo qual não se admite um clérigo acéfalo ou vagante. Há várias formas de incardinação. A primeira, chamada de incardinação originária, pode dar-se em diversas hipóteses, segundo o c. 266, a saber:

a) ordenação de um clérigo secular, admitido ao serviço de uma Igreja particular — mediante o diaconado, é incardinado à referida Igreja (§ 1);

b) ordenação de um clérigo secular, admitido ao serviço de uma prelazia pessoal — mediante o diaconado, é incardinado à referida prelazia (§ 1);

c) ordenação de um professo de votos perpétuos em um instituto religioso — mediante o diaconado, ele é incardinado, como clérigo, ao referido instituto (§ 2);

d) ordenação de um membro de sociedade de vida apostólica, incorporado definitivamente nesta — mediante o diaconado ele é incardinado na referida sociedade, a não ser que as constituições estabeleçam diversamente (§ 2), e as normas das duas últimas hipóteses valem também para o instituto ou sociedade de direito diocesano;

e) ordenação de um membro de instituto secular — mediante o diaconado, ele é incardinado como clérigo na Igreja particular para cujo serviço foi admitido, a não ser que fique incardinado no próprio instituto, por concessão apostólica (§ 3).

A segunda forma de incardinação é chamada de derivada formal e está regulada no c. 267; acontece quando há um documento de excardinação dado pelo bispo ou superior depois da comprovação da existência de um documento de incardinação. A terceira forma de incardinação é apresentada no c. 268 e é a chamada incardinação derivada pelo mesmo direito, que assume três hipóteses:

a) o clérigo secular, transferido legitimamente da própria Igreja particular para outra, é incardinado pelo mesmo direito nesta outra, sob algumas condições;

b) o clérigo secular que é admitido num instituto de vida consagrada ou numa sociedade de vida apostólica que tenha a faculdade de incardinar os seus membros clérigos — com a admissão perpétua ou definitiva no referido instituto ou sociedade — é, pelo mesmo direito, excardinado da sua diocese e incardinado no instituto ou sociedade;

c) o clérigo incardinado em um instituto religioso ou numa sociedade de vida apostólica, o qual obtém o indulto de deixar o instituto ou a sociedade e é acolhido para experiência numa diocese pelo bispo do lugar, transcorridos cinco anos, sem que o bispo o dispense, fica incardinado pelo mesmo direito na diocese que o acolheu. Deve-se observar, ainda, sobre essa matéria, que há condições prescritas para a liceidade da incardinação e da excardinação (cc. 269s). O transferimento para outra Igreja particular é regulamentado no c. 271 e as faculdades do administrador diocesano são regulamentadas no c. 272.

O código abre o capítulo sobre as obrigações e direitos dos clérigos evocando o dever de respeito, obediência (c. 273) e disponibilidade (c. 274) para com a Autoridade Eclesiástica. O c. 275 expressa o desejo de que haja união e colaboração entre os clérigos, uma vez que trabalham juntos na construção do Corpo de Cristo. É sempre mais viva e necessária, para o padre, a consciência de ser membro de um presbitério. Também esse cânon lembra aos clérigos o dever de reconhecerem e promoverem a missão das pessoas fiéis pelo batismo. Costuma-se dizer que o presbítero não é a síntese dos ministérios, mas exerce o ministério da síntese e da unidade. Chamado à santidade, como toda a Igreja, os clérigos dispõem de vários meios de santificação (c. 276).[19] O c. 277 apresenta a disciplina sobre o celibato.[20] Subjazem a essa legislação os seguintes princípios de antropologia cristã, conforme falamos no início de nosso estudo: a) a sexualidade, que é componente dinâmico fundamental da pessoa. Vista em relação aos órgãos genitais, diz-se genitalidade. O controle da vontade sobre a genitalidade chama-se continência e é uma virtude humana, seja no matrimônio, seja fora dele; b) a castidade, virtude humano-cristã, é o dom de Deus pelo qual a pessoa integra a sexualidade numa vida de amor oblativo. O projeto humano abre-se para o projeto de Deus. Então o celibato é visto e deve ser vivido como dom especial.

O c. 278 proclama o direito de associação dos clérigos. A formação permanente, como exigência espiritual, intelectual e pastoral para os clérigos, é indicada no c. 279. O c. 280 incentiva a vida em comum — pensemos numa

---

[19] Sobre o dever da homilia, uma interpretação autêntica sobre o c. 767 § 1 foi dada, em 20.06.1987, pelo PCITL em *AAS* 79 (1987) 1.249. Cf. AA.VV. *Comentario exegético al Código de Derecho Canónico*. 3. ed. Navarra, Eunsa, 2002. v. V, p. 237.

[20] Apresentamos uma comparação entre o código latino e o oriental:

CIC/83	c. 247 § 1	c. 277	c. 291	c. 599	c. 1394 § 1	c. 1395	c. 1394 § 2	c. 1387
CCEO/91	c. 346 § 1,n. 8	cc. 373s	c. 396	[–]	c. 1453 § 2	c. 1452 § 1	c. 1453 § 3	c. 1458

CEC. *Diretrizes sobre a formação dos seminaristas acerca dos problemas concernentes ao matrimônio e à família*. Roma, 1995. CC. O presbítero, mestre da palavra, ministro dos sacramentos e guia da comunidade em vista do terceiro milênio, 19.03.1999. *L'Osservatore Romano*, 24.07.1999 (edição portuguesa).

paróquia ou várias paróquias muito próximas. É, sem dúvida, grande o benefício da convivência, na amizade presbiteral, dos párocos, vigários paroquiais, diáconos numa mesma casa. O c. 281 trata da remuneração adequada dos clérigos e da devida assistência social. A simplicidade de vida, c. 282, é apresentada como conformidade ao Cristo Pastor. O c. 283 trata do dever de residência e do direito a férias. No c. 284, apresenta-se a disciplina sobre o traje eclesiástico, onde reaparece o apelo à simplicidade e cuidado com tudo o que denote vaidade.[21] Em linguagem bastante genérica, o c. 285 fala de coisas inconvenientes, alheias, proibidas ao estado clerical. Caberá ao bispo diocesano, no discernimento de cada caso, indicar que são estas coisas, ficando proibidos por este cânon o exercício de cargos públicos que implicam a participação nos poderes civis legislativo (deputados etc.), executivo (prefeitos etc.) e judiciário. O c. 286 fala da atividade comercial proibida aos clérigos. A promoção da paz e da concórdia, fundamentadas na justiça, é um importante dever dos clérigos (c. 287). A essa obrigação, o mesmo c. 287 associa a proibição de filiação partidária e direção de sindicatos.[22] Sobre o serviço militar e os cargos públicos estranhos ao estado clerical, o c. 289 regulamenta. Para os diáconos permanentes, c. 288, a normativa é particular.[23]

Quanto à perda do estado clerical, o que se deve observar é o seguinte: no c. 290, enuncia-se um princípio dogmático-jurídico, a saber: uma vez recebida validamente, a ordem nunca se torna nula. Não se fala mais de redução ao estado laical. Há três modalidades de perda do estado clerical: pela declaração da nulidade da ordenação; por punição; por graça concedida pela Santa Sé. O efeito da saída do estado clerical, quanto ao celibato, é regulado no c. 291 e, quanto aos outros deveres e direitos, no c. 292. A readmissão ao estado clerical (c. 293) é possível.

Acerca da dispensa da obrigação do celibato, há uma normativa particular dada pela Congregação para a Doutrina da Fé e pela Congregação para o Culto Divino e Disciplina dos Sacramentos. Fundamentalmente, o processo consta de alguns depoimentos, documentos e uma carta do interessado dirigida ao papa. O pedido do clérigo deve ser acompanhado do voto do juiz instrutor e do bispo.[24]

Quanto à demissão penal do estado clerical, as principais normas são as seguintes: a) a pena da demissão prevista no c. 1336 § 1, n. 5 não pode ser

---

[21] Para esclarecimentos acerca do valor vinculante do art. 66 do Diretório para o ministério e a vida dos presbíteros, publicado pela CC e aprovado pelo papa, cf. *Communicationes* 27 (1995) 192-194.
[22] Cf. CDF. Nota doutrinal sobre algumas questões relativas à participação e ao comportamento dos católicos na vida política, 24.11.2002.
[23] Cf. CEC e CC. Normas fundamentais para a formação do diácono permanente e diretório do ministério e da vida dos diáconos permanentes.
[24] Cf. CHIAPPETTA, L. *Il Codice di Diritto Canonico — Commento giuridico pastorale*. Napoli, Dehoniane, 1988. v. I, p. 373.

estabelecida por lei particular nem por preceito penal: cc. 1317 e 1319 § 1; b) não pode ser uma pena *latae sententiae*, ou seja, automática: c. 1336 § 2; c) por si, requer-se um tribunal colegial, formado de três juízes, reprovado qualquer costume contrário: c. 1425 § 1, n. 2. Casos em que é prevista a pena: delito de apostasia, heresia ou cisma (c. 1364 § 2), profanação das espécies sagradas (c. 1367), violência física contra o papa (c. 1370 § 1 e 1397), tentativa de matrimônio (c. 1394 § 1), pecados contra o sexto mandamento (c. 1395).

O Pontifício Conselho para a Interpretação dos Textos Legislativos da Igreja deu uma declaração sobre a celebração da Santa Missa por sacerdotes casados dirigida às pessoas fiéis católicas em 15 de maio de 1997, nestes termos, aproximadamente:

> *Visto que em alguma nação um grupo de fiéis, invocando o prescrito no c. 1335, segunda parte, do Código de Direito Canônico, pediu a celebração da Santa Missa a sacerdotes que atentaram matrimônio, perguntou-se a este Pontifício Conselho se é lícito a um fiel ou comunidade de fiéis pedir, por causa justa, a celebração dos sacramentos ou dos sacramentais a um clérigo que, tendo atentado matrimônio, tenha incorrido na pena de suspensão* latae sententiae *(cf. c. 1394 § 1), a qual, porém, não foi declarada.*

Esse Pontifício Conselho, depois de atento e ponderado estudo da questão, declarou que tal modo de agir é totalmente ilegítimo e fez notar quanto segue:

1. O atentado matrimônio, por parte de uma pessoa investida na ordem sagrada, constitui grave violação de uma obrigação própria do estado clerical (cf. c. 1087 do Código de Direito Canônico e c. 804 do Código dos Cânones das Igrejas Orientais) e, por isso, determina uma situação de objetiva inidoneidade para o desempenho do ministério pastoral, segundo as exigências disciplinares da comunhão eclesial. Tal ação, além de constituir um delito canônico, cuja perpetração faz com que o clérigo incorra nas penas enumeradas no c. 1394 § 1 e c. 1453 § 2 CCEO, comporta automaticamente a irregularidade para exercer as ordens sagradas, nos termos do c. 1044 § 1, n. 3, e c. 763 § 2 CCEO. Essa irregularidade tem natureza perpétua e, portanto, é independente também da remissão das eventuais penas.

Como conseqüência, fora da administração do sacramento da penitência a um fiel que se encontre em perigo de morte (cf. c. 976 CIC e c. 725 CCEO), ao clérigo que tenha atentado matrimônio não é lícito de modo algum exercer as ordens sagradas e, nomeadamente, celebrar a eucaristia; nem os fiéis podem legitimamente pedir por qualquer motivo, a não ser em perigo de morte, o seu ministério.

2. Além disso, mesmo que a pena não tenha sido declarada — o que, aliás, o bem das almas aconselha neste caso concreto, eventualmente por

meio do procedimento abreviado estabelecido para os delitos certos (cf. c. 1720 § 3 CIC) –, no caso suposto não existe a justa e razoável causa que legitima o fiel a pedir o ministério sacerdotal.

Com efeito, tendo em conta a natureza desse delito, que, independentemente das suas conseqüências penais, comporta uma objetiva inidoneidade para exercer o ministério pastoral, e visto também que, no caso concreto, é bem conhecida a situação irregular e delituosa do clérigo, faltam condições para identificar a causa justa a que se refere o c. 1335 CIC. O direito dos fiéis aos bens espirituais da Igreja (cf. c. 213 CIC e c. 16 CCEO) não pode ser concebido de modo a justificar uma semelhante pretensão, a partir do momento que esses direitos devem ser exercidos dentro dos limites e no respeito das normas canônicas.

3. Quanto aos clérigos que perderam o estado clerical, segundo a norma do c. 290 CIC e c. 394 CCEO, e que tenham ou não contraído matrimônio após uma dispensa do celibato pelo Romano Pontífice, sabe-se que lhes é proibido o exercício do poder de ordem (cf. c. 292 CIC e c. 395 CCEO). Portanto, e salvaguardada sempre a exceção do sacramento da penitência em perigo de morte, nenhum fiel pode legitimamente pedir-lhes um sacramento.

4. FIÉIS NA VIDA CONSAGRADA

Há, desde o início da Igreja, uma maravilhosa variedade de carismas e instituições.[25] Cresce, a partir do Concílio Vaticano II, a consciência de que toda a Igreja é chamada à santidade. Logo a chamada perfeição cristã não é dever exclusivo ou privilégio de uma categoria de fiéis.

A parte III do livro II do atual código é dedicada aos institutos de vida consagrada e às sociedades de vida apostólica.[26] Essa terceira parte é dividida em duas seções. A primeira concernente aos institutos de vida consagrada (cc. 573-730) e a segunda, às sociedades de vida apostólica (cc. 731-746). A primeira subdivide-se em três títulos: a) Normas comuns (cc. 573-606); b) Os institutos religiosos (cc. 607-709);[27] c) Os institutos seculares (cc. 710-730).

Os institutos religiosos têm como elementos característicos: a profissão dos conselhos evangélicos, mediante votos de caráter público, feitos oficial-

---

[25] Cf. *PC* 1. João Paulo II. Exortação apostólica pós-sinodal *Vita consecrata*. Sobre a vida consagrada e a sua missão na Igreja e no mundo. São Paulo, Paulinas, 1996. n. 31.
[26] Cf. Corecco, E. Fundamentos eclesiológicos do Código de Direito Canônico, cit., p. 22 C. Sobre a organização no Brasil, cf. Ceris, *Anuário católico do Brasil 2003*, Rio de Janeiro, 2003.
[27] Uma interpretação autêntica sobre os cânones 700, 705-707 foi dada, em 17.05.1986 e 23.05.1988, pelo PCITL em *AAS* 78 (1986) 1323s; *AAS* 80 (1988) 1819. Cf. AA.VV. *Comentario exegético al Código de Derecho Canónico*, cit., v. V, p. 237.

mente diante de Deus e recebidos como tais pela Igreja; a vida comum; uma separação do mundo, como sinal e testemunho externo da própria consagração a Cristo e à Igreja (c. 607).

Nos institutos seculares, por sua vez, não há votos públicos, mas somente vínculos sagrados, determinados pelas constituições (c. 710): votos privados — mas não meramente tais, porque aprovados pela Igreja —, juramentos, promessas de perseverança; não há a obrigação da vida comum, dado que os membros vivem nas comuns situações do mundo ou sozinhos, ou na própria família, ou em grupos de vida fraterna, conforme as constituições (c. 714), dando a Cristo e à Igreja um testemunho que é pessoal, conservando a secularidade própria do instituto.

Nas sociedades de vida apostólica, enfim, a emissão dos votos e a profissão dos conselhos evangélicos não são um elemento essencial, embora de fato, em algumas sociedades, os membros assumam os conselhos evangélicos com um certo vínculo definido nas constituições. Há a obrigação da vida comum (c. 731). Conseqüentemente, as sociedades de vida apostólica são afins aos institutos de vida consagrada, mas não tais em sentido próprio, ou seja, jurídico.

No CIC/17, o livro II — sobre as pessoas — era dividido em três partes: os clérigos, os religiosos e os leigos. A parte sobre os religiosos compreendia as associações de fiéis, aprovadas pela competente autoridade eclesiástica, cujos membros, vinculados por voto público de obediência, de castidade e de pobreza, propunham-se, vivendo em comunidade, tender à perfeição evangélica (cc. 487 e 488, n. 1). Em razão dos votos, tais associações distinguiam-se em ordens — onde os votos públicos, emitidos oficialmente nas mãos da Igreja, eram solenes — e congregações — onde os votos públicos eram simples (cc. 488, n. 2, e 1308 §§ 1-2).

Além das associações religiosas propriamente ditas, o CIC/17 reconhecia também as associações masculinas e femininas cujos membros, como os religiosos, tendiam também para a perfeição cristã e viviam em comum, mas não eram ligados pelos tradicionais votos de obediência, pobreza e castidade. De tais associações de vida comum sem votos, o CIC/17 tratava só no título 17, o último dos referentes aos religiosos, dedicando-lhes, quase como apêndice, somente nove cânones (cc. 673-681). Não se falava, ainda, dos institutos seculares, pois a primeira normativa sobre estes veio na constituição apostólica *Provida mater Ecclesia*, de 02.02.1957.

O que é comum aos institutos de vida consagrada está relacionado nos cc. 573-606 e refere-se, em primeiro lugar, ao conceito e à finalidade da vida consagrada na Igreja (c. 573);[28] ao estado de vida consagrada (c. 574); aos conselhos evangélicos (cc. 575s); ao seguimento de Cristo (c. 577) e ao patrimônio dos institutos (c. 578); ao poder de erigir um instituto (c. 579); à

---

[28] Cf. JOÃO PAULO II. Exortação apostólica pós-sinodal *Vita consecrata*, cit., n. 62.

agregação, divisão, fusão, união, supressão, federação ou confederação de institutos (cc. 580-585); à legítima autonomia de que gozam (c. 586);[29] às constituições e normas posteriores (c. 587); à distinção entre institutos clericais e laicais, de direito diocesano ou de direito pontifício (cc. 588s).[30] A relação entre institutos e a Santa Sé é regulamentada nos cc. 590-593, ressaltando-se a particular reverência e obediência para com o Romano Pontífice (c. 590); a isenção da jurisdição do ordinário do lugar (c. 591); o relatório a ser enviado para a Santa Sé (c. 592) e a observância das normas emanadas pela Sé Apostólica (c. 592). Os institutos de direito pontifício dependem diretamente da Santa Sé, quanto à disciplina interna (c. 593). Quanto aos institutos de direito diocesano (c. 594), a competência do bispo da sede principal (casa-mãe) é definida no c. 595.

O poder nos institutos e sociedades (cc. 596 e 732) é dúplice, ou seja, o poder pessoal (dos superiores internos) e o poder colegial (dos capítulos). Nos institutos religiosos clericais de direito pontifício, os superiores e os capítulos têm também o poder eclesiástico de regime (poder de jurisdição, conforme os cc. 134 e 596 § 2). Dada a delimitação clara no cânon, ficam sem tal poder os institutos de vida consagrada não religiosos, ou seja, os institutos seculares, mesmo se clericais e de direito pontifício; os institutos laicais, mesmo de direito pontifício; e os institutos de direito diocesano também ficam fora da consideração do c. 596.

O c. 597 fala das condições para a admissão num instituto de vida consagrada, pressupondo-se a vocação divina a que outros cânones também se referem (cc. 574 § 2, 602, 646, 652 etc.). A determinação dos conselhos evangélicos é prevista no c. 598. Os três cânones seguintes referem-se à castidade (c. 599), à pobreza (c. 600) e à obediência (c. 601). A vida e a comunhão fraterna são a matéria do c. 602.

Os cc. 603s tratam da vida eremítica e da ordem das virgens. E os cc. 605s elencam as normas referentes à aprovação de novas formas de vida consagrada e à igualdade dos institutos masculinos e femininos. O CCEO se refere à consagração das viúvas (c. 570 do CCEO).[31]

Convém referir aqui algumas normas ainda de índole geral, tais como: os institutos, províncias e casas têm, conforme a constituição, a personalidade jurídica pelo próprio direito (cc. 634 § 1, 741 § 1); pelo seu especial carisma de testemunhar o Evangelho, os membros dos institutos de vida consagrada sejam convidados para o seu anúncio (c. 758); muito oportuna é a participação deles, conforme o próprio instituto, na ação missionária (c. 783) e a colaboração na catequese paroquial (c. 776); a pessoa que é membro de institutos de vida consagrada e de sociedade de vida apostóli-

---

[29] Idem, ibidem, n. 49.
[30] Idem, ibidem, n. 60.
[31] Idem, ibidem, nn. 7 e 12.

ca, conforme as constituições, está obrigada à liturgia das horas (c. 1174 § 1); a incardinação dos membros clérigos segue a norma do c. 265; a participação dessas pessoas no conselho pastoral está prevista no c. 512 § 1; sua participação está prevista no sínodo diocesano, no c. 463 § 1, n. 5, e § 2; as associações dirigidas ou assistidas pelos institutos de vida consagrada ou sociedades de vida apostólica devem prestar ajuda ao apostolado da diocese (c. 311); a visita canônica da parte do bispo diocesano é regulada nos cc. 397, 628 §§ 2-3, 806 § 1.

A regulamentação específica para os institutos religiosos está nos cc. 607-709,[32] distribuída em oito capítulos, assim intitulados: as casas religiosas e a sua ereção e supressão (cc. 608-616); o governo dos institutos (cc. 617-640: os superiores[33] e os conselhos, os capítulos[34] e os bens temporais); a admissão dos candidatos e a formação dos membros (cc. 641-661); as obrigações e os direitos dos institutos e dos seus membros (cc. 662-672);[35] o apostolado dos institutos (cc. 673-683); a separação dos membros (cc. 684-704);[36] os religiosos eleitos ao episcopado (cc. 705-707); as conferências dos superiores maiores (cc. 708s).[37]

Os cc. 710-730 tratam dos institutos seculares,[38] indicando seus elementos característicos (cc. 710-716); o governo dos institutos e a administração dos bens patrimoniais (cc. 717-719); a admissão no instituto (cc. 720s); a prova inicial (c. 722); a incorporação e a formação permanente (cc. 723-725). As normas sobre a separação dos membros do instituto são quase as mesmas referentes aos religiosos. São previstas cinco hipóteses: a) separação do instituto no término da incorporação temporária; b) durante a incorporação temporária; c) durante a incorporação perpétua; d) demissão do instituto; e) passagem a outro instituto (cc. 726-730).

A atividade das sociedades de vida apostólica desenvolve-se nos campos mais variados: missionário, educacional, promocional, caritativo etc. O conceito e os elementos característicos delas estão indicados no c. 731. O c. 732 indica as normas que são comuns com os institutos de vida consagrada. As normas próprias das sociedades de vida apostólica são indica-

---

[32] Idem, ibidem, n. 65.
[33] Idem, ibidem, n. 43.
[34] Idem, ibidem, n. 42.
[35] Idem, ibidem, n. 59.
[36] Uma interpretação autêntica sobre o cânon foi dada, em 20.06.1987, pelo PCITL em *AAS* 79 (1987) 1249. Cf. AA.VV. *Comentario exegético al Código de Derecho Canónico*, cit., v. V, p. 236.
[37] Cf. João Paulo II. Exortação apostólica pós-sinodal *Vita consecrata*, cit., n. 53. Sobre a participação, de modo estável, dos superiores religiosos na Conferência dos Bispos, o Conselho Pontifício para a Interpretação dos Textos Legislativos foi consultado por uma congregação, que, por ocasião do reconhecimento dos estatutos de certa conferência, viu-se diante dessa dúvida. A resposta foi dada no dia 30 de novembro de 1996: cf. *Communicationes* 29 (1997) 236-238.
[38] Cf. João Paulo II. Exortação apostólica pós-sinodal *Vita consecrata*, cit., n. 32.

das nos cc. 733-746. Outras normas, dispersas no código, referentes às sociedades são, especialmente: a) a ação missionária (c. 784); b) colaboração na catequese paroquial (c. 776); c) participação no concílio particular (c. 443 § 3, n. 2); d) a faculdade de confissão nas sociedades clericais de direito pontifício (cc. 968 § 2, 969 § 2); e) o direito ativo e o passivo na eleição do conselho presbiteral (c. 498 § 1, n. 2); f) o domicílio e o quase-domicílio dos membros (c. 103); g) a concessão de cartas dimissórias (c. 1019 § 1); h) a obrigação da liturgia das horas (c. 1174 § 1); e outras.

Diferente das formas de vida consagrada e das sociedades de vida apostólica é a temática referente às associações de fiéis. Os cânones 215 e 278 proclamam o direito de livre associação e reunião de todas as pessoas fiéis. São vários os tipos de associações existentes (c. 298 § 1). As associações privadas são definidas no c. 299 e as públicas, no c. 301. Todas elas, para serem reconhecidas, devem ter estatutos revisados pela autoridade eclesiástica (cc. 304 § 1, 299 § 3[39]). O c. 309 diz que é competência das associações legitimamente constituídas definir as normas referentes ao regimento, reuniões, diretoria, funcionários. Todas as associações estão sujeitas à vigilância da autoridade competente (c. 305).

Tais associações podem adquirir personalidade pública na Igreja. O c. 113 constata a existência de pessoas jurídicas na Igreja. O modo de constituição destas é indicado no c. 114 e a distinção, no c. 115, segundo o qual podem ser sociedades (corporações, associações) e fundações. O c. 116 define a pessoa jurídica pública e privada. O modo de aquisição da personalidade é indicado nos cânones 116 § 2 e 117. Quanto à duração e à extinção de pessoas jurídicas, a regra é o c. 120. Uma associação privada, conforme o c. 310, pode ser ou não pessoa jurídica, e uma associação pública sempre é pessoa jurídica (c. 313). A fundação de associação numa diocese é regulamentada no c. 312 § 2.

Tendo sido definida a associação pública (c. 301), os cânones 312 e 314 indicam a autoridade competente para erigi-la e aprovar seus estatutos. Ela recebe a missão para agir em nome da Igreja (c. 313). A sua capacidade de iniciativa é medida pelo c. 315. O c. 317 determina quem confirma, institui ou nomeia a diretoria e o assistente eclesiástico. Nos §§ 3-4 do mesmo cânon é indicado quem pode ser da diretoria. Uma eventual intervenção da autoridade é prevista no c. 318. Segundo o c. 319, uma associação deve prestar contas da administração. Em caso de supressão, deve ser seguido o c. 320.

Sobre as associações privadas, o c. 322 indica quem aprova seus estatutos e dá-lhes personalidade jurídica. Acerca da autonomia de que gozam trata o c. 323. Os cânones 321 e 324 § 1 determinam, respectivamente, a diretoria e a escolha desta. A escolha de um conselheiro espiritual é livre

---

[39] Uma interpretação autêntica sobre o cânon foi dada, em 20.05.1987, pelo PCITL em *AAS* 80 (1988) 1818. Cf. AA.VV. *Comentario exegético al Código de Derecho Canónico,* cit., v. V, p. 241.

(c. 324). A administração dos bens é autônoma (c. 325). Em caso de extinção e supressão, sejam seguidas as normas do c. 326.[40]

Resumindo

• *Num contexto de direitos humanos feridos, as pessoas fiéis, em comunidade, não podem tornar-se reivindicadoras de direitos individuais absolutizados, mas promotoras da vida, dos direitos das outras pessoas.*

• *Os três cânones fundamentais, que servem de moldura para a lista de deveres e direitos das pessoas fiéis, ressaltam, fundamentalmente, a igualdade (208), a comunhão (209), o bem comum na Igreja e o direito dos outros (223).*

• *Chamamos pessoas fiéis pelo batismo o que o código chama de leigos. Trata-se de um modo específico de participar da missão de Cristo, com deveres e direitos próprios, além daqueles de todas as pessoas fiéis.*

• *Chamamos pessoas fiéis pelo batismo/ordem o que o código denomina ministro sagrado ou clérigo, que, além do batismo, colocaram-se, por vocação e graça de Deus, num serviço ordenado na Igreja.*

• *A Igreja é chamada, nestes últimos tempos, como sempre o foi na história, a discernir a rica variedade de consagração a Deus, ou seja, as novas formas de vida consagrada na Igreja.*

• *As pessoas fiéis podem associar-se, segundo as várias finalidades indicadas na legislação. Tais associações podem adquirir a personalidade jurídica na Igreja e não significam, automaticamente, uma forma de vida consagrada.*

Perguntas para reflexão e partilha

1. Que se diz no texto a respeito dos direitos humanos fundamentais no âmbito cristão?

2. Como você experimenta sua condição cristã eclesial em termos de direitos e deveres?

3. Que estratégias pastorais correspondem melhor à visão aqui apresentada dos deveres e direitos das pessoas fiéis na Igreja?

---

[40] QUEIROGA, Gervásio Fernandes de. Normas jurídico-canônicas mais importantes sobre associações de fiéis e pessoas jurídicas. *Comunicado Mensal da CNBB*. 1985. pp.1633-1638.

Bibliografia

ANDRÉS GUTIÉRREZ, Domingo Javier. *Os superiores religiosos e o código — Guia para os súditos e superiores.* Trad. de Martin Segú Girona. São Paulo, Paulinas, 2003.

BEYER, Jean. *Los institutos de vida consagrada hacia un nuevo derecho.* Madrid, BAC, 1978.

CNBB. *Missão e ministérios dos cristãos leigos e leigas.* São Paulo, Paulinas, 1999. Doc 62.

CONGREGAÇÃO PARA A EDUCAÇÃO CATÓLICA E CONGREGAÇÃO PARA O CLERO. *Normas fundamentais para a formação dos diáconos permanentes — Diretório do ministério e da vida dos diáconos permanentes.* 22 de fevereiro de 1998.

DE PAOLIS, Velasio. *La vita consacrata nella Chiesa.* Bologna, Dehoniane, 1992. Col. Diaconia del Diritto.

FAUS, José I. González. *Direitos humanos, deveres meus — Pensamento fraco, caridade forte.* Trad. de padre João Resende Costa. São Paulo, Paulus, 1998.

JOÃO PAULO II. Exortação apostólica pós-sinodal *Christifideles laici*. Sobre vocação e missão dos leigos na Igreja e no mundo, 30.12.1988. *AAS* 81 (1989) 396.

_____. Exortação apostólica pós-sinodal *Pastores dabo vobis. AAS* 84 (1992) 657-804.

_____. Exortação apostólica pós-sinodal *Vita consecrata.* Sobre a vida consagrada e a sua missão na Igreja e no mundo, 25.03.1996.

Capítulo sexto

O REINO E OS MEIOS DA AÇÃO EVANGELIZADORA DA IGREJA

Para exercitar

Neste capítulo, em que começamos a tratar dos meios de evangelização, propomos o seguinte exercício:

- Elaborar uma apresentação teatral com base no texto que segue.
- Que estratégias usar para libertar os acorrentados de suas "imagens falsas"?
- Qual o critério de garantia da "imagem verdadeira" das coisas?
- Fazer a aplicação à relação Cristo-Reino-Igreja.

Imagine um grupo de pessoas que habitam o interior de uma caverna subterrânea. Elas estão de costas para a entrada da caverna e acorrentadas no pescoço e nos pés, de sorte que tudo o que vêem é a parede da caverna. Atrás delas ergue-se um muro alto e por trás desse muro passam figuras de formas humanas sustentando outras figuras que se elevam para além da borda do muro. Como há uma fogueira queimando atrás dessas figuras, elas projetam sombras bruxuleantes na parede da caverna. Assim, a única coisa que as pessoas da caverna podem ver é esse "teatro de sombras". E como essas pessoas estão ali desde que nasceram, elas acham que as sombras que vêem são a única coisa que existe.

Imagine agora que um desses habitantes da caverna consegue libertar-se daquela prisão. Primeiramente, ele se pergunta de onde vêm aquelas sombras projetadas na parede da caverna. Depois consegue libertar-se dos grilhões que o prendem. Que você acha que acontece quando ele se vira para as figuras que se elevam para além da borda do muro? Primeiro, a luz é tão intensa que ele não consegue enxergar nada. Depois, a precisão dos contornos das figuras, de que ele até então só vira as sombras, ofusca a sua visão. Se ele conseguir escalar o muro e passar pelo fogo para poder sair da caverna, terá mais dificuldade ainda para enxergar em virtude da abundância de luz. Depois de esfregar os olhos, porém, ele verá como tudo é bonito. Pela primeira vez verá cores e contornos precisos; verá animais e flores de verdade, de que as figuras na parede da caverna não passavam de imitações baratas. Suponhamos, então, que ele comece a perguntar-se de onde vêm os animais e as flores. Ele vê o Sol brilhando no céu e entende que o Sol dá vida às flores e aos animais da natureza, assim como também era graças ao fogo da caverna que ele podia ver as sombras refletidas na parede.

Agora, o feliz habitante das cavernas pode andar livremente pela natureza, desfrutando da liberdade que acaba de conquistar. As outras pessoas que ainda continuam lá dentro da caverna, contudo, não lhe saem da cabeça. E por isso ele decide voltar. Assim que chega lá, ele tenta explicar aos outros que as sombras na parede não passam de trêmulas imitações da realidade. Ninguém acredita nele. As pessoas apontam para a parede da caverna e dizem que aquilo que vêem é tudo o que existe. Por fim, acabam matando-o.[1]

Se, por um lado, a relação de Jesus e Moisés é um tema central de Mateus, também a relação de Jesus e o Reino é fundamental para o mesmo evangelista.[2] A Igreja é o "germe e o início" do Reino na terra (*LG* 5). Há uma ligação íntima entre Cristo, o Reino e a Igreja.

O Reino de Deus, que conhecemos pela revelação, não pode ser separado de Cristo nem da Igreja [...] Se separarmos o Reino de Jesus, ficaremos sem o Reino de Deus por ele pregado, acabando por se distorcer quer o sentido do Reino, que corre o risco de se transformar numa meta puramente humana ou ideológica, quer a identidade de Cristo, que deixa de aparecer como Senhor, a quem tudo se deve submeter. De igual modo, não podemos separar o Reino da Igreja. Ela certamente não é fim em si mesma, uma vez que se ordena ao Reino de Deus, do qual é princípio, sinal e instrumento. Mesmo sendo distinta de Cristo e do Reino, a Igreja, todavia, está unida indissoluvelmente a ambos.[3]

---

[1] GAARDER, Jostein. *O mundo de Sofia*: romance da história da filosofia. Trad. de João Azenha Jr. São Paulo, Companhia das Letras, 1995. pp. 104s.
[2] Cf. LIBANIO, J. B. *Crer num mundo de muitas crenças e pouca libertação — Teologia fundamental*. São Paulo, Paulinas-Valencia, Siquem, 2003. p. 97.
[3] JOÃO PAULO II. Carta encíclica *Redemptoris missio*, n. 18. *AAS* 83 (1991) 249-340. Citado por CDF. Declaração *Dominus Iesus*. Sobre a unicidade e a universalidade salvífica de Jesus Cristo e da Igreja. pp. 29ss.

Tomemos a categoria "reino" para fundamentar nossa reflexão agora que vamos chamar a atenção para os meios de evangelização presentes nos atuais códigos de Direito Canônico.[4] Como anunciar-celebrar-construir o Reino? Libertar-se libertando... São estes os três aspectos da única missão que a Igreja de Cristo tem para realizar neste mundo: anunciar (múnus de ensinar), celebrar (múnus de santificar), construir (múnus de reger) o Reino.

A estrutura jurídica da Igreja encontra sentido e fundamento na sua atividade missionária e evangelizadora. O direito eclesial, ao mesmo tempo que define os direitos e deveres das pessoas fiéis e comunidades, determina as regras do exercício dos meios de que a Igreja dispõe para cumprir a sua missão, a saber: o ofício de governar, o ofício de ensinar e o ofício de santificar. Vamos ocupar-nos, agora, de dois destes ofícios, a saber: governar e ensinar. Como se trata de uma introdução ao estudo do Direito Canônico, os temas abordados nesta parte serão apenas anunciados rapidamente, como fizemos também no capítulo anterior, quando consideramos os agentes da evangelização. Isso vai exigir do leitor uma consulta freqüente aos códigos.

1. O MÚNUS DE ENSINAR

O Cristo confiou uma missão à Igreja. Essa missão foi considerada, no Concílio Vaticano II, em três perspectivas, chamadas de três múnus ou ofícios, a saber: múnus de santificar, múnus de dirigir a comunidade e múnus de ensinar. Dentre eles, o Concílio aponta para o de ensinar como sendo o primário.[5] A mudança metodológica realizada pelo código, que consagrou um livro para o múnus de ensinar, outro para o de santificar e um conjunto de cânones ao poder de governar, não quer indicar a separação desses múnus, mas, pelo contrário, revela uma vontade de conservar a unidade na íntima articulação desses três ofícios, que o c. 204 apresenta como um tríplice múnus de Cristo do qual todas as pessoas batizadas participam.

Não se pode procurar no CIC, em seu livro III, uma exposição completa da doutrina atual da Igreja sobre todos os aspectos do ministério eclesial de ensinar. Essa doutrina aparece em outros textos, especialmente nos dos concílios. O código estabelece os estatutos, isto é, os deveres e direitos, reconhecidos ou dados às instituições e às pessoas no exercício deste aspecto da missão de ensinar. Ele o faz parcialmente, determinando os elementos fundamentais do *munus docendi*, deixando a outras instâncias o cuidado de interpretar e de especificar os deveres e os direitos de cada fiel de anunciar o Evangelho.

---

[4] Cf. PROVOST, James H. Estratégias para a aplicação da vida ao direito eclesiástico. *Concilium* 267 (1996) 5.
[5] A fonte da legislação do livro III é o Concílio Vaticano II, sobretudo a constituição dogmática *Dei Verbum*, sobre a revelação divina.

Alguns cânones preliminares fixam a responsabilidade da Igreja inteira quanto ao depósito da fé que lhe foi confiado (cc. 747-755). Depois, cinco títulos apresentam os meios de realização da missão, a saber: o ministério da Palavra de Deus (cc. 756-780); a atividade missionária da Igreja, que é um título novo (cc. 781-792); a educação católica com uma legislação referente às escolas e às universidades (cc. 793-821); a utilização, por parte da Igreja, dos meios de comunicação social,[6] particularmente os livros (cc. 822-832). Finalmente, destaca, no exercício do múnus de ensinar, a obrigação de fazer a profissão de fé e o juramento de fidelidade antes de exercer certas funções oficiais (c. 833).[7]

2. O PODER DE GOVERNAR

A nota de unidade do poder sagrado, como aparece no Concílio, apesar de sua riqueza teológica, não foi trazida tal e qual para o código, pois, na tradição canônica, esta palavra, poder, tem uma carga de significação ambivalente. Assim, o Código de 1983, levando em conta a reflexão teológica dos últimos anos, convida a uma reflexão mais aprofundada das orientações do Concílio Vaticano II à luz da tradição canônica, que distingue entre poder de ordem e poder de jurisdição.[8] Não é fácil, quanto à natureza do

---

[6] PCCS. *Igreja e internet*, 22.02.2002. São Paulo, Paulinas, 2002. Col. Documentos da Igreja — 6. IDEM. *Ética na internet*. São Paulo, Paulinas, 2002. Col. Documentos da Igreja — 7.

[7] O c. 747 retoma a expressão depósito da fé (1Tm 6,20), já utilizada no c. 1322, § 1 do CIC/17, abrindo a apresentação da legislação do novo código sobre este assunto. O dever da Igreja de guardar a verdade revelada ou a revelação, sob forma escrita ou por tradição (*DV* 8-10), é acompanhado do dever de perscrutar mais profundamente essa verdade, de anunciá-la e de apresentá-la fielmente. A Igreja está certa da assistência do Espírito Santo, que garante sua infalibilidade no exercício de seu múnus de ensinar (*LG* 12). O código não fala diretamente da infalibilidade da Igreja. Essa noção fundamental forma a moldura para explicação e compreensão dos cânones 750 e seguintes referentes às formas de expressão do magistério infalível. O c. 750 do CIC/83 foi remodelado, pela carta apostólica *Ad tuendam fidem*, preenchendo-se uma lacuna na lei, do seguinte modo: "§ 1 — Deve-se crer com fé divina e católica em tudo o que está contido na Palavra de Deus escrita ou transmitida [pela Tradição], a saber, no único depósito da fé confiado à Igreja, e que, ao mesmo tempo, é proposto como divinamente revelado pelo magistério solene da Igreja ou pelo seu magistério ordinário e universal; isto se manifesta na adesão comum dos fiéis sob a guia do magistério sagrado; por isso, todos estão obrigados a evitar quaisquer doutrinas contrárias. § 2 — Deve-se ainda firmemente aceitar e acreditar em tudo o que é proposto de maneira definitiva pelo magistério da Igreja em matéria de fé e costumes, isto é, em tudo o que se requer para conservar santamente e expor fielmente o depósito da fé, opõe-se, portanto, à doutrina da Igreja católica quem rejeita tais proposições consideradas definitivas. Como conseqüência, ficou mudada também a redação do c. 1371, § 1, ao qual foi acrescentada a citação do c. 750 § 2. Os cânones 598 e 1436 são os correspondentes no CCEO. Cf. JOÃO PAULO II. Carta apostólica *Ad tuendam fidem*, sob a forma de motor-próprio, com a qual são inseridas algumas normas no Código de Direito Canônico e no Código dos Cânones das Igrejas orientais, 18.05.1998. In: *Documentos pontifícios*. São Paulo, Loyola, 1998.

[8] Cf. AA.VV. *Droit canonique*. Paris, Dalloz, 1989. pp. 240ss. CORECCO, E. Fundamentos eclesiológicos do Código de Direito Canônico. *Concilium* 205/3 (1986) 16, 3.

poder de governo, fazer, na prática pastoral da Igreja, essa distinção, que se encontra na origem da noção do poder de ordem e do de jurisdição.

Entre os romanos antigos, o magistrado, pessoa pública, "dizia o direito", daí juris-dição. Quando não podia resolver a causa, transferia-a para o juiz, que era uma pessoa privada. Com isso, jurisdição ganhou uma conotação judicial. Justiniano deu ao termo jurisdição um significado bastante amplo, compreendendo todo o poder de reger a comunidade. No Direito Canônico, atribui-se a Gregório Magno o fato de ser o primeiro a usar o termo no sentido que lhe deu Justiniano.[9]

Seguindo o Concílio, o código faz uma distinção entre ofício e poder. Por ofício (múnus) entende-se uma participação, pela ordem, no poder sagrado de Cristo, mas não ainda apta para agir. Para que o ofício seja um poder pronto para atuar, é necessária uma determinação canônica, ou seja, a nomeação para um serviço na Igreja, por parte da autoridade hierárquica.

Para o ofício-poder de ensinar e o ofício-poder de santificar, há, no atual CIC/83, dois livros distintos. Era de se esperar o livro equivalente ao múnus de governar. Não há. O código dedica somente o título VIII do livro I ao poder (e não ao ofício) de governo. No entanto, em diversos lugares no código, o múnus e o poder de pastorear são necessariamente tratados: por exemplo, no livro II, sobre o Povo de Deus, quanto à constituição hierárquica da Igreja; no livro V, sobre os bens temporais; no livro VI, sobre as sanções; no livro VII, sobre os processos. A matéria desses livros consiste em aplicações diretas do poder de governo. Pareceu necessário, porém, agrupar as regras gerais do governo da Igreja no livro I, que comporta, além de certas disposições muito gerais,[10] também a definição das fontes do direito[11] e a regulamentação dos ofícios eclesiásticos.[12]

Quanto aos titulares do poder de governo, fica evidenciado que o exercício de tal poder compete a todas as pessoas fiéis batizadas, cada uma dentro de sua condição jurídica e conforme sua vocação eclesial. Há, no c. 129 § 1, a afirmação de um princípio dogmático-jurídico, a saber: existe na Igreja, por vontade de Cristo, o poder de governo que é próprio da Igreja constituída como sociedade visível. Sua finalidade é levar as pessoas fiéis e a

---

[9] Cf. NAZ, R. Juridiction. In: *Dictionnaire de droit canonique.* Paris, Librairie Letouzey et Ané, 1954. pp. 223ss; também juridiction ecclesiastique (Histoire de la), pp. 236ss.
[10] Relativas aos atos jurídicos (título VII), às pessoas em geral (título VI), à prescrição (título X), à contagem do tempo (título XI). O livro I comporta também seis cânones preliminares que definem o campo de aplicação do código, ou seja, seu valor jurídico perante a disciplina vigente na Igreja quando ele foi promulgado. O mesmo acontece com o CCEO.
[11] Títulos de I a V.
[12] Título IX. As regras para a provisão do ofício constituem uma das manifestações do exercício do poder de governo (c. 147).

comunidade aos objetivos próprios da comunidade eclesial, a saber: a salvação integral das pessoas.[13]

Sobre as modalidades do exercício do poder de governo, as regras gerais são apresentadas nos cc. 130ss. No c. 130, a noção de foro é estritamente canônica. No Direito Romano significava lugar dos negócios, das lides, âmbito do exercício do poder. No direito da Igreja, o termo tem essa última significação e, em sentido mais estrito, é o âmbito do exercício do poder judicial. O foro externo é o público, em que se requerem as formalidades e provas. O interno chama-se também oculto, pois não trabalha com provas jurídicas. É um instituto canônico, nem sempre presente nos direitos civis. O exercício do poder de governo é para o foro externo; às vezes, só para o interno, como, por exemplo, a dispensa de um impedimento oculto (c. 1079 § 3). No antigo c. 196, identificava-se o foro interno com foro da consciência, seja sacramental (no sacramento da penitência), seja fora do sacramento. Lembremo-nos do segundo princípio que orientou a elaboração do atual CIC/83 e seu comentário no capítulo segundo.

O poder de regime chama-se ordinário quando, pelo próprio direito, está unido a algum ofício; chama-se delegado quando é concedido a uma pessoa não mediante um ofício. O poder de regime ordinário pode ser próprio ou vicário, se é exercido em nome próprio ou de outro. Por exemplo: o bispo tem poder ordinário próprio; o vigário-geral tem poder ordinário vicário; o pároco tem poder ordinário próprio; o vigário judicial tem poder ordinário vicário. E o prelado da prelazia pessoal? Tem poder ordinário próprio. Tal poder de regime é exercido levando-se em conta o relacionamento hierárquico, conforme fala o c. 139. O exercício do poder delegado é regulado nos cc. 131ss.

Guardada a unidade do poder, que é poder de Cristo, na Igreja, quando se fala do poder de regime costuma-se distingui-lo em legislativo, executivo e judiciário. Não são poderes autônomos e independentes, nem muito menos em confronto e competição (c. 135). O poder legislativo é o poder episcopal de dar leis à comunidade eclesial aos fins específicos dessa comunidade.[14] O poder executivo é o poder de governar a comunidade eclesial, subordinado ao poder legislativo. A diferença específica está nessa subordinação. O poder judiciário é o poder de decidir com autoridade uma controvérsia. Repetimos: não se pode esquecer que distinção não quer dizer separação. Dada a natureza da Igreja, o poder que existe nela é um só. É o poder de Cristo, que veio para servir. Não há aqui autonomia de poderes, nem oposição entre eles, como pode haver nas nações.

Quem, na Igreja, tem o poder legislativo (não supremo), c. 135 § 2, é o bispo diocesano (cc. 381 § 1, 391 § 1) e os equiparados a ele (c. 381 § 2).

---

[13] Cf. *UR* 2, §§ 2-4. CICat 908-913. Cf. também AA.VV. *Droit canonique*. Paris, Dalloz, 1989. pp. 243s.
[14] Cf. *LG* 27, § 2.

Também os concílios particulares (c. 445) e as conferências dos bispos, quando o direito universal o prescrever (c. 455 § 1).[15] Essa é uma faculdade que não pode ser delegada. Nos institutos religiosos clericais de direito pontifício, segundo o direito próprio (c. 596, § 2) e igualmente nas sociedades de vida apostólica (cc. 732, 734), há o poder de jurisdição legislativo.

Quanto ao poder judicial, deve ser exercido segundo as normas do direito, contidas no livro VII do CIC/83. Não pode ser delegado.

O poder executivo, diz o c. 136, até fora do território pode ser exercido em relação às pessoas fiéis sob a jurisdição de quem o exerce, mesmo que elas estejam ausentes do território. Pode ser exercido também em relação aos forasteiros que se encontram de fato no território, se se tratar de concessão de favores ou de execução de leis universais ou de leis particulares, às quais eles estão obrigados, de acordo com o c. 13 § 2, n. 2. Diz o c. 138 que o poder executivo ordinário e o poder delegado para todos os casos devem ser interpretados largamente. Os outros, estritamente (c. 18).

A Igreja supre o poder de governo — não supre o poder de ordem ou de ensino. O princípio é o seguinte: no momento de exercitar um poder que não tem, a pessoa o recebe da Igreja, dentro de algumas condições. Assim, ela não age sem poder, pois a Igreja lho concede no momento. Por exemplo, eu, pároco, não me dou conta de que minha provisão venceu e continuo a assistir matrimônios. Nesta situação, em virtude do c. 144, a Igreja supre a carência do poder de regime e o matrimônio será válido quanto ao requisito da jurisdição. A razão desse c. 144 é a utilidade da comunidade. As condições estão claramente indicadas no cânon: a) erro — não é só a ignorância, mas a audácia dela que formula um juízo (falso juízo = erro). O termo comum indica que deve ser um erro da comunidade, não da pessoa que pratica o ato. O erro pode ser de fato, se o falso juízo acontece; ou pode ser de direito, se o falso juízo aconteceria caso a comunidade conhecesse o fato. Assim, por exemplo, eu chego a uma igreja sem faculdade para ouvir confissões; estando a igreja vazia, eu me assento, vem uma senhora fervorosa e pede a confissão. Esse é um erro de direito, chamado também virtual, potencial ou presumido, porque, se a igreja estivesse cheia, toda a comunidade acharia que eu, como padre, tenho um poder que, de fato, não tenho; b) dúvida — trata-se de uma situação subjetiva, em que a atenção volta-se para quem pratica o ato. Enquanto o erro é da parte da comunidade, a dúvida é da pessoa que exerce o poder. Por exemplo, eu sei que não tomei posse, mas não conheço a lei, não sei se é necessária a tomada de posse

---

[15] Uma interpretação autêntica sobre o cânon foi dada, em 5 de julho de 1985, pelo PCITL em AAS 77 (1985) 771. Cf. AA.VV. *Comentario exegético al Código de Derecho Canónico*. 3. ed. Navarra, Eunsa, 2002. v. V, p. 235. Cf. também: João Paulo II. Carta apostólica *Apostolos suos*, sob a forma de moto-próprio, acerca da natureza teológica e jurídica das conferências dos bispos, 21.05.1998.

para exercitar o poder, ou, então, eu sei que ela é necessária, mas duvido se tomei posse. A dúvida deve ser positiva e provável, ou seja, fundada em razões reais e sérias. Por exemplo: há uma carta do bispo dizendo que tenho o poder, mas a carta não está assinada, nem carimbada.

A dúvida pode ser tanto de direito, isto é, a respeito da lei (por exemplo, não sei quais são as normas para a concessão do poder), como de fato (por exemplo, não sei se pedi a delegação, parece-me que o vigário me escreveu uma carta concedendo o poder, mas não sei...). Segundo Chiappetta, a dúvida de direito refere-se à existência da lei, ou à sua interpretação, ao seu conteúdo. Por exemplo, quando a aplicação da norma naquele determinado sentido é discutida entre os próprios canonistas; a dúvida de fato refere-se, em vez, ao fato concreto de uma circunstância particular, a saber: se a faculdade de ouvir confissões está valendo ou não, se um fiel está em perigo de morte realmente ou não, para a aplicação do c. 976.[16] Frisemos bem que neste caso da dúvida tanto o direito como o fato são objeto dela; no erro, porém, não. O erro não é sobre o fato ou sobre a lei, mas fundado no fato. A norma do c. 144 é aplicada às faculdades de ouvir confissão, assistir matrimônios e celebrar a confirmação.

3. OS OFÍCIOS ECLESIÁSTICOS

O poder de regime é exercido mediante um trabalho determinado, em comunhão eclesial. Esse encargo se chama ofício eclesiástico. Segundo o c. 145, há quatro elementos importantes para a definição do ofício eclesiástico: 1) Múnus: diferentemente do c. 204, onde múnus significa o tríplice ofício, neste cânon múnus significa qualquer encargo. 2) Constituído estavelmente: ou seja, objetivamente. Mesmo sem ter um titular, o ofício continua a existir. 3) Por disposição divina ou eclesiástica. 4) Para uma finalidade espiritual: ou seja, dentro dos fins da Igreja.[17] O segundo parágrafo deste cânon é novo e fala da definição de obrigações e direitos próprios do encargo.

Os cc. 146-183 falam da provisão do ofício. Primeiro, da necessidade da provisão canônica (c. 146); depois, das formas de provisão (c. 147); em seguida, da autoridade competente para dar a provisão (c. 148) e do sujeito idôneo para o ofício (c. 149). Não se exige mais, como no código precedente, que seja a pessoa mais idônea. Os cc. 150-156 falam da provisão em geral. Depois, são tratadas as várias formas de provisão: livre colação (c. 157); apresentação (cc. 158-163); eleição (cc. 164-179); postulação (cc. 180-183).

---

[16] Cf. CHIAPPETTA, L. *Il Codice di Diritto Canonico — Commento giuridico pastorale.* Napoli, Dehoniane, 1988. v. I, p. 199.
[17] Cf. *UR* 2, §§ 2-4.

A perda do ofício é tratada nos cânones 184-196 e pode acontecer de várias formas: por renúncia (cc. 187-189); por transferência (cc. 190-191); por destituição (cc. 192-195); e por privação (c. 196). O CIC/83 trata da prescrição nos cânones 197-199 e da contagem do tempo nos cânones 200-203.

3.1. Ação das pessoas fiéis

Curiosamente, não existe, apesar de se usar freqüentemente, uma noção de ato jurídico no código; ela é só presumida. Esse conceito depende do que se entende por direito e pela relação entre foro interno e externo na Igreja. Não se pode esquecer que os atos jurídicos eclesiologicamente mais fundantes são os sacramentos, cuja força jurídica vinculante é soteriológica.[18] Situando-nos na perspectiva em que graça e natureza estão intimamente unidas, a partir da encarnação, a compreensão desses conceitos provenientes do Direito Romano, como, por exemplo, ato jurídico, será de grande ajuda, desde que, trazidos para o âmbito eclesial, sejam reinterpretados à luz da fé cristã.

O termo ato aparece no CIC/83, às vezes, sem qualificação, mas trata-se, obviamente, de ato jurídico (cc. 10 e 13 § 2, n. 2). Aparece também com qualificações variadas: ex.: administrativo, ou seja, do poder de governar (cc. 16 § 3,35ss), colegial (c. 119), jurídico (cc. 86,128,638 § 2), de culto (c. 1219) etc.

Pode-se definir o ato jurídico como ato da pessoa, livre e voluntário, ao qual a lei reconhece determinados efeitos jurídicos. Embora sejam usados de modo indiscriminado, há pequenas diferenças entre os conceitos de ato, fato e negócio jurídico. Também ao fato jurídico a lei reconhece particulares efeitos jurídicos, mas o fato é um acontecimento puramente natural e necessário, como, por exemplo, o nascimento, a morte, um fenômeno da natureza, a idade atingida para se ter maioridade. O que distingue o fato do ato jurídico é a vontade. O ato depende da vontade. Trata-se, então, de um ato humano interno; eis uma das diferenças entre o Direito Canônico e os direitos civis: para nós, mais importante é o ato interno, o ato de vontade, sem o qual há somente uma aparência de ato. Entre ato e negócio jurídico também há uma diferença, à medida que no negócio propriamente dito os efeitos reconhecidos pela lei são desejados, isto é, procurados pela pessoa, que, por sua vez, age nesta intenção. No ato jurídico, os efeitos são produzidos pela lei, independentemente da intencionalidade da pessoa. Assim, por exemplo, uma pessoa que canta na Igreja: pelo fato de cantar não faz, propriamente, nem um ato jurídico, nem um negócio jurídico. Uma omissão, a que a lei reconhece algum efeito, pode ser também um ato jurídico. O ato jurídico distingue-se do ato ilícito, que é um ato voluntário contra a lei.

---

[18] CORECCO, E. Art. cit., p. 14.

Como exemplos de fato jurídico podemos citar o batismo, que, segundo o CIC/17, criava um parentesco espiritual entre o que realizava o ato e a pessoa batizada, mesmo se o ministro não considerasse esse efeito. O mesmo sacramento, legitimamente celebrado, traz como conseqüência a adscrição a uma Igreja ritual, embora tal efeito possa não ser querido diretamente por quem busca o batismo (c. 111 e 849). A moradia efetiva por três meses numa paróquia faz com que a pessoa adquira aí o quase-domicílio, mesmo que ela não tivesse essa intenção (c. 102 § 2).

Como exemplos de atos jurídicos podemos apresentar: a celebração de um contrato, um ato de doação, um testamento, a renúncia de um direito, um decreto de nomeação ou remoção. Poderíamos dizer que há atos jurídicos públicos, ou seja, próprios do exercício do poder de reger a comunidade, como os atos administrativos gerais e singulares; e há atos jurídicos privados, como, por exemplo, os contratos e os negócios.

Os cânones 124-128 aplicam-se, então, a todos os atos da pessoa fiel, considerados em sentido amplo. Os fatos, atos e negócios jurídicos são uma espécie, entre outras, da ação da pessoa fiel na Igreja. A ação litúrgica, catequética, missionária nem sempre é jurídica no sentido estrito.

Os requisitos para que seja válido o ato jurídico são indicados no c. 124 § 1. Esse ato deve ser convenientemente praticado quanto ao externo (c. 124 § 2). O CIC/83 indica também os chamados vícios do ato jurídico, ou seja, aquelas circunstâncias que comprometem a validade do ato. São elas: a violência ou força física (c. 125 § 1); o medo e o dolo (c. 125 § 2); a ignorância e o erro (c. 126). Quanto aos atos praticados pela autoridade pública, lembramos que alguns precisam do consentimento ou do conselho de outras pessoas físicas ou jurídicas — a falta desse consentimento-conselho (c. 127) pode comprometer até a existência do ato. No c. 128, o CIC/83 fala da reparação de danos provenientes de atos jurídicos.

As normas detalhadas para cada ato jurídico (por exemplo, o matrimônio), a provisão de um ofício eclesiástico e a venda de bens eclesiásticos serão estabelecidas oportunamente, quando se tratar desses temas.

4. ATOS DO PODER LEGISLATIVO

Os atos próprios do poder de regime legislativo são as leis, que, entre as chamadas fontes do direito, têm a prioridade no CIC/83 (cc. 7-22).[19] Duas importantes características da lei eclesiástica são a eqüidade canônica (c. 19) e a epiquéia. Na aplicação da lei, a eqüidade faz com que não haja uma atitude rígida, justa demais, mas uma ação que combina justiça e graça. Isto vale para o juiz, para o superior e para todos os que estão sob a lei —

---

[19] Cf. o que foi dito, no capítulo 2, acerca de lei eclesiástica.

justiça demais é injustiça (Ecl 7,15ss). Na interpretação da lei, o equilíbrio e a moderação devem estar sempre presentes. Ainda na evolução da lei vemos que a eqüidade faz com que as leis se adaptem às circunstâncias que mudam; é assim que a lei progride através do tempo. O c. 19 fala não de qualquer eqüidade, mas da eqüidade canônica, que deve ter — e tem de fato — maior abertura, moderação e tolerância do que aquela civil. A eqüidade canônica — que é um sentido superior de justiça, fruto e expressão da caridade — cumpre a sua função também na hipótese de lacuna da lei. Henrique de Susa, glosador canonista (†1271), definiu a eqüidade como justiça temperada pela doçura da misericórdia. A epiquéia é uma norma subjetiva da consciência, que, com seu juízo íntimo, se considera desculpada da observância da lei em casos e circunstâncias particularmente difíceis (cf. cc. 1323, n. 4, e 1324, § 1, n. 5). Diz respeito mais à moral que ao direito.

Ainda falando da aplicação da lei, é importante atender a alguns princípios: primeiro, a irretroatividade da lei canônica (c. 9), que é um princípio consagrado pelo Direito Romano e recebido tradicionalmente não só pela legislação canônica, mas também pelas legislações civis modernas. Com isso se afirma que as leis, por si, referem-se ao futuro, não ao passado. Uma tal norma tem a sua motivação nas exigências da eqüidade, à medida que uma sã política legislativa tem a obrigação de tutelar devidamente os fatos e os atos jurídicos colocados sob a vigência de leis anteriores e impedir que estejam sujeitos à instabilidade e incertezas, com grave dano para a própria coletividade, além do prejuízo aos indivíduos. O princípio, porém, não pode ser absoluto; ele, de fato, cede diante das exigências prioritárias do bem comum. O próprio c. 9 estabelece que a retroatividade tem lugar nos casos singulares e expressamente previstos pela lei. Não se admite a retroatividade presumida ou tácita, nem a implícita, é necessária a forma explícita.

Diferente é a questão dos efeitos jurídicos, que, dependendo da vontade do legislador, podem retroagir por ficção do direito. Por exemplo: na sanação em raiz, o matrimônio começa a existir *ex nunc* (= de agora em diante), ou seja, do momento em que se concede a graça, mas os seus efeitos canônicos normalmente têm valor jurídico *ex tunc* (= desse momento em diante), como se o matrimônio tivesse sido realizado validamente desde o início (cc. 1161; 1140). A retroatividade dos efeitos jurídicos não anula, evidentemente, os direitos adquiridos, que permanecem íntegros (c. 4). Em matéria penal, o princípio da irretroatividade tem uma aplicação especial, uma vez que o réu não pode ser punido por força de uma lei que tenha entrado em vigor depois da execução do delito (cf. cc. 221 § 3, 1399, 1313). No direito penal segue-se o que for mais benigno para o réu.

A aplicação do princípio de irretroatividade da lei é pacífica quando a nova lei se encontra diante de atos já realizados, mas se os atos estão ainda pendentes, qual lei deve ser aplicada? Nos casos de pendência, derivantes de um não-cumprimento total do ato, segundo a comum doutrina, a nova lei é que tem eficácia. Assim, uma prescrição iniciada segundo as modalidades e as condições prescritas por uma determinada lei deve concluir-se segundo as novas normas, se estas modificaram as anteriores. Em 1918, perguntou-se à Pontifícia Comissão para a Interpretação do Código de Direito Canônico sobre os casamentos nulos por causa de impedimentos dirimentes existentes antes do código e ab-rogados com a entrada em vigor do mesmo código. Tais matrimônios podiam ser considerados validos por uma eficácia retroativa da nova lei, ou necessitavam da devida dispensa e sanação? Em 2-3 de junho, a PCIC respondeu que os referidos matrimônios não eram válidos por força do novo código e tinham necessidade de regular convalidação. Obviamente, não era mais necessária a dispensa do impedimento canônico, dado que este, com a entrada em vigor do código, não mais existia. À citada resposta é preciso ater-se também hoje para aqueles matrimônios nulos, porque celebrados antes do dia 27 de novembro de 1983 com um impedimento dirimente (por exemplo: o de consangüinidade entre primos segundos), que com o novo código foi suprimido (c. 1091 § 2). No campo do direito matrimonial, entende-se que os cânones 1095, n. 3, e 1097 § 2 têm força retroativa. Esses cânones falam da impossibilidade de assumir as obrigações essenciais do matrimônio por causa de natureza psíquica e do erro de qualidade de pessoa como vícios do consentimento. Sobre o c. 1098, a maioria dos autores admite a retroatividade. Sobre o medo, c. 1103, conferir a resposta autêntica do Pontifício Conselho.[20] Sobre o c. 1102 § 1, não se aceita a retroatividade.[21]

Como síntese, apresentamos o quadro seguinte. Para melhor compreendê-lo, propomos o seguinte itinerário: 1-a-2-b-3-c-4-d-5-e. 1-f-2-g-3-h-4-i-5-j. 1-l-2-m-3-n-4-o-5-p. 1-q-2-r-3-s-4-t-5-u.

1. Se a lei antiga?	2. o efeito é que?	3. Se a lei nova?	4. o efeito é que?	5. Força retroativa?
a) manda algo?	b) o ato é obrigatório	c) proíbe este algo?	d) o ato é ilícito	e) Não se concebe, por exemplo: o c. 153 § 2/17 obrigava o superior a escolher a pessoa mais capaz para um ofício; o c. 149 § 1/8 fala de pessoa capaz. Seria ilícito rejeitar o nome de uma pessoa apresentada para um ofício alegando que existe outra mais capaz

---

[20] Resposta do dia 23 de abril de 1987 em *AAS* 79 (1987) 1132. Cf. AA.VV. *Comentario exegético al Código de Derecho Canónico*, cit., v. V, p. 239.
[21] Idem, ibidem, v. I, pp. 315s.

f) é irritante?	g) o ato é nulo	h) não é irritante?	i) o ato vale	j) diz-se que os efeitos permanecem independentes da lei: c. 170/17, que proibia a pessoa de votar validamente em si mesma. Se o fez antes de 1983, o ato continua nulo. Se o fez depois de 1983, o ato vale.
f) é inabilitante?		h) não é inabilitante?		
l) é penal?	m) há pena	n) não é mais penal?	o) não há mais pena	p) diz-se que cessa a pena anterior: c. 2318/17 que estabelecia a excomunhão reservada à Sé Apostólica para os editores de livros de apóstatas, hereges e cismáticos. O cânon foi abrogado (cf. c. 1313 § 2). Nessa matéria, há força retroativa.
q) dá uma capacidade?	r) é possível agir	s) não a dá mais?	t) não é possível agir	u) diz-se possível continuar a lei anterior: o c. 975/17 estabelecia a idade de 22 anos para o diaconato e 24 para o presbiterato; o c. 1031 §1/83 estabelece 23 e 25, respectivamente. Assim, alguém ordenado diácono com 22 anos, em outubro de 1983, poder-se-ai ordenar presbítero em 1984, com 23 anos, apesar de já vigorar a nova lei.

Para resumir o que fala o c. 10 sobre a *eficácia da lei,* propomos o seguinte quadro:

Lei irritante	Lei inabilitante	Efeito
Propriamente dita: priva o ato de sua eficácia nativa: a) Diretamente: colocando uma cláusula de nulidade (c. 146) b) Indiretamente: exigindo solenidades para a validade (c. 1108 § 1)	Priva a pessoa da capacidade para agir: a) Exigindo qualidade da pessoa para que ela possa agir validamente (c. 1083 § 1)	Ato sem efeito
Impropriamente: requer os elementos constitutivos do ato: a) por direito natural — c. 1057 § 1 b) pelo direito positivo — c. 849 c) pelo direito eclesiástico — c. 654	Exige capacidade da pessoa: a) por direito natural — c. 1084 § 1 b) direito positivo — c. 842 § 1 c) direito eclesiástico — c. 1607	Ato inexistente juridicamente

Sobre a abrangência da lei eclesiástica, que é outra característica dela, devemos dizer que as leis universais são necessariamente pessoais, ou seja, seguem os seus destinatários onde quer que estejam (c. 12 § 1). As leis particulares sejam aquelas emanadas pela autoridade suprema, sejam aquelas emanadas por uma autoridade inferior — podem ser pessoais e territoriais, mas, conforme o c. 13 § 1, presumem-se territoriais. Nas leis territoriais, a territorialidade pode ser: a) absoluta, se a lei diz respeito a todos aqueles que se encontram atualmente no território, atingindo também os peregrinos que estão de passagem (por exemplo: as leis territoriais que tutelam a ordem pública ou determinam as formalidades dos atos jurídicos); b) relativa, caso se refira somente àquelas pessoas que aí têm o domicílio ou o quase-domicílio; c) mista, se ao caráter de territorialidade está unido o da pessoalidade (por exemplo, a norma do c. 1078 § 1, que dá a faculdade ao ordinário do lugar de dispensar dos impedimentos de direito eclesiástico todos aqueles que se encontram atualmente no território de sua competência e os próprios súditos, onde quer que morem.

Diz-se que uma lei cessa (cc. 20-21) *ab extrinseco* (= externamente) quando o próprio legislador a revoga (por ab-rogação, derrogação ou obrogação), ou quando, com o consentimento do legislador (c. 23), afirma-se um legítimo costume *contra legem* (= contra a lei); ou simplesmente quando, sempre com o consentimento do legislador, a lei cai no esquecimento. O cessar da lei será *ab intrinseco* (= internamente) se, por si mesma, a lei perde a sua racionalidade, tornando-se prejudicial, injusta, ferindo os direitos fundamentais humanos e eclesiais, ou moralmente se torna impossível a sua observância, ou ainda simplesmente inútil, pela mudança dos tempos e circunstâncias. Isso, obviamente, para toda a coletividade, ou ao menos para a maior parte dela e por um longo tempo, de modo definitivo, isto é, contínuo e constante.

Outra circunstância em que a lei perde sua força é a chamada dúvida de direito (c. 14). A dúvida pode ser definida como suspensão do juízo entre duas partes contraditórias. A dúvida de direito — *dubium iuris* — é a respeito do sentido, extensão, permanência da lei: será que foi promulgada?; continua ainda?; o que ela ordena?; tal fato vem considerado sob tal lei? etc. A dúvida de fato — *dubium facti* — refere-se à circunstância da qual depende a aplicação da lei: hoje é dia de festa?; este sujeito é batizado?; foi válido o batismo?

Quando cessa a obrigação de cumprir a lei, diante de causas justas, permanecendo, porém, a lei, temos o que se chama dispensa (c. 90), ou seja, relaxa-se a obrigação de seguir a lei no caso particular; o mesmo acontece quando há um privilégio (cc. 76-84); ou quando a pessoa está ausente do território (cc. 12-13).

O c. 15 trata da ignorância e do erro. A ignorância é a falta habitual da ciência devida (se a falta é atual, dizemos inadvertência). O erro é falso juízo positivo sobre alguma coisa. Fato próprio é aquele do qual alguém é sujeito, diversamente o fato alheio. Notório quer dizer aquele fato público ou conhecido pela comunidade, divulgado com evidência. Tem-se a publicidade do direito quando o fato é considerado patente para a comunidade: por exemplo, uma sentença judicial dada; tem-se a notoriedade do direito quando há rumor jurídico: por exemplo, uma censura declarada; opõe-se a oculto ou não-patente para a comunidade, mesmo que seja externo. A ignorância e o erro não impedem o efeito das leis irritantes e inabilitantes, mas o direito pode determinar outra coisa. Seria ofensivo presumir tais situações (c. 15).

Sobre a interpretação da lei eclesiástica, distinguimos: a interpretação autêntica (c. 16),[22] que é aquela que dá o sentido da lei, com autoridade, e a doutrinal (c. 17), que é a que interpreta privadamente a lei. Lei que estabeleça uma pena (c. 1395), restrinja o livre exercício dos direitos (c. 1058) ou contenha uma exceção à lei (c. 932 § 1) deve ser interpretada estritamente (c. 18).[23] Veja o quadro:

---

[22] Várias interpretações autênticas já foram dadas sobre vários cânones pelo PCITL. Cf. AA.VV. *Comentario exegético al Código de Derecho Canónico*, cit., v. V, pp. 233ss.

[23] Para ver uma aplicação do c. 18 na práxis da Cúria Romana, cf. a resposta dada pelo PCITL sobre a absolvição geral sem a prévia confissão individual (cc. 960-961 e 986 § 1 do CIC/83) em *Communicationes* 28 (1996) 177-181.

INTERPRETAÇÃO DA LEI ECLESIÁSTICA: busca o sentido que o legislador quis para a lei		
Em razão do autor e da força da lei	Autêntica	Impõe o sentido autoritativamente: a) a modo de lei; b) a modo de sentença judicial
	Doutrinal	Por pessoa privada
	Usual	Pelo modo de observar a lei na comunidade (costume)
Em razão do objeto da lei	Declarativa	Com outras palavras, dá o sentido objetivamente certo, tendo efeito retroativo
	Explicativa	Resolve um sentido duvidoso objetivamente
Em razão da extensão da lei	Extensiva	Além do sentido amplo. Por exemplo: religioso = também o postulante
	Larga	Dá o sentido máximo próprio. Por exemplo: religioso = também o noviço
	Estrita	Dá o sentido mínimo próprio. Por exemplo: religioso = o que professou
	Restritiva	Abaixo do sentido mínimo ou estrito. Por exemplo: religioso = o professo de votos perpétuos

A suplência da lei é regulada no c. 19 do CIC/83, que já consideramos anteriormente.

Quanto ao costume (cc. 23-28), há quem diga que o reconhecimento dessa fonte de direito, por parte do direito eclesial vigente, é ainda muito tímida.[24] O direito, como norma objetiva, tem uma dupla expressão ou forma: uma escrita, a lei (*ius scriptum*); outra não-escrita, o costume (*ius non scriptum*). Vê-se, pelo menos quantitativamente, que, no CIC/83, a importância maior é dada à lei escrita. Na verdade, porém, o costume tem a sua eficácia normativa e em todas as ordens jurídicas ele é reconhecido como fonte de direito, paralela, ainda que subordinada, à lei. Na ordem jurídica eclesiástica, o costume tem uma importância e um conteúdo muito mais amplo do que nas ordens civis. Essa abrangência maior é uma necessidade que brota da própria natureza da Igreja; dado seu caráter universal, ou seja, sua difusão entre os povos de diferente história e cultura, a Igreja deve levar em conta os diversos costumes, usos e tradições.

Historicamente, o costume foi a primeira fonte do direito. A ciência do direito, quando nasceu no mundo grego, foi chamada de filosofia do costume. Por muitos séculos, em vários povos, o costume foi também a única

---

[24] Cf. CORECCO, E. Art. cit., p. 15 C.

fonte. Na ordem jurídica da Igreja, a primeira fonte normativa foi o direito consuetudinário — salva a lei divina –, cuja coleção importante, entre outras, é a *Didaché* ou *Doutrina dos apóstolos*, composta entre o fim do primeiro século e início do segundo.

O código não define, mas é fácil tirar uma definição para costume do c. 23: é o comportamento de uma comunidade de fiéis que, aprovado pela competente autoridade, adquire força de lei sob determinadas condições.

As condições para que o costume ganhe força de lei: a) Aprovação do legislador competente: é um requisito indispensável, essencial para a validade jurídica do costume — é o elemento constitutivo formal; assume três formas: aprovação expressa (= com um ato formal), aprovação tácita (= pelo comportamento) e aprovação legal (= contida no próprio direito). b) Absoluta conformidade com o direito divino. c) A racionalidade do conteúdo. d) A capacidade e a intencionalidade do sujeito: o c. 25 dispõe que somente uma comunidade capaz de ser destinatária ou sujeito passivo de uma lei propriamente dita — não somente de um decreto ou preceito singular (c. 48) — pode introduzir um costume suscetível de valor jurídico. Qual seria? Falta no código uma determinação. A intenção de que se fala aqui é aquela objetiva social, implícita no próprio costume, e não a soma das intenções subjetivas dos membros da comunidade, o que não seria nem mesmo aceitável. Não importa tanto, por isso, a boa ou má fé, o conhecimento ou ignorância da lei, o erro, causas eximentes ou atenuantes no decorrer do costume. Quando o legislador dá a sua aprovação jurídica ao costume, não está aprovando a má fé ou a desobediência. e) O tempo prescrito.

Merece atenção o fato de o próprio direito admitir, embora pareça não dar tanto valor a isso, a existência e a oportunidade de costumes não só à margem da lei (*praeter ius*), mas até contrários ao direito (*contra ius*).

5. ATOS DO PODER EXECUTIVO

Olhando agora para a dimensão executiva do poder de jurisdição, temos de dizer o seguinte: os atos jurídicos neste campo são chamados de atos administrativos. Logo o ato administrativo é um tipo de ato jurídico público, ou seja, praticado por quem tem, na vida da Igreja, o múnus de liderar a comunidade, pastoreando o Povo de Deus. É uma espécie de ato que tem a sua importância, numa Igreja que, necessariamente, organiza-se como sociedade no mundo, para evangelizar o mundo. Pela primeira vez, esse direito administrativo recebeu, no Código de 1983, uma sistematização orgânica, seguramente não perfeita, mas de relevante utilidade.

No CIC/83, há dúplice série de atos administrativos, a saber: 1) atos administrativos de caráter geral, aos quais é dedicado o título III do livro I: Dos decretos gerais e instruções; 2) atos administrativos singulares ou particulares, dos quais se ocupa o título IV, dividido em cinco capítulos: a) Normas comuns (cc. 35-47); b) Dos decretos e preceitos singulares (cc. 48-58); c) Dos rescritos (cc. 59-75); d) Dos privilégios (cc. 76-84); e) Das dispensas (cc. 85-93).

Em relação aos atos administrativos gerais, dizemos que os decretos gerais (cc. 29-33) indicam uma providência tomada pela autoridade constituída. Se tal autoridade é legislativa e prescreve normas jurídicas, temos o decreto legislativo,[25] como é o caso dos decretos do Concílio Vaticano II. Se a autoridade é executiva e aplica a lei, temos o decreto administrativo ou executivo. Se a autoridade é judiciária, temos o decreto judiciário (c. 1617). O decreto legislativo é sempre geral; o decreto administrativo pode ser tanto geral como particular; o decreto judiciário é sempre particular.

As instruções[26] (c. 34) distinguem-se dos decretos administrativos gerais porque estes têm como destinatários as pessoas que devem observar a lei, enquanto aquelas se destinam às autoridades administrativas inferiores e a todos os que têm o dever e a responsabilidade de cuidar da observância da lei.

Quanto ao ato administrativo singular (cc. 35-93), entendemos que é um ato de governo dado pela autoridade competente no exercício de suas funções e dirigido a indivíduos ou também à comunidade, em casos concretos e particulares. O que distingue esse ato é a singularidade ou a particularidade.

O ato administrativo varia de acordo com a forma e o conteúdo. De acordo com a forma, pode ser: decreto (preceito) e rescrito. O decreto, por si, vem da livre iniciativa da autoridade, enquanto o rescrito supõe, em geral, um pedido prévio. De acordo com o conteúdo, o decreto pode ser uma decisão — se define uma controvérsia (por exemplo, o decreto de separação conjugal, c. 1692 § 1; o decreto que decide um recurso hierárquico, cc. 1734 § 3, n. 2, e 1739) ou se irroga uma pena ou indica uma providência numa situação particular (por exemplo, a concessão da personalidade jurídica a uma associação privada, c. 322). O decreto pode ser também uma provisão — se contém uma nomeação, uma autorização, uma licença, uma negação etc. O preceito é um decreto particular que impõe uma obrigação

---

[25] A CC, em 1991, deu um decreto sobre as missas coletivas, publicado em *Comunicado Mensal* 450 (1991) 416s. As conferências de bispos, quando solicitadas, também dão decretos gerais legislativos (c. 455).

[26] A CEC, em 1996, publicou as Instruções para a admissão no seminário de candidatos provindos de outros seminários ou famílias religiosas em *Comunicado Mensal* 504 (1996) 1891-1894. Vários Dicastérios publicaram, em 1997, a *Instrução acerca de algumas questões sobre a colaboração dos fiéis leigos no sagrado ministério dos sacerdotes*, São Paulo, Paulinas, 1997, col. A Voz do Papa, 154. Também a CC publicou a instrução *O presbítero — Pastor e guia da comunidade paroquial*. São Paulo, Paulinas, 2002. Col. Documentos da Igreja — 10.

ou uma proibição. O rescrito se refere à concessão de privilégios, dispensas e outras faculdades e graças (c. 59 § 1).

6. ATOS DO PODER JUDICIÁRIO

É o livro VII do CIC/83 que reúne as normas referentes ao exercício do poder de regime no seu aspecto judiciário.[27] Poderíamos, a título de informação telegráfica, dizer que o chamado processo contencioso ordinário (cc. 1501-1655) é a referência para todos os processos na Igreja. Entre os processos especiais (cc. 1671-1716), estão os processos matrimoniais (cc. 1671-1707), que compreendem as causas para a declaração de nulidade do matrimônio[28] (cc. 1671-1691), as causas de separação dos cônjuges (cc. 1692-1696), o processo para a dispensa do matrimônio ratificado e não consumado (cc. 1697-1706) e o processo de morte presumida do cônjuge (c. 1707). As causas de canonização seguem um procedimento próprio.[29]

A respeito dos tribunais competentes em geral, o CIC estabelece, pelo c. 1405, que é direito exclusivo do próprio Romano Pontífice julgar: os que têm a suprema magistratura do Estado; os padres cardeais; os legados da Sé Apostólica; os bispos nas causas penais; as outras causas que ele tiver avocado a seu julgamento.

O CCEO estabelece, no c. 1060, que só o Pontífice Romano tem o direito de julgar: os patriarcas e os bispos nas causas penais; as pessoas que estão exercendo a suprema magistratura do Estado; as outras causas que ele

---

[27] JULLIEN, André. *Juges et avocats des tribunaux de l'Église*. Roma, Officium Libri Catholici, 1970. Col. Studia et Documenta Iuris Canonici, I.
[28] GROCHOLEWSKI, Zenon. As causas matrimoniais na realidade de hoje. *Direito e Pastoral* 34 (1997) 7-25. Um matrimônio pode ser nulo por três razões principais, subdivididas, cada uma, em várias outras, conforme o caso concreto em estudo. Primeira: *Por impedimento não dispensado*. Segunda: *Por vício (defeito) no consentimento*: a) Por incapacidade (c. 1095), isto é, por insuficiente uso da razão ou por incapacidade de ponderar responsavelmente as obrigações essenciais do matrimônio ou, finalmente, por incapacidade de assumir as obrigações essenciais do matrimônio. b) Por erro de inteligência ou ignorância, isto é, por ignorância a respeito das obrigações essenciais do matrimônio (c. 1096); por erro a respeito da instituição matrimonial (c. 1099) ou por erro da pessoa na sua identidade físico-psíquica ou nas suas qualidades (c. 1097); por erro doloso, isto é, proposital, para obter o consentimento da outra parte (c. 1098). c) Por vício da vontade, isto é, por simulação do matrimônio (simulação total, quando uma parte ou as duas não querem casar-se, mas usam o matrimônio para obter outros fins, ou simulação parcial, quando uma parte ou as duas excluem algum elemento ou propriedade essencial do matrimônio (c. 1101); por medo ou coação (c. 1103); sob condição (c. 1102). Terceira: *Por defeito (= falta) de forma canônica*: por exemplo, matrimônio perante ministro não-católico, perante o juiz, perante ministro católico sem delegação etc.
[29] VERAJA, Fabijan. *Le cause di canonizzazione dei santi — Commento alla legislazione e guida pratica*. Città del Vaticano, Libreria Editrice Vaticana, 1992.

tiver avocado a seu julgamento. Os bispos orientais que estão fora do território patriarcal (USA, Canadá, América Latina, Europa etc.), porém, nas causas contenciosas, serão julgados pelo tribunal designado pelo Pontífice Romano (§ 2).

7. O PODER DE COERÇÃO

A Igreja é divina e humana. Santa, quanto à sua Cabeça. Necessitada de permanente conversão, quanto a seus membros. A Igreja é comunhão e participação das pessoas que crêem e são batizadas. Toda a pessoa fiel tem deveres e direitos na comunidade eclesial. A moldura de tais direitos e deveres é a seguinte: igualdade fundamental quanto à dignidade; dever de manter a comunhão; igualdade fundamental quanto à atividade; dever de promover o bem comum eclesial. Esses quatro lados da moldura colocam-nos dentro de um horizonte amplo, adequado aos fins da Igreja neste mundo, a saber: evangelizar para a salvação integral de todas as pessoas.

Entre esses deveres-direitos da pessoa fiel está o de não ser punida com penas canônicas, a não ser de acordo com a lei (c. 221 § 3). Na visão de uma Igreja que protege os direitos de cada fiel e promove o bem comum como condição indispensável para o desenvolvimento integral da pessoa humana e cristã, a disciplina penal aparece como um instrumento de comunhão, isto é, como meio de recuperar o bem individual e comunitário, eventualmente perdido pelo comportamento antieclesial, escandaloso e delituoso dos membros do Povo de Deus.

O novo direito penal apresenta-se profundamente renovado, no conteúdo e no espírito. Aparece mais o seu caráter pastoral. As normas jurídicas foram muito simplificadas, graças ao princípio de subsidiariedade e à omissão das definições. Houve uma limitação das penas, graças a uma maior sensibilidade quanto à clemência, eqüidade e caridade cristã.

Notam-se também, no Código de 1983, uma distribuição da matéria mais sistemática e orgânica, uma terminologia mais uniforme e cuidada, uma certa limitação das normas penais ao foro externo, um maior respeito à dignidade da pessoa humana.

O livro VI do CIC/83 trata o assunto em duas partes, a primeira sobre os delitos e as penas em geral (cc. 1311-1363) e a segunda sobre as penas para cada delito (cc. 1364-1399).

8. A ORGANIZAÇÃO DO POVO DE DEUS

Igualmente responsáveis no desempenho da missão da Igreja, graças aos sacramentos, as pessoas fiéis participam a seu modo do desejo mais íntimo de Cristo: que haja vida plena...

Entre essas pessoas, quis o Senhor, que algumas se colocassem num serviço ordenado. Sobre o sentido do serviço hierárquico na Igreja, recordamos aqui o que foi dito pelo cardeal Ratzinger, recorrendo à etimologia da palavra hierarquia.[30] Esta matéria é importante.[31] Ela mereceu, na sugestão de nova sistematização do código feita por padre Ghirlanda, um livro inteiro. Aqui, apresentaremos, simplesmente, os títulos como aparecem no código em vigor. É a segunda parte do livro II do CIC/83. Fala-se aí da constituição hierárquica da Igreja. O assunto é apresentado em duas seções: a primeira sobre a suprema autoridade da Igreja (cc. 330-367) e a segunda sobre as Igrejas particulares e as entidades que as congregam (cc. 368-572).

São cinco os capítulos da seção I: 1º Do Romano Pontífice e do Colégio dos Bispos (cc. 330-341); 2º Do sínodo dos bispos (cc. 342-348); 3º Dos cardeais da Santa Igreja romana (cc. 349-359); 4º Da Cúria romana (cc. 360-361); 5º Dos legados do Romano Pontífice (cc. 362-367).

O título I da seção II é o seguinte: Das Igrejas particulares e da autoridade nelas constituída (cc. 368-430). Sob este título, trata-se das Igrejas particulares (cc. 368-374); dos bispos[32] (cc. 375-411); e da sé impedida e da sé vacante (cc. 412-430).

O título II dessa mesma seção denomina-se As entidades que congregam Igrejas particulares (cc. 431-459) e trata das províncias e regiões eclesiásticas (cc. 431-434); dos metropolitas (cc. 435-438); dos concílios particulares (cc. 439-446); das conferências dos bispos[33] (cc. 447-459). Sobre os cc. 434 e 452, há uma interpretação autêntica dada em 23 de maio de 1988 pelo Pontifício Conselho para Interpretação dos Textos Legislativos.[34]

O título III é sobre a organização interna das Igrejas particulares (cc. 460-572). Abrange os seguintes temas: Do sínodo diocesano (cc. 460-468); da cúria diocesana (cc. 469-494); dos vigários-gerais e episcopais (cc. 475-481); do chanceler e outros notários e dos arquivos (cc. 482-491); do conse-

---

[30] O cardeal Ratzinger, numa entrevista a Peter Seewald, convida a pensar o sentido da palavra hierarquia a partir de sua etimologia. Ele lembra que a palavra *archaé* pode ter dois significados: origem ou poder. Em nosso caso, hierarquia significa não tanto um poder sagrado, mas uma origem sagrada. Cf. RATZINGER, J. *O sal da terra — O cristianismo e a Igreja católica no limiar do terceiro milênio — Uma entrevista com Peter Seewald*. Trad. de Inês Madeira de Andrade. Lisboa, Multinova, 1997. p. 150.
[31] DURAND, Jean-Paul. *Instituições religiosas — Judaísmo, catolicismo, islamismo e Igrejas saídas da reforma*. São Paulo, Paulinas, 2003.
[32] Sobre a obrigação de o bispo residir na diocese (c. 395 do CIC/83), mais precisamente, sobre o preciso significado da determinação do código acerca das exceções previstas no § 2 do c. 395, sobre a contagem do tempo para os que devem estar na conferência dos bispos, veja a resposta do Conselho Pontifício para a Interpretação dos Textos Legislativos, do dia 12.09.1996, em *Communicationes* 28 (1996) 182-186.
[33] JOÃO PAULO II. Carta apostólica *Apostolos suos*. São Paulo, Loyola, 1998.
[34] Cf. AA.VV. *Comentario exegético al Código de Derecho Canônico*, cit., v. V, p. 235.

lho de economia e o ecônomo (cc. 492-494); do conselho dos presbíteros e do colégio dos consultores (cc. 495-502);[35] dos cabidos de cônegos (cc. 503-510);[36] do conselho pastoral (cc. 511-514); das paróquias, dos párocos e dos vigários paroquiais (cc. 515-552);[37] dos vigários forâneos (cc. 553-555); os reitores de igrejas e capelães (cc. 556-572).

Tais estruturas encontram seu sentido no espírito de participação e comunhão segundo o que já apresentamos ao falarmos da fundamentação antropológica e eclesiológica. Será muito oportuno um aprofundamento a respeito dos organismos de participação ou das estruturas de comunhão apresentadas pelos códigos.[38] Seguramente, as comunidades eclesiais ainda não implementaram satisfatoriamente tais instrumentos de comunhão e participação. A respeito da participação das pessoas fiéis nos conselhos, é preciso considerar as instruções da Sé Apostólica e dos bispos no Brasil.[39]

Resumindo

• *Há estreita ligação, sem confusão, entre Cristo-Reino-Igreja. A ação evangelizadora, própria das pessoas fiéis de Cristo, conta com meios importantes para a realização do Reino — já presente, em mistério, na Igreja — que está ainda a caminho.*

• *Essa ação tem três aspectos, chamados de múnus, a saber: santificar, ensinar e dirigir o Povo de Deus.*

• *Se a fé vem pelo ouvido, o múnus de ensinar é o primário, salva sempre a unidade dos* tria munera.

• *Há igualdade fundamental quanto à dignidade e à responsabilidade das pessoas fiéis em Cristo. Há diversidade quanto ao modo de responder a esta fidelidade na missão, por isso a necessidade da organização do Povo para a evangelização.*

• *A noção de* sacra potestas *não foi introduzida no código, que preferiu a linguagem da tradição canônica, distinguindo entre poder de ordem e poder de jurisdição.*

---

[35] Uma interpretação autêntica sobre o cânon foi dada, em 11.07.1984, pelo PCITL em *AAS* 76 (1984) 747. Cf. AA.VV. *Comentario exegético al Código de Derecho Canónico*, cit., v. V, p. 236.
[36] Uma interpretação autêntica sobre o cânon foi dada, em 20.05.1989, pelo PCITL em *AAS* 81 (1989) 991. Cf. AA.VV. *Comentario exegético al Código de Derecho Canónico*, cit., v. V, p. 236.
[37] VÁRIOS DICASTÉRIOS. Op. cit., pp. 31ss.
[38] Cf. LONGHITANO, A. et alii. *Chiesa particolare e strutture di comunione*. Bologna, Dehoniane, 1985. Col. II Codice del Vaticano II. ANTONIAZZI, Alberto. Estruturas de participação nas Igrejas locais. In: ANJOS, Márcio Fabri dos (org.). *Bispos para a esperança do mundo — Uma leitura crítica sobre caminhos de Igreja*. São Paulo, Paulinas, 2000. pp. 195ss.
[39] VÁRIOS DICASTÉRIOS. Op. cit., pp. 34ss. CNBB. *Missão e ministérios dos cristãos leigos e leigas*. São Paulo, Paulinas, 1999. Doc 62.

- O *múnus e o poder de dirigir o Povo não receberam um livro exclusivo no atual código, como aconteceu com o múnus de ensinar e o de santificar. A matéria referente a tal múnus e poder encontra-se em diversas partes da legislação.*

- *Juridicamente, a ação evangelizadora é definida, em certas situações, como ato jurídico. Nem toda a ação é propriamente um ato jurídico, mas todo o ato jurídico é ação evangelizadora. Entre os atos jurídicos estão os atos de regime eclesiástico em seus vários aspectos intimamente unidos: legislativo-executivo-judicial.*

- *A ação evangelizadora conta com encargos especiais, estáveis, por vontade de Deus ou da Igreja para atingir seus objetivos. Chamam-se ofícios eclesiásticos.*

- *O poder de dirigir a comunidade, que é o poder de Cristo presente no meio de nós, pode ser participado por aquelas pessoas fiéis ao Senhor segundo a condição e a vocação de cada uma.*

Perguntas para reflexão e partilha

1. Que dizer, segundo o texto, do ofício de ensinar e governar como dimensões da ação evangelizadora da Igreja?

2. Como você vê a atividade burocrática da Igreja?

3. Que fazer para que a administração eclesiástica seja um autêntico serviço eclesial?

Bibliografia

CHIAPPETTA, L. *Il manuale del parroco — Commento giuridico pastorale*. Roma, Dehoniane, 1997.

CODIGO DE DERECHO CANONICO. Edición bilingue comentada (dirección: L. de Echeverria). Madrid, Biblioteca de Autores Christianos, 1983.

CÓDIGO DE DIREITO CANÔNICO. Tradução da Conferência Nacional dos Bispos do Brasil (notas e comentários de padre Jesús S. Hortal, sj). São Paulo, Loyola, 1983.

CÓDIGO DE DIREITO CANÓNICO. Edição anotada (a cargo de P. Lombardia y J. I. Arrieta). Tradução portuguesa de José A. Marques. Braga, Edições Theologica, 1984.

DE PAOLIS, V. Le sanzioni nella Chiesa. In: AA. VV. *Il diritto nel mistero della Chiesa*. Roma, Pontificia Università Lateranense, 1992. v. III.

DELAMÉA, Elenita. *A organização administrativa dos bens temporais*. São Paulo, Loyola, 1986. Col. Igreja e Direito — 2.

DELAMÉA, Elenita. *Administração paroquial.* 2. ed. São Paulo, Loyola, 1992. Col. Igreja e Direito — 5.

_____. *Contabilidade eclesiástica — Algumas questões operacionais.* São Paulo, Loyola, 2001. Col. Igreja e Direito.

DURAND, Jean-Paul. *Instituições religiosas — Judaísmo, catolicismo, islamismo e Igrejas saídas da reforma.* São Paulo, Paulinas, 2003.

GRUSZYNSKI, Alexandre Henrique. *Direito eclesiástico.* Porto Alegre, Síntese, 1999.

KREUTZ, Ivo José. *A paróquia:* lugar privilegiado da pastoral da Igreja. São Paulo, Loyola, 1989. Col. Igreja e Direito — 6.

QUEIROGA, Gervásio Fernandes. *CNBB — Comunhão e co-responsabilidade.* São Paulo, Paulinas, 1977.

SILVA MARTINS FILHO, Ives Gandra da (coord.). *Manual do trabalho voluntário e religioso — Aspectos fiscais, previdenciários e trabalhistas.* São Paulo, LTr, 2002.

Capítulo sétimo

O OFÍCIO E O PODER DE SANTIFICAR

Estamos tratando, desde o capítulo anterior, dos meios da evangelização. Tínhamos falado antes das pessoas fiéis que protagonizam essa ação evangelizadora, própria ação de Cristo, confiada, por ele, à sua Igreja. Nós a estamos considerando — como fez o Vaticano II — sob três aspectos complementares e inseparáveis: o tríplice múnus de reger, profetizar e santificar o povo.

Olhando agora mais diretamente para a expressão do Concílio — ofício de santificar —, notemos que ela se refere não a qualquer ofício, mas ao ofício da Igreja. A Igreja, em tudo o que faz, santifica e santifica-se. Ela é chamada à santidade. O agir da Igreja segue sua identidade. Santificação, aqui, significa resgate integral da pessoa humana, à luz do Deus de Jesus Cristo. Sendo assim, santificação das pessoas e culto público a Deus são vertentes de uma mesma realidade (c. 834, § 1). A Igreja exerce o ofício de santificar quando reúne e organiza a comunidade na comunhão (múnus de reger), quando evangeliza — anunciando profeticamente a Palavra (múnus de ensinar) — e quando realiza a celebração do mistério pascal de Cristo, prestando culto a Deus.

Qual o papel do direito, enquanto disciplina teológica, no ofício de santificar da Igreja? Cremos poder apontar para os seguintes objetivos:

1º) Contribuir para que as celebrações litúrgicas sejam realmente sacramentos de salvação dados por Cristo à sua Igreja e não a fantasia ou criatividade arbitrária de um ministro ou de um determinado grupo, por isso as normas sobre a validade e liceidade do ato.[1]

2º) Favorecer uma celebração frutuosa para a pessoa-comunidade concreta que participa dos sacramentos, sinais de salvação e expressão do verdadeiro culto, à medida que o direito pode garantir isso, de onde a preocupação com as disposições do sujeito (c. 843 § 2).

3º) Fazer que a celebração do mistério de Cristo seja manifestação da natureza autêntica da Igreja (SC 2). Por isso a preocupação com a participação de toda a assembléia litúrgica, cada um segundo sua função (SC 28).[2]

---

[1] Cf. ClCat 1125ss.
[2] Cf. MANZANARES, J. *Nuevo derecho parroquial*. Madrid, BAC, 1990. pp. 113s. JOÃO PAULO II. Carta apostólica 25º aniversário da *Sacrosanctum Concilium*, 04.12.1988.

É o livro IV do CIC/83 que trata do múnus de santificar da Igreja, apresentando cânones introdutórios a todo o livro (cc. 834-839) e aos sacramentos, em especial (cc. 840-848). Trata, em seguida, do batismo (cc. 849-878), da confirmação (cc. 879-896) e da eucaristia (cc. 897-958), na unidade que devem conservar como sacramentos de iniciação cristã (c. 842 § 2). O livro considera, a seguir, o sacramento da penitência (cc. 959-991), com um capítulo especialmente dedicado às indulgências (cc. 992-997). O sacramento da unção dos enfermos é tratado em seguida (cc. 998-1007) e, depois, o sacramento da ordem (cc. 1008-1054). O último sacramento a ser abordado é o matrimônio (cc. 1055-1165). No CCEO/91, a matéria é tratada no título XVI — Sobre o culto divino e especialmente sobre os sacramentos (cc. 667-866). Sem dúvida, será de grande enriquecimento para nós, do rito latino, aproximarmo-nos das ricas tradições litúrgicas orientais. Remetemos o leitor a estudos complementares.[3] Aqui, prioritariamente, ater-nos-emos ao código latino.

Há uma novidade metodológica na apresentação dessa matéria. Para cada sacramento, existe um cânon de índole doutrinal que abre o assunto. Em seguida, na metodologia adotada no código vigente, são vistas as normas referentes à celebração do sacramento, ao ministro e a quem recebe o sacramento. Dentro dessa dinâmica, apresentam-se, finalmente, normas próprias a cada sacramento, tais como as referentes a padrinhos, registros, anotações e espórtulas.

Na parte II deste livro, o código apresenta as regras atinentes aos outros atos do culto divino, a saber: os sacramentais (cc. 1166-1172), a liturgia das horas (cc. 1173-1175), as exéquias eclesiásticas (cc. 1176-1185), o culto dos santos, imagens sagradas e relíquias (cc. 1186-1190), o voto e o juramento (cc. 1191-1204). Os lugares e tempos sagrados são o conteúdo da terceira e última parte deste livro. O assunto é assim distribuído: os lugares sagrados, a saber: igrejas, oratórios e capelas particulares, santuários, altares e cemitérios (cc. 1205-1243); os tempos sagrados, ou seja, os dias de festa e os dias de penitência (cc. 1244-1253).

O livro IV, porém, não contém todos os cânones concernentes ao ofício de santificar, basta conferir, por exemplo, os cânones 230, 206 § 2, 556, 562. O livro IV, em geral, não contém as disposições canônicas que fixam os ritos.

Segundo Eugenio Corecco, predomina, neste livro IV, a eclesiologia da comunhão, distinta da eclesiologia societária, também presente no código.[4] As fontes deste livro do código são as leis universais anteriores e não ab-rogadas, bem como aquelas dadas pela autoridade superior da Igreja,

---

[3] Para um estudo comparado entre a legislação latina e a oriental, Dimitrios Salachas, *L'iniziazione cristiana nei codici orientale e latino*, Roma-Bologna, Dehoniane, 1991.
[4] Cf. CORECCO, E. Fundamentos eclesiológicos do Código de Direito Canônico. *Concilium* 205/3 (1986) 18 (274).

depois da entrada em vigor do código no Advento de 1983; os livros litúrgicos oficiais e suas traduções adaptadas em línguas vernáculas; o direito particular das conferências dos bispos e dos ordinários competentes e seus planos diocesanos; e finalmente, os costumes.

Em 1961, a Igreja latina dispunha de 12 livros litúrgicos. A aparição desses livros permitiu à Igreja dispor de um vasto acervo de referências escritas. Pouco a pouco foi-se desenvolvendo um certo rubricismo, ou seja, uma tendência ao apego exagerado às rubricas, com prejuízo da espontaneidade das celebrações e sua adaptação às várias circunstâncias. O novo espírito da legislação litúrgica foi dado pelo Vaticano II.

O legislador colocou no próprio código (cc. 834-848) os princípios comuns a todo o ofício de santificar da Igreja. São chaves de leitura das leis referentes aos atos de culto, que, inspirando-se no Concílio Vaticano II, podem ser assim sintetizados:[5]

1º) A principal manifestação do ofício santificador da Igreja ocorre na sagrada liturgia, onde culto e santificação se unem como vertentes de uma mesma realidade (c. 834, § 1).

2º) Todo o Povo de Deus, reunido e organizado (c. 204), sob o pastoreio dos bispos, é sujeito da ação litúrgica, cada fiel segundo sua própria condição (c. 835).

3º) As ações litúrgicas, nas quais se exercita o sacerdócio comum das pessoas fiéis, são sinais da fé e, como tais, a expressam e alimentam; por isso a sua celebração pressupõe a fé e exige uma ação pastoral que cultive e fortaleça a fé (c. 836).[6]

4º) A liturgia é sinal de unidade, porém compatível com as legítimas diversidades em sua celebração; abandona-se, por isso, o princípio da rígida centralização vigente no Código de 1917 e incluem-se os bispos na ordenação da liturgia para melhor conseguir a necessária inculturação (c. 838).

---

[5] Cf. MANZANARES, J. Op. cit., pp. 115-130. É preciso levar em conta o magistério posterior à promulgação do código, a saber: PCPUC, *Diretório para a aplicação e normas sobre o ecumenismo,* São Paulo, Paulinas, 1994, n. 116: "Entende-se por culto litúrgico o culto realizado segundo os livros, as regras e os costumes de uma Igreja ou comunidade eclesial e presidido por um ministro ou um delegado desta Igreja ou comunidade. Tal culto litúrgico pode ter um caráter não sacramental ou, então, pode ser a celebração de um ou de vários sacramentos cristãos". Cf. ClCat 1124ss.

[6] Cf. ClCat 1124ss. Cf. BARREIRO, A. *Povo santo e pecador — A Igreja questionada e acreditada.* São Paulo, Loyola, 1994. pp. 44-79. A *fides Ecclesiae* no sentido subjetivo aparece no século XII, no contexto da controvérsia sobre o batismo das crianças. Agostinho foi quem mais influiu na justificação teológica do batismo das crianças, fundamentando-o na fé da Igreja. A partir de Alexandre de Hales, a mesma argumentação foi aplicada analogamente aos outros sacramentos, especialmente à eucaristia e ao matrimônio.

5º) A sagrada liturgia não esgota toda a atividade da Igreja e, por isso, não exclui a existência de outros meios de santificação, dos quais se deve exigir tanto a conformidade com a fé cristã como também a consonância com a liturgia (c. 839).

Mais especificamente, quanto aos sacramentos, o código continua apresentando os princípios norteadores da vigente legislação:

6º) Os sacramentos, instituídos por Cristo e confiados à Igreja, por seu imenso valor para a pessoa fiel e a comunidade, devem ser celebrados com "suma veneração e devida diligência" (c. 840).

7º) Na disciplina sobre os sacramentos, o que se refere à validade fica reservado exclusivamente à Santa Sé. A ela mesma ou a outra autoridade competente, de acordo com o c. 838 §§ 3-4, cabe estabelecer o que se refere à celebração lícita dos sacramentos (c. 841).

8º) O batismo é porta e requisito fundamental para a celebração de outro sacramento, porém conserva uma íntima união com os outros sacramentos da iniciação cristã (c. 842).

9º) As pessoas fiéis têm direito aos sacramentos, porém devem preparar-se para recebê-los conforme as normas canônicas; os ministros ordenados têm obrigação de administrá-los e de cuidar que quem os pede prepare-se adequadamente (c. 843).

10º) A comunhão eclesial real, embora não plena, com as pessoas de outras Igrejas ou comunidades eclesiais permite a comunicação nos sacramentos (*communicatio in sacris*), dentro dos limites impostos pelo princípio de unidade entre comunhão eclesial plena e comunhão sacramental plena (c. 844).

11º) Os sacramentos que imprimem caráter (batismo, confirmação e ordem) não se podem repetir; se existe dúvida prudente sobre a recepção ou sobre a validade desta, sejam administrados sob condição (c. 845).

12º) A obediência às normas que regem a celebração litúrgica não significa passividade, mas é compatível com a criatividade proposta nos livros litúrgicos (c. 846 § 1).

13º) A utilização, na celebração de alguns sacramentos, de óleo recentemente abençoado pelo bispo é um precioso sinal de comunhão e, ao mesmo tempo, o reconhecimento de que o bispo é o grande sacerdote, sob cujo pastoreio o rebanho conserva sua unidade (c. 847).

14º) As ofertas das pessoas fiéis pela celebração dos sacramentos devem-se regular pela legítima autoridade, não pelo arbítrio de cada ministro, e sua recepção não pode ser condição para a devida atenção sacramental aos necessitados que não têm bens materiais a oferecer (c. 848).

Que se exige do ministro para a celebração válida dos sacramentos? Algumas condições são requeridas para a validade, outras para a liceidade da ação sacramental:

1º) A santidade de vida do ministro, o seu estado de graça e fé não são exigidos para a validade do sacramento, mas para a sua liceidade; estamos no âmbito jurídico que diz respeito, em primeiro lugar, à ordem visível da sociedade, que é a Igreja. O âmbito jurídico deve ser animado pela graça para que haja salvação cristã.[7] No sacrário da consciência, só Deus e a pessoa têm a palavra. Ali não é o terreno do jurídico, simplesmente.

2º) O poder de ordem e o poder de regime são exigidos ou não, de acordo com cada sacramento.

3º) A intenção,[8] ou seja, vontade de fazer o que faz a Igreja, é um ato de vontade ordenado a uma finalidade. Que seja necessária alguma intenção na celebração dos sacramentos é óbvio, pois se trata de realizar um ato humano. A intenção pode ser considerada sob três aspectos:

a) Em si

A intenção será, segundo a nomenclatura canônica, atual, virtual, habitual ou interpretativa.

Diz-se atual quando ela está presente, aqui e agora, no momento de realização do ato, mantendo-se claramente a atenção no ato.

Diz-se virtual quando ela está presente, aqui e agora, no momento de realização do ato, mas não há atenção para o ato. A diferença entre essas duas primeiras intenções está no fato de a atenção e a vontade estarem juntas na intenção atual e separadas na intenção virtual.

Diz-se habitual quando, uma vez posta e não revogada, ela perdura até o ato, mas não está presente, aqui e agora, no momento de realização, nem influencia positivamente no ato humano enquanto tal: por exemplo, a intenção dos bêbados e drogados.

Diz-se interpretativa quando nunca existiu, nem existe. Existiria por causa da inclinação da vontade ao objetivo, se este se apresentasse à mente. Não é propriamente uma intenção, mas somente uma disposição da vontade a ter essa intenção.

b) Segundo o objeto

A intenção será determinada ou indeterminada, explícita ou implícita.

Diz-se determinada quando a vontade leva para um objetivo certo e definido: por exemplo, quando o sacerdote, tendo a hóstia em mãos, quer consagrá-la, a intenção de consagrar é totalmente determinada.

---

[7] Cf. Chiappetta, Luigi. *Prontuario di diritto canonico e concordatário.* Roma, Dehoniane, 1994. p. 391. Uma exposição aprofundada do tema pode ser encontrada em Jesús Hortal, *Os sacramentos da Igreja na sua dimensão canônico-pastoral,* São Paulo, Loyola, 2000, pp. 31ss.

[8] Cf. CICat 1750-1753. Ótima apresentação de padre Jesús Hortal, op. cit., pp. 32. Os cânones em que se fala da intenção: 861 § 2, 874 § 1 e 893 § 1, 945 §§ 1-2, 948; 241 § 1, 1029, 996 § 2, 1204.

Diz-se indeterminada quando a vontade leva para um objetivo incerto e vago: por exemplo, se um presbítero celebrante tem a intenção de consagrar somente dez das cem partículas recolocadas na âmbula, sem definir para quais se dirige sua vontade de consagrar, considera-se que tem intenção indeterminada.

Diz-se explícita quando a coisa é pretendida em si mesma, isto é, por formal e distinto conhecimento.

Diz-se implícita quando a coisa é pretendida não em si mesma, isto é, por um conhecimento geral e confuso. Por exemplo: se um moribundo pede o viático e deseja recebê-lo, tem intenção explícita. Se viveu de modo cristão, mas atualmente está privado dos sentidos, tem intenção implícita de receber o viático e a unção dos enfermos, porque a vontade de viver e morrer de modo cristão contém, por sua natureza, a intenção de receber tais sacramentos.

c) Segundo o modo

A intenção será absoluta ou condicionada.

Diz-se absoluta quando a vontade leva a um objetivo pura e simplesmente, sem depender de nenhum evento ou circunstância.

Diz-se condicionada quando a vontade leva a um objetivo dependente de uma circunstância ou evento. A intenção condicionada pode ser sobre o presente (por exemplo: se vive, se está disposto etc.); sobre o passado (por exemplo: se não foi validamente batizado, eu o batizo etc.); sobre o futuro (por exemplo: eu caso com você, se seu pai vier do exterior trazendo sua herança no ano que vem etc.).

Em resumo, para a validade do sacramento requer-se, e basta, a intenção virtual e implícita de fazer o que faz a Igreja. Não se requer que o ministro explícita e expressamente tenha intenção de agir em nome da Igreja católica, nem, muito menos, é necessária a intenção de fazer o que faz a Igreja romana: basta a intenção de fazer o que faz a Igreja de Cristo. Não basta, para a validade, uma intenção mímica, ou outra que exclua a intenção de fazer uma ação sagrada (por exemplo: teatro ou brincadeira). Requer-se, para a validade, a intenção determinada acerca da matéria e do sujeito. Se o sacerdote, vendo várias hóstias colocadas sobre o altar para serem consagradas, quer consagrar só algumas, não todas, deve determinar positivamente as que vai consagrar; caso contrário, a consagração seria nula. A determinação da pessoa, por si, não se requer, a não ser no matrimônio. Não se admite a intenção condicionada sobre o futuro. A atenção, que é o ato do intelecto ou aplicação da mente no que é feito, não se requer para a validade dos sacramentos, se é interna. A atenção externa é necessária e suficiente para que se coloquem convenientemente com intenção a matéria e a forma devidas.

Diferentemente do código oriental, o código latino conserva, também no direito sacramental, a linguagem da teoria do hilemorfismo segundo a qual as coisas corpóreas são uma composição, indissociável, de matéria e forma.[9]

1. A INICIAÇÃO CRISTÃ — BATISMO

Relembramos que a iniciação cristã exige a celebração de três sacramentos intimamente unidos (c. 874 § 1, n. 3).[10] O c. 849, para definir o sacramento do batismo, emprega as fórmulas teológicas: porta dos sacramentos, necessário para a salvação, os seres humanos são libertados de seus pecados, tornados filhos de Deus, configurados com Cristo, incorporados à Igreja.[11] O batismo é uma instituição de direito divino que torna um ser humano membro do Povo de Deus.

O batismo pode ser recebido até por desejo. O chamado batismo de desejo é uma realidade institucional sem disposições jurídicas, uma instituição original, conforme à especificidade da Igreja, que é uma realidade visível e invisível ao mesmo tempo.

Enquanto instituição, o batismo só é conferido validamente pelo banho de água verdadeira (matéria), acompanhado da fórmula requerida (forma — c. 849). Deve haver uma preparação do batismo (cânones 851 e seguintes). As conferências episcopais têm feito um grande trabalho neste sentido.[12] Conforme o c. 851, n. 1, a pessoa adulta (acima de sete anos) que tem a intenção de receber o batismo deverá ser admitida ao catecumenato e, na medida do possível, ser conduzida pelos diversos degraus na iniciação cristã, segundo o ritual adotado pela conferência dos bispos e as disposições da Santa Sé.

O c. 850 diz que o batismo deve ser celebrado segundo o rito prescrito nos livros litúrgicos aprovados, exceto em caso de urgência e necessidade,

---

[9] *Hyle* — s. f., em grego, significa bosque, lenha, madeira, material de construção. Foi traduzido para o latim como *materia, ae*, (de *Mater, tris*): é o sujeito capaz de receber a forma. Santo Agostinho diz que a matéria é dotada da capacidade de ser formada. Santo Tomás nega que seja potência operativa e insiste sobre sua imperfeição ou não-acabamento relativamente à forma. *Morfé*, s. f., em grego, significa razão de ser da coisa, razão pela qual uma coisa é o que ela é, *forma, ae*, em latim; é a *ratio qua*.
[10] Cf. CICat 1212-1419. Paulo VI. Iniciação cristã. In: *As introduções gerais dos livros litúrgicos*. 2. ed. São Paulo, Paulus, 2003.
[11] Cf. c. 204 § 2 — noção eminentemente ecumênica: LG 14s, UR 3.
[12] Cf. CELAM, *Medellín*, 1968. *Puebla*, nn. 896-903, 938-951, 1979. CNBB, Pastoral do batismo. *Revista Eclesiástica Brasileira* 33/130 (1973) 436-442. Ver também: CDF. Instrução sobre o batismo de crianças. *L'Osservatore Romano* 12/51/625 (1980) 15-17. CMI, Comissão Fé e Constituição. Batismo, eucaristia, ministério. Documento Ecumênico de Lima, 1982. *SEDOC* 16/163 (1983) 27-63. CNBB. Col. Estudos da CNBB: *Guia ecumênico (21); Com adultos, catequese adulta (80); O batismo de crianças — Subsídios litúrgico-pastorais (81); O itinerário da fé na "iniciação cristã de adultos" (82)*. CNBB. Documentos: *Pastoral dos sacramentos da iniciação (02A); Batismo de crianças (19)*.

em que basta observar o que é requerido para a validade (canônes 853 e seguintes). O ritual prevê dois ritos possíveis, como o c. 854, que convida a observar as disposições da conferência dos bispos. Importante notar, também, que existem dois rituais, um para o batismo de criança e outro para o batismo de pessoa adulta, isto é, acima de sete anos.[13]

Exceto em caso de necessidade, o batismo seja celebrado de maneira bem visível, num lugar apropriado, na igreja paroquial. Se a pessoa é adulta, o lugar é a sua paróquia; se criança, a paróquia dos pais (cc. 857-860). O c. 867 § 1 sugere que os pais procurem o pároco o quanto antes, nas primeiras semanas depois do nascimento ou mesmo antes do parto, para pedir o batismo e melhor se prepararem. Em perigo de morte, a criança deverá ser batizada sem maiores delongas. Segundo o c. 861 § 1, o ministro do batismo é o bispo, o padre e o diácono. Estes são ministros ordinários. O código insiste no papel do pároco, c. 530, n. 1. Na ausência destes, qualquer pessoa, mesmo não batizada, caso seja necessário, batiza validamente.[14] A indicação do c. 864 é que todo ser humano ainda não batizado, e só esse, é capaz de receber o batismo. No caso do adulto (c. 865), ele deve manifestar a vontade própria de receber o sacramento, é uma questão de liberdade religiosa.

O c. 868 § 1, n. 2, observa que, no caso de batismo de criança, se falta totalmente a previsão de que a pessoa batizanda será educada na fé católica, o batismo deve ser adiado. O c. 868 § 2 diz que, em caso de perigo de morte, a criança filha de pessoas católicas — e mesmo não-católicas — é licitamente batizada, mesmo contra o consentimento de quem a gerou. Conforme o c. 869 § 1, se há dúvida de que uma pessoa recebeu o batismo ou se este foi celebrado validamente, e a dúvida persiste após séria investigação, o batismo deverá ser administrado sob condição.[15] O código também determina que as crianças abandonadas ou achadas, depois de séria investigação, e os fetos abortivos ainda vivos sejam batizados. O c. 872 estabelece que, na medida do possível, à pessoa batizanda seja dado um padrinho ou madrinha. O item sobre as provas e anotações do batismo encerra este tema.

---

[13] *Ritual do batismo de crianças.* Tradução portuguesa para o Brasil da 2ª edição típica com adaptações à índole do povo brasileiro — Ritual Romano (renovado por decreto do Concílio Vaticano II, promulgado por autoridade do papa Paulo VI), São Paulo, Paulus, 1999. *Ritual da iniciação cristã de adultos.* Tradução portuguesa para o Brasil da edição típica — Ritual Romano (renovado por decreto do Concílio Vaticano II, promulgado por autoridade do papa Paulo VI). São Paulo, Paulus, 2001.

[14] Vários Dicastérios. *Instrução acerca de algumas questões sobre a colaboração dos fiéis leigos no sagrado ministério dos sacerdotes.* São Paulo, Paulinas, 1997. pp. 45s.

[15] À dúvida se é válido o batismo dado na comunidade chamada "A Igreja de Jesus Cristo dos Santos do último dia", geralmente conhecida como mórmons, a CDF respondeu negativamente em 05.06.2001.

2. A INICIAÇÃO CRISTÃ — CRISMA

Com o sacramento da confirmação,[16] as pessoas batizadas prosseguem o caminho da iniciação cristã.[17] O c. 879 é doutrinal, sobre a fé da Igreja neste sacramento. As pessoas batizadas são levadas à participação mais estreita na missão do Senhor. Fica destacado, de modo especial, o valor do testemunho pela palavra e ação.

Quanto à celebração desse sacramento (cc. 880-881), lembre-se de que, para o Brasil, mudou-se a fórmula, em vista do acordo entre os países de língua portuguesa.[18] O ministro da confirmação (cc. 882-888) é o bispo, para a Igreja latina. Ele é ministro originário (*LG* 26) ou ordinário? Parece que a palavra originário expressa melhor a vinculação da pessoa confirmada com a Igreja que é presidida pelo bispo. No Oriente, os presbíteros também são ministros ordinários.

A confirmação é necessária para realizar licitamente os seguintes atos: 1) para desempenhar o ofício de padrinho ou de madrinha no batismo e neste sacramento (cc. 874 § 1, n. 3, e 893); 2) para receber o matrimônio (c. 1065 § 1); 3) para ser admitido (a) no noviciado (c. 645 § 1); 4) para receber a ordem sagrada (c. 1033).

.É conveniente que o padrinho ou madrinha seja o(a) do batismo (cc. 892-893). O que antes se proibia (c. 796 do CIC/17), agora é aconselhado. Quem gerou a criança não pode ser padrinho-madrinha dela, porque sua função é diversa.

O último tópico se refere à prova e ao registro do sacramento celebrado (cf. c. 894 em relação com o 876). Para o registro, vale o c. 895. Além disso, é preciso fazer a anotação conforme o c. 535 § 2. Quando o pároco do lugar onde se celebra a confirmação é distinto do pároco do lugar do batismo, deve aquele levar ao conhecimento deste a referida celebração do sacramento, a fim de que ele providencie a devida anotação no livro de batismos. Outra hipótese distinta é contemplada no c. 896, que diz: "Se o pároco do lugar não tiver estado presente, o ministro o informe, quanto antes, por si ou por outros, da confirmação conferida".

3. CUME DA INICIAÇÃO CRISTÃ — EUCARISTIA

A celebração da eucaristia é ação de toda a Igreja[19] e o cume da iniciação cristã (c. 899).[20] É sempre urgente recuperar a função da assembléia, cuja pre-

---

[16] Cf. MOSTAZA, A. Confirmación. In: *Nuevo derecho parroquial*, cit., pp. 151-173.
[17] Cf. PAULO VI. Rito da confirmação. n. 1. In: *As introduções gerais dos livros litúrgicos*. 2. ed. São Paulo, Paulus, 2003.
[18] Cf. CNBB. *Comunicado Mensal*, 1990. pp. 1659s.
[19] PAULO VI. Instrução geral sobre o Missal Romano. n. 5. In: *As introduções gerais dos livros litúrgicos*. 2. ed. São Paulo, Paulus, 2003.
[20] Cf. MANZANARES, J. *Nuevo derecho parroquial*, cit., pp. 175-257.

sença não deve realizar-se e manifestar-se pela via da representação, mas pela via da participação pessoal ativa. Será importante, além disso, suscitar dentro da assembléia os diversos ofícios e ministérios distintos do ministério ordenado, tais como:[21] salmista e cantor, leitor, comentarista, acólito, sacristão etc.

Ao falar do ministro da eucaristia, podemos distinguir, apesar do estreito vínculo entre eucaristia-sacrifício e eucaristia-comunhão, entre ministro da presidência da celebração e ministro da distribuição da comunhão.

Quanto ao ministro da celebração eucarística, para que seja válida (c. 900 § 1), deve ser um sacerdote validamente ordenado.[22] Além disso, para que a celebração seja lícita também (c. 900, § 2), esse sacerdote não pode estar impedido por lei canônica, por ter incorrido em excomunhão, interdito ou suspensão; ou por carecer das disposições necessárias, tanto espirituais como corporais; ou por ter incorrido em uma irregularidade (c. 1044 § 1) ou estar atingido por um impedimento (c. 1044 § 2).

A celebração lícita implica também o respeito e observância das normas litúrgicas[23] referentes a ritos e cerimônias, tempo e lugar, reiteração da celebração (c. 905), participação de fiéis (c. 906). Uma celebração válida e lícita será frutuosa (c. 909). Para que se garanta tal celebração, o CIC/83 aponta para algumas estratégias: cc. 903, 528 § 2, 562, 611, n. 3, e c. 703 do CCEO.

Ao ministro ordenado, o c. 904 — como já o fizera o c. 276 § 2 — exorta a celebração freqüente. Mais ainda: a partir da compreensão do próprio ministério sacerdotal, em relação estreita com a eucaristia, recomenda, encarecidamente, a celebração diária;[24] mesmo quando não é possível a presença de fiéis (em caso de prisão, por exemplo).[25] O c. 904 evita a linguagem do CIC/17 — "são obrigados" (c. 805) — tanto pelo seu conteúdo minimalista como também para seguir o princípio dado aos codificadores, a saber: as normas canônicas não imponham deveres onde possam bastar instruções, exortações, sugestões ou outras ajudas para obter mais facilmente o fim da Igreja.[26] Com isso, nem se desautorizam as considerações

---

[21] Cf. PAULO VI. Instrução geral sobre o Missal Romano, cit., nn. 95-111.
[22] Cf. *DS* 794, 802, 1752. Esse magistério da Igreja pronunciou-se recentemente: SCDF, carta *Sacerdotium ministeriale*, AAS 75 (1983) 1001-1009. Contra as opiniões difundidas que negam esse ensinamento, ver as observações do padre Manzanares em *Nuevo derecho parroquial*, cit., p. 179.
[23] Cf. JOÃO PAULO II. Carta apostólica *Dies Domini*. Sobre a santificação do domingo, 31.05.1998.
[24] IDEM. Carta apostólica. *Dominicae cenae*. Sobre o mistério da Santíssima Eucaristia e sobre o culto, 24.02.1980, n. 2. In: *EV* 7/156.
[25] Tanto Pio XII como Paulo VI defenderam, de maneira determinada, a legitimidade da missa celebrada sem comunidade participante: "Mediator Dei", AAS 39 (1947) 552. "Mysterium fidei". In: *EV* 2/420. Edifica-nos o testemunho do falecido cardeal Van Thuan em François-Xavier Nguyen Van Thuan, *Cinco pães e dois peixes — Do sofrimento do cárcere:* um alegre testemunho de fé, trad. de João Batista Boaventura Leite, Aparecida, Santuário, 2000.
[26] Sínodo dos bispos, 3º princípio para a elaboração do código. Cf. Prefácio. In: *Código de Direito Canônico*. São Paulo, Loyola, 1983.

dos teólogos sobre a obrigação de celebrar várias vezes ao ano por causa da ordem recebida,[27] nem se esquece que uma verdadeira obrigação pode surgir por outros motivos:

- em razão do ofício com cura de almas (cc. 388, 534);
- em razão de uma oferta aceita;
- em razão da obediência devida ao superior competente.

Segundo o c. 901, a missa pode ser celebrada na intenção de qualquer pessoa, até mesmo não-católica, não-batizada, católica em situação irregular. A aplicação como fato público e divulgado, porém, está proibida pelo legislador em determinadas circunstâncias (seja por escândalo, seja por indiferentismo), quando se negam, por exemplo, as exéquias eclesiásticas (c. 1185). Há uma exceção: no caso de pessoas cristãs não-católicas, sempre que a celebração pública da missa tenha sido explicitamente pedida por familiares, pessoas amigas ou com alguma ligação com o defunto, por genuíno motivo religioso e sob condição de que, a juízo do ordinário, não haja escândalo para as pessoas fiéis. A aplicação deve ser objetivamente determinada, explícita ou implicitamente, e feita a tempo, isto é, antes da celebração ou, pelo menos, antes da consagração.

O c. 902 trata da concelebração[28] e o c. 905 proíbe mais de uma celebração por dia, exceto nos dias determinados pelo direito ou em caso de necessidade, com permissão do ordinário do lugar. Concretamente, na Quinta-feira Santa, quem celebrou ou concelebrou na missa do crisma, pode celebrar ou concelebrar a missa vespertina; na Vigília Pascal, quem celebrou ou concelebrou a primeira missa pode celebrar ou concelebrar uma segunda missa no dia de Páscoa; no Natal, todos os sacerdotes podem celebrar ou concelebrar as três missas, contanto que se celebrem a seu tempo; no sínodo ou na visita pastoral, quem concelebra com o bispo ou seu delegado pode celebrar outra missa para a utilidade das pessoas fiéis; em qualquer tipo de reunião de sacerdotes, pode-se concelebrar, ainda que se celebre outra para a utilidade das pessoas fiéis; nas missas conventuais ou "de comunidade".[29] O mesmo é válido para os cabidos, comunidades religiosas e até para outras comunidades sacerdotais onde a missa comum freqüente torna-se central.[30] A repetição da celebração ou concelebração

---

[27] Cf. SANTO TOMÁS. *Summa Theological*, III, q. 82, a. 2.
[28] Cf. PAULO VI. Instrução geral sobre o Missal Romano, cit., nn. 199-251.
[29] Cf. PAULO VI. Instrução geral sobre o Missal Romano, cit., n. 114.
[30] Diz padre Manzanares: "... creemos que cada vez que un sacerdote es convocado por razones objetivas (*v.g.*, para una ordenación, una profesión religiosa, entrada del nuevo párroco etc.) a participar en la eucaristía, puede concelebrar sin detrimento de la misa que celebre para utilidad de los fieles (no de la misa 'sin pueblo'). En cambio, sería contrario a la norma llamar a otros sacerdotes que ya celebraron o han de celebrar individualmente en utilidad de los fieles 'para que concelebren', como puro elemento *de solenidade o esplendor externo*". (*Nuevo derecho parroquial*, cit., p. 187).

deve pretender diretamente alimentar a espiritualidade sacerdotal. Poderia o bispo diocesano utilizar nesta matéria (c. 905) a faculdade de dispensar das leis disciplinares (c. 87 § 1)? Sim, dado que se trata de uma norma disciplinar não reservada ao Romano Pontífice ou a outras instâncias. Pode-se, porém, perguntar até que ponto a licença para cinco ou mais celebrações num dia é o caminho mais indicado para resolver uma necessidade estável. Não seria melhor recorrer a outras celebrações (c. 1248 § 2)? Tanto mais que os efeitos podem ser muito negativos sobre o sacerdote ou redundar no prejuízo de outras necessidades do pastoreio, como a pregação da Palavra, o contato com as pessoas fiéis no sacramento da penitência, o diálogo, a visita aos enfermos etc. O c. 908 contém uma proibição, única no campo das relações ecumênicas.

A respeito do ministro da distribuição da comunhão, uma recomendação é dada no c. 918, visando evitar a recepção da comunhão fora da celebração eucarística.[31] Mais ainda: as normas litúrgicas querem que as pessoas fiéis participem do Corpo do Senhor com hóstias consagradas na própria missa de que participam.[32] O ministro da distribuição, propriamente falando, é o bispo ou presbítero, presidente da celebração (c. 910 § 1).[33] Caso o sacerdote não possa distribuir ou precise da ajuda de outros(as) ministros(as), ou caso a comunhão seja distribuída fora da missa, o código fala do ministério extraordinário da comunhão (c. 910 § 2). A comunhão aos enfermos, dever e direito dos párocos e vigários paroquiais, pode ser levada por qualquer sacerdote ou ministro da comunhão, com licença do pároco (c. 911).

O c. 912 situa-se dentro do chamado direito aos sacramentos, comum a todas as pessoas fiéis (cc. 213 e 843). Não é preciso dar uma demonstração positiva de sua dignidade, pois, em princípio, "qualquer pessoa cristã, pelo fato de ser batizada, está admitida à mesa do Senhor".[34] Uma limitação afeta aos batizados que não estão dentro da plena comunhão eclesiástica (cc. 96 e 205), independentemente de sua culpa pessoal; essa limitação deixa aberta a possibilidade da *communicatio in sacris* (participação nos sacramentos), regulada pelo c. 844.[35] Dentro da plena comunhão eclesiástica, uma limitação é posta, na Igreja latina, a quem ainda não recebeu a primeira comunhão, enquanto não tiver suficiente conhecimento e devida preparação. Para as Igrejas orientais, em geral, a comunhão é recebida no

---

[31] Cf. VÁRIOS DICASTÉRIOS, *Instrução acerca de algumas questões sobre a colaboração dos fiéis leigos no sagrado ministério dos sacerdotes*. Col. A Voz do Papa, 154. São Paulo, Paulinas, 1997. pp. 36ss.
[32] Cf. PAULO VI. Instrução geral sobre o Missal Romano, cit., n. 85.
[33] Idem, ibidem, nn. 160-162.
[34] Cf. SANTO TOMÁS. *Summa Theologicae*. III, q. 80, a. 6.
[35] PCPUC. *Diretório para a aplicação dos princípios e normas sobre o ecumenismo*. São Paulo, Paulinas, 1994.

momento do batismo e crisma (cc. 695 § 1 e 699 § 3). Outras limitações são previstas no c. 915 e tomam o sentido de verdadeira negação do sacramento.[36]

A cessação da pena, para os excomungados, depende do próprio sujeito, dado que a remissão dela não pode ser negada a quem tenha deixado sua obstinação (c. 1358 § 1). O cânon deixa bem claro: depois da imposição ou declaração da pena, ou seja, quando o fato já estiver no foro externo. Caso se trate de penas *latae sententiae*, não declaradas, devidas a atos ocultos, excluem o sujeito dos sacramentos, mas não seriam suficientes para recusar-lhes a comunhão, ao menos publicamente. A comunhão deve ser negada também aos que obstinadamente persistem em um manifesto pecado grave. Requer-se: gravidade do ato, publicidade e teimosia. Dada a unidade do mistério sacramental, não é compatível a irregularidade no estado de vida matrimonial e a regularidade no acesso à comunhão. É importante lembrar, aqui, que não se trata de um julgamento do íntimo da pessoa (Mt 7,1ss).

Sobre a primeira comunhão de crianças, cc. 913-914, a idade é indicada mediante um duplo requisito: suficiente conhecimento e preparação. Quanto ao primeiro requisito, supõe-se algo mais que o puro uso de razão. Para as situações de perigo de morte (c. 913 § 2), basta a simples capacidade de distinguir o Corpo de Cristo do alimento comum. Para as situações ordinárias, requer-se uma preparação cuidadosa (c. 913 § 1): por um lado, o legislador evita as exigências de um conhecimento ou compromisso não próprios da idade, pois a eucaristia é o alimento de uma fé que cresce e não a recompensa de uma fé adulta. Por outro lado, previne contra o laxismo dos que desvinculam a primeira comunhão da catequese geral de iniciação cristã.

A palavra de João Paulo II sobre a prévia confissão (c. 914) é iluminadora: deve-se evitar "com solicitude que as crianças pensem que é necessária a confissão antes de receber a eucaristia (em qualquer hipótese), até mesmo quando alguém, amando sinceramente a Deus, não se separou gravemente do caminho dos mandamentos divinos". O papa, porém, destaca também a ajuda que as crianças podem receber de uma adequada administração desse sacramento "em ordem a um crescimento progressivo e harmonioso no conhecimento e no domínio de si mesmos, na disponibilidade a aceitar-se com os próprios limites, sem por isso resignar-se a eles passivamente".[37]

Quanto às crianças excepcionais, se são incapazes de ato propriamente humano (livre e deliberado responsavelmente), não podem ser admitidas à comunhão, diz uma corrente de interpretação. Segundo alguns autores, porém, são raros os casos em que se configura essa incapacidade.[38] É co-

---

[36] Em todos os casos enumerados no c. 915, trata-se de situações públicas e manifestas, conhecidas no foro externo, visto que, como disse santo Tomás, "o oculto não pode ser castigado publicamente, mas só pelo juízo de Deus" (*Summa Theologicae,* III, q. 86, a. 6).

[37] Cf. João Paulo II. Alocução aos membros da plenária da Congregação dos Sacramentos. *L'Osservatore Romano,* 18.04.1986, p. 3.

[38] Cf. Diretório Catequético Geral 91. In: *EV* 4/593.

nhecida a crescente sensibilidade social em favor dessas pessoas.[39] Não vemos motivos para negar-lhes a comunhão, pensando na prática das Igrejas orientais, que a oferecem (cc. 697 e 719 do CCEO), no momento da iniciação cristã, às crianças com menos de sete anos.

Sobre a comunhão a pessoas enfermas, tanto em perigo de morte como em situações ordinárias de enfermidade, falam os cc. 921-922. O c. 916 trata das disposições necessárias: estado de graça e jejum eucarístico.

Há várias perguntas referentes às situações em que se pode falar da recepção da comunhão, por exemplo: dentro ou fora da missa? (cf. c. 918); em qualquer rito católico? (cf. c. 923); em comunidades não-católicas? (cf. c. 844 § 2); quantas vezes ao dia? (cf. c. 917);[40] sob uma só espécie ou duas? (cf. c. 925); comunhão na boca ou na mão?[41]

O que se refere à estrutura da celebração vem indicado nos cc. 924-930. Sobre a matéria necessária, o c. 924 lembra que deve ser pão e vinho. Que tipo de pão? O § 2 do c. 924 diz que deve ser exclusivamente de trigo.[42] Para a liceidade, são acrescentadas duas outras condições: a) seja feito recentemente; b) seja ázimo, segundo antiga tradição latina (c. 926).[43] O vinho deve ser natural, do fruto da videira e não estragado (c. 924 § 3). Para a liceidade, deve ser puro, sem mistura de substâncias estranhas, exceto aquelas necessárias para conservá-lo ou melhorá-lo, quando necessário; fermentado, do contrário seria mosto. A consagração de ambas as espécies forma parte da missa. Não é lícito consagrar uma espécie sem a outra. A consagração deve acontecer dentro da celebração da missa (c. 927).

Embora as palavras de Cristo na última ceia sejam suficientes para consagrar, a Igreja não quer que elas se separem do conjunto da celebração, na qual encontram seu contexto e seu clima espiritual adequado, muito menos devem separar-se da anáfora ou grande oração eucarística, toda ela animada da intenção consecratória, com dois pólos especialmente intensos: o cristológico (relato da instituição) e o pneumatológico (epiclese).

Outros aspectos sobre a celebração ficam indicados em outros cânones, como, por exemplo, a língua da liturgia (c. 838 § 3); as vestes sagradas (c. 929);[44] as alfaias e os vasos sagrados;[45] os sacerdotes enfermos ou cegos (c. 930).

---

[39] Cf. SECRETARIA DE ESTADO. Aos que se dedicam ao serviço das pessoas deficientes, 04.03.1981. In: *EV* 7/1.143.
[40] Uma interpretação autêntica sobre o cânon foi dada, em 11.07.1984, pelo PCITL em *AAS* 76 (1984) 746. Cf. AA.VV. *Comentario exegético al Código de Derecho Canónico*. 3. ed. Navarra, Eunsa, 2002. v. V, p. 238.
[41] Cf. *EV* 3/1.282-1.283. PAULO VI. Instrução geral sobre o Missal Romano, cit., n. 283.
[42] Cf. *DS* 1320. PAULO VI. Instrução geral sobre o Missal Romano, cit., n. 320.
[43] Cf. PAULO VI. Instrução geral sobre o Missal Romano, cit., n. 320.
[44] Cf. *EV* 3/2.790.
[45] Cf. PAULO VI. Instrução geral sobre o Missal Romano, cit., nn. 325-347.

Quanto ao tempo e ao lugar da celebração, o código os considera nos cânones 931 a 933. O legislador prevê exceções quanto ao lugar: por exemplo, no caso de uma celebração doméstica para atender um doente.[46] Com relação ao altar, é preciso consultar também os cânones 1235-1239.[47] O que dizer de celebração em Igreja ou capela de não-católicos? O c. 933 (c. 705 § 2 do CCEO) responde que sim, contanto que: a) haja causa justa: por exemplo, falta de igreja; b) haja licença expressa do ordinário do lugar; c) evite-se o possível escândalo das pessoas fiéis. Um problema distinto é a criação de lugares de culto interconfessionais. A Igreja, em princípio, opta por lugares destinados exclusivamente ao culto católico. Reconhece, porém, que, por causa do desenvolvimento social, do rápido crescimento da população e das construções e por motivos ecumênicos, onde existem boas relações e recíproca compreensão entre as comunidades, é muito interessante partilhar os lugares sagrados. Exemplos concretos disso são a capela de um aeroporto, a de um estabelecimento militar; ou contextos políticos contrários à multiplicação de lugares de culto, situações de extrema pobreza da comunidade etc. Há, sem dúvida, alguns problemas provenientes disso, como, por exemplo, a conservação do Santíssimo Sacramento. Qualquer iniciativa neste terreno deve ser tomada com a autorização do bispo e baseada nas normas estabelecidas pela conferência dos bispos.[48]

Com relação à celebração com grupos particulares, devemos dizer que tais grupos podem se distinguir segundo dois critérios: a) grupos grandes, mas distintos da assembléia eucarística ordinária por características peculiares, como, por exemplo, uma romaria; ou grupos de uma certa homogeneidade, como, por exemplo, os participantes em encontros de movimentos eclesiais, em retiros, assembléias, sínodos diocesanos etc.; b) grupos pequenos, porém animados por uma mais forte relação interpessoal entre seus membros, seja ocasional — como, por exemplo, uma família e amigos reunidos para velar um defunto ou celebrar um aniversário —, seja estável — como, por exemplo, grupos de movimentos eclesiais, comunidades de base etc. A respeito da missa com crianças, há várias orientações.[49]

Há valores a serem defendidos, quanto à celebração em grupos particulares: a) o grupo se reúne para celebrar a memória de Cristo e não a fraternidade ou qualquer outro tipo de afinidade entre eles. Esta última será o fruto, não o objeto, da celebração; b) essa celebração é sempre uma celebração da Igreja presente no grupo, por isso o grupo não é proprietário dela; c) o grupo

---

[46] IDEM. Unção dos enfermos, nn. 26 e 37. In: *As introduções gerais dos livros litúrgicos*, cit., pp. 257ss.
[47] IDEM. Instrução geral sobre o Missal romano, cit., nn. 296-308. *Pontifical Romano*. Ritual de dedicação de Igreja e altar, cap. IV: Ritual de dedicação do altar.
[48] Cf. SECRETARIADO PARA UNIÃO DOS CRISTÃOS. La colaborazione ecumenica, 22.02.1975, 3d. In: *EV* 5/1.128-1.133.
[49] Cf. *EV* 4/2.657.

nunca pode ser um gueto, nem um modo de distanciar-se da vida e de negar a solidariedade, no sofrimento e na esperança, às outras pessoas.

O código trata da conservação da eucaristia (cc. 934-940) e aponta brevemente a disciplina sobre algumas manifestações do culto à presença eucarística (cc. 941-944). Há lugares que devem ter o Santíssimo Sacramento (cc. 934 § 1 — 381 § 2, 368, 516 § 1, 528 § 2, 663 § 2 e 733 § 2). Há lugares em que é permitida tal conservação da eucaristia: cc. 934 § 2, 376, 381 § 2, 1214, 1223, 1226. E há lugares em que é proibida: c. 935: casas particulares e nas viagens. Podem dar-se exceções: por exemplo, uma inundação, incêndio, perigo de profanação etc.; ou, então, necessidades pastorais, como nas situações de guerra. Para os lugares onde é permitida a conservação, o código prevê algumas condições (cc. 934 § 2 e 937).

O c. 936 pede que seja conservada a eucaristia em um só lugar. A polêmica sobre a colocação do tabernáculo deu como fruto uma disciplina mais atenta ao conjunto de valores que entram em jogo na eucaristia, a saber: haja um só tabernáculo (c. 938); colocado num lugar nobre, destacado, convenientemente adornado e propício para a oração;[50] com uma determinada estrutura (c. 938 § 3); com segurança (c. 938 § 4s). Ver os cânones 939-940 relativamente ao modo de conservar a eucaristia: a) as hóstias consagradas devem estar em um recipiente adequado; b) deve haver quantidade suficiente para as necessidades das pessoas fiéis; c) há obrigação de renová-las freqüentemente; d) deve-se prestar atenção para a lâmpada do Santíssimo.

A veneração da eucaristia pode ser feita por meio de oração e adoração privada (c. 937), de atos públicos de culto como a exposição do Santíssimo Sacramento (cc. 941-943), de procissões eucarísticas (c. 944).

No que se refere às ofertas para a celebração da missa, devemos dizer que estamos diante de um fato de longa tradição na Igreja, cuja interpretação doutrinal (jurídica e teológica) nunca foi unânime. A espórtula é um costume aceito e defendido pela Igreja (c. 945 § 1).[51] Quanto à interpretação da norma, podemos destacar as seguintes preocupações ao longo dos tempos: a) legitimidade de oferecer a missa por intenção de um oferente sem que isso prejudique a universalidade da eucaristia; b) defesa da espórtula diante das acusações de simonia; c) relação que surge entre o sacerdote e o oferente em razão da oferta recebida para a aplicação da missa em sua intenção.

Depois do Vaticano II, há uma mudança, em que se podem destacar os seguintes pontos: a) o valor de sinal da oferta da pessoa fiel;[52] b) manifestação da comunhão dos bens: a preocupação dos séculos anteriores com a sustentação do clero fica integrada em uma visão mais ampla e que se

---

[50] Cf. PAULO VI. Instrução geral sobre o Missal Romano, cit., nn. 314-317.
[51] Cf. contra J. Wyclef e J. Hus: DS 1169, 1175, 1225. Contra o sínodo de Pistóia: DS 2630, 2654.
[52] Cf. Moto-próprio *Firma in traditione*. In: EV 5/534-535.

aproxima melhor da perspectiva dos primeiros cristãos; c) expressão da fé na mediação eclesial.

Quanto ao futuro, não podemos ignorar a existência de outra corrente, favorável à supressão das espórtulas fixadas à maneira de taxas, substituindo-as por ofertas livres, não regulamentadas, separadas dos atos ministeriais, sobretudo sacramentais. Esta é a recomendação do Sínodo de 1971. Lembramos aqui o sistema do dízimo, que vem se mostrando, por muitas razões, bastante louvável no sentido de reforçar os valores da comunhão fraterna e participação responsável.

Pode-se falar dos seguintes tipos de oferta de missa: a) Manuais: aquelas que as pessoas fiéis oferecem por mãos próprias ou por uma obrigação imposta por um testamento (por exemplo, para celebração de missas por qualquer sacerdote). b) Fundadas: isto é, que procedem de rendas de fundações, constituídas a teor do c. 1303 § 1, n. 2. c) Quase-manuais: que procedem de fundações, mas não puderam ser aplicadas em seu lugar próprio ou por aqueles que, segundo as normas da fundação, deveriam aplicá-las.

As normas fundamentais a respeito das espórtulas são as seguintes: afastar até mesmo a aparência de comércio (c. 947); tantas missas por quantos estipêndios (c. 948); contra a acumulação de espórtulas em uma mesma missa e contra a aceitação de espórtulas em missas aplicadas, por obrigação, a outra intenção — por exemplo, pelo povo — (c. 950); mais missas em um dia: c. 951, § 1; segunda missa no mesmo dia, concelebrada: c. 951, § 2; autor da determinação da quantia: cc. 952; estipêndios que o sacerdote pode aceitar: cc. 953; estipêndios excedentes no ano: c. 956; circunstâncias da celebração: c. 954-955; anotação pessoal: c. 955, § 4; registro de missas: c. 958 § 1; vigilância do ordinário: cc. 958-957; missas gregorianas[53] e missas plurintencionais.[54]

---

[53] Recebem o nome de gregorianas as missas que devem ser aplicadas por um defunto durante trinta dias sem interrupção. Sua origem vincula-se a um episódio que narra são Gregório Magno nos *Diálogos,* IV, 55 (*Patrologia Latina* 77, pp. 420-421), mediante o qual o santo provavelmente somente quis ensinar a doutrina dos sufrágios aplicados aos defuntos, "mas a ingênua mentalidade medieval acentuou a sucessão ininterrupta de missas, crença que santo Antonino de Florência pretendeu corrigir, afirmando simplesmente que, se as trinta missas se dizem seguidas, as almas do purgatório recebem antes os seus frutos. A Igreja mantém esta prática com o sentido de sufrágio pelos defuntos. Mitigou a obrigação de celebrar ininterruptamente, segundo a declaração *Tricenario gregoriano*, 24.02.1967. Se por um impedimento imprevisto (*v.g*., uma enfermidade) ou por outra causa razoável (*v.g*., celebração de uma missa exequial ou de matrimônio), um sacerdote tiver de interromper a trintena, "esta conserva, por disposição da Igreja, os frutos do sufrágio a ela atribuídos pela prática da Igreja e a piedade das pessoas fiéis até o momento presente, mas com a obrigação de completar o quanto antes a celebração das trinta missas". Cf. *EV* 2/966.

[54] Chama-se missa plurintencional a que o padre celebra na intenção de muitas pessoas fiéis que contribuem com suas esmolas voluntárias e indeterminadas na formação de uma espórtula entregue pela celebração e aplicação. Cf. CC. Decreto "Mos iugiter". Sobre as missas chamadas coletivas, de 21.02.1991. *L'Osservatore Romano*, 07.04.1991, p. (163) 3,

4. OS SACRAMENTOS TERAPÊUTICOS OU DE CURA: PENITÊNCIA E UNÇÃO DOS ENFERMOS

4.1. Penitência

As premissas doutrinais, conforme metodologia do atual código, são colocadas pelo c. 959, a saber: a confissão gera o perdão dos pecados cometidos após o batismo, pelo arrependimento e propósito de emenda, mediante a absolvição dada por um ministro legítimo. Pelo perdão dos pecados há reconciliação com a Igreja. O modo ordinário de celebração deste sacramento é apresentado pelo c. 960. A partir do c. 961, o código regula o modo extraordinário de celebração, destacando as condições para a legitimidade; a autoridade competente para julgar sobre a grave necessidade (c. 961 § 2)[55] e as disposições do penitente (cc. 962-963).

Quanto ao lugar da celebração, o c. 964 § 1 diz ser a igreja ou oratório, normalmente no confessionário (c. 964 § 3). O c. 986 § 1 insiste para que se dê às pessoas fiéis a oportunidade de se confessarem individualmente.

---

edição portuguesa. *Aspecto formal*: É um decreto geral (c. 29). Esses decretos são propriamente leis. Podem ser dados pelos legisladores ou os que têm delegação. As congregações romanas, por si, não têm poder legislativo. O papa lhes dá a delegação, como no caso deste decreto, daí a sua força. As motivações para o decreto são: diante de uma praxe recente, os bispos procuram a Santa Sé para obter esclarecimentos. Não se pode julgar do mesmo modo um costume em regiões diferentes. Há várias situações: a) regiões pobres, nas quais os sacerdotes, para poderem receber o equivalente à taxa diocesana, vêem-se obrigados a ajuntar várias intenções em uma só missa; b) lugares onde os fiéis recolhem dinheiro para uma só missa e com a espórtula têm intenção de satisfazer não só o sustento do padre, mas também ajudar às diversas necessidades da Igreja; c) regiões onde o sacerdote recolhe várias intenções, recebendo a taxa integral estabelecida pela cúria de cada uma das pessoas que pedem a missa e reza uma só missa por uma intenção coletiva, fazendo-o com o consentimento dos que pediram a missa ou à revelia destes. *Normativa*: a) É reprovado: recolher indistintamente as taxas integrais — ou mesmo pequenas ofertas aceitas para serem aplicadas na celebração de missa naquela intenção — e acumulá-las em uma só missa com intenção coletiva, sem que as pessoas fiéis que as oferecem o saibam. A generalização desse sistema poderia levar o louvável costume de marcar missas, algo de longa tradição, à extinção. b) É aprovado: celebrar essas missas sob a condição de que os doadores, advertidos previamente, o aceitem. Podem ser celebradas missas plurintencionais; com isso, derroga-se o princípio tradicional — cada missa, uma espórtula. Há condições: as pessoas fiéis devem estar cientes de tal prática. O sacerdote só pode reter o equivalente a uma só espórtula, segundo a taxa diocesana. Que seja publicamente indicados o dia, a hora e o lugar dessa celebração. Essas celebrações não se façam mais de duas vezes durante a semana, em cada lugar de culto (não cada sacerdote). É muito importante explicar bem às pessoas fiéis: trata-se de esmolas realmente voluntárias e indeterminadas, das quais o sacerdote retém a quantia correspondente à espórtula estabelecida na diocese e destina o restante às obras de caridade e pastorais, segundo as normas da diocese. Cf. também: CNBB. *Comunicado Mensal* 576 (2003) 2251ss. MANZANARES, J. O decreto *Mos iugiter*. *Periodica* 1991.

[55] Aqui se situa a disciplina sobre as chamadas confissões comunitárias, que, juridicamente, se denominam absolvição geral. Recentemente, o papa pronunciou-se a respeito na carta apostólica sob forma de moto-próprio *Misericordia Dei*. Sobre alguns aspectos da celebração do sacramento da penitência, 07.04.2002, col. A Voz do Papa, 182, São Paulo, Paulinas, 2002.

O c. 965 diz ser só o sacerdote o ministro legítimo do sacramento da penitência. Entenda-se: o sacerdote que tiver a faculdade necessária (c. 966 § 1). Segundo a norma do c. 966 § 2, essa faculdade pode ser dada pelo próprio direito (cc. 967-968) ou por concessão da autoridade competente (c. 969); os religiosos e equiparados recebem a faculdade segundo o disposto no c. 968 § 2. Para a suplência da faculdade, vale a norma do c. 144 § 2. Os requisitos para obtenção da faculdade estão contidos nos cânones 970-971. Os limites dessa faculdade podem ser postos por vontade do superior competente ou por uma sanção.

A respeito do exercício pastoral desse sacramento fala o c. 978 § 1, ressaltando a função do ministro e a doutrina que ele deve aplicar (c. 978 § 2). Sobre a obrigação de oferecer oportunidade às pessoas fiéis para que celebrem esse sacramento, até com previsão de horário para tal, o código é bastante claro (c. 986). Trata-se de um direito das pessoas fiéis (c. 213).

O ministro, depois da confissão, tem a obrigação de guardar o segredo, pois o sigilo sacramental é inviolável, terminantemente proibido ao confessor denunciar o penitente, por palavras, por qualquer outro modo, por motivo nenhum (983 § 1). Há uma pena eclesiástica para quem não cumpre essa lei, no c. 1388, § 1: "O confessor que viola diretamente o sigilo sacramental incorre em excomunhão *latae sententiae* reservada à Sé Apostólica". Trata-se de uma pena preceptiva, cuja determinação depende do superior competente, conforme a maior ou menor gravidade de que pode revestir a violação. Intérpretes e outros que tenham tido conhecimento da confissão e tenham revelado algo ficam sujeitos a penas *ferendae sententiae*, mais ou menos severas, conforme a gravidade do delito, podendo chegar até a excomunhão (1388 § 2).

No que se refere à defesa da santidade desse sacramento,[56] podemos considerar, primeiro, os possíveis abusos da parte dos confessores: a) a absolvição dada pelo confessor a seu cúmplice em pecado grave contra o sexto mandamento do decálogo. No perigo de morte do penitente, a absolvição pode ser dada. Caso contrário, o sacerdote não só realiza um ato inválido, como também incorre em excomunhão *latae sententiae*, reservada à Sé Apostólica (c. 1378 § 1); b) solicitação ao pecado em matéria de castidade no ato ou por pretexto de confissão (c. 1387). A sanção penal é preceptiva, deixando-se a sua determinação ao superior, segundo a gravidade do caso, até a demissão do estado clerical, que só poderá ser imposta por um tribunal colegial de 3 (três) juízes (1425 § 2).

---

[56] Cf. JOÃO PAULO II. Carta apostólica sob forma de moto-próprio *Normae de gravioribus delictis Congregationi pro Doctrina Fidei reservatis promulgantur,* Roma, 30.04.2001. CDF. Carta aos bispos e outros ordinários e hierarcas de toda a Igreja católica *De delictis gravioribus eidem Congregationi pro Doctrina Fidei reservatis*, Roma, 18.05.2001. DE PAOLIS, Velasio. Norme de gravioribus delictis riservati alla Congregazione per la Dottrina della Fede. *Periodica* 91 (2002) 273-312.

Em segundo lugar, consideremos que pode haver também abusos por parte do penitente: a) falsa denúncia do delito de solicitação. Segundo o c. 1390, quem comete esse delito incorre no interdito *latae sententiae*, e, se é clérigo, incorre em suspensão; b) outros abusos não incluídos no código são indicados na declaração da Congregação para a Doutrina da Fé de 23 de março de 1973, ratificada pela Congregação em setembro de 1988, estabelecendo a pena de excomunhão contra aqueles que, com desprezo pelo sacramento da penitência, gravam confissões sacramentais, verdadeiras ou simuladas, que, conhecidas por esses procedimentos, são divulgadas.

Sobre o penitente, suas disposições, seus deveres e direitos, o CIC/83 trata nos cânones 987-991. Em seguida, vem o capítulo sobre as indulgências (cc. 992-997).

4.2. A unção dos enfermos

Como para os outros sacramentos, há um preâmbulo doutrinal para o sacramento da unção dos enfermos (c. 998). Sobre a celebração do sacramento, como celebração da Igreja, temos a legislação dos cânones 999-1002. O ministro da unção dos enfermos, para validade do ato, é indicado no c. 1003, § 1. Quanto à reiteração do sacramento, temos o c. 1004, § 2. O código apresenta algumas situações pastorais especiais: dúvida se o enfermo tenha atingido o uso da razão ou se esteja gravemente doente ou esteja morto (c. 1005); sujeito que perdeu o uso das faculdades mentais (c. 1006); sujeito excluído (c. 1007). Tema que merece consideração é a chamada Pastoral dos Enfermos ou "da Saúde".[57]

5. OS SACRAMENTOS DIACÔNICOS OU DO SERVIÇO: ORDEM E MATRIMÔNIO

5.1. Ordem

Os cânones 1008 e 1009 são introdutórios e de caráter doutrinal. Eles ressaltam[58] a dimensão eclesiológica da ordem sagrada e a articulação do sacerdócio comum e sacerdócio ministerial ou hierárquico,[59] como dois modos de participação no único sacerdócio de Cristo.[60]

---

[57] Cf. PAULO VI. Unção dos enfermos. In: *As introduções gerais dos livros litúrgicos*, cit., pp. 257ss. VÁRIOS DICASTÉRIOS. Op. cit., pp. 43ss.
[58] IDEM. Ordem. In: *As introduções gerais dos livros litúrgicos*, cit., pp. 245ss. TABORDA, F. Ministério ordenado. *REB* 2002.
[59] Cf. *LG* 10b.
[60] Cf. *Christifideles laici*, nn. 21-23: a) evitar a confusão entre ministérios ordenados e ministérios não-ordenados; b) o nivelamento entre o sacerdócio comum das pessoas fiéis e o sacerdócio ministerial; c) a clericalização dos leigos; d) uma estrutura paralela dos leigos em relação à dos ministros ordenados.

O CIC/83, como o CIC/17, trata do sacramento da ordem em dois lugares diferentes: livro II, parte I, título III e livro IV, parte I, título VI.

O c. 1009 § 1 confirma o fato de que na Igreja existem três ordens.[61] A celebração válida da ordenação acontece com a imposição das mãos e a oração consecratória, segundo os livros litúrgicos (c. 1009 § 2). Sobre o tempo e o lugar da ordenação falam os cânones 1010 e seguintes. O ministro da ordenação é o bispo (c. 1012). Trata-se de uma disposição de direito divino ou de direito eclesiástico? Tanto para a ordem como para a crisma e a penitência, cremos que a indicação do bispo como ministro ordinário seja de direito eclesiástico.

Com o c. 1013 cai a reserva da ordenação episcopal ao Romano Pontífice, mas para consagrarem licitamente os bispos, precisam do mandato pontifício. Sem ele, a ordenação é válida, mas ilícita.

O c. 1015 § 1 fala da necessidade das cartas dimissórias, caso a ordenação não seja feita pelo bispo próprio (c. 1016). É também uma maneira de tutelar os diferentes ritos. Tais cartas dimissórias — documento pelo qual o bispo próprio (ou superior maior, no caso dos religiosos) permite a outro que faça a ordenação — são requeridas para a liceidade da ordenação.

Segundo o c. 1016, o bispo próprio para a ordenação diaconal pode ser escolhido pelo candidato à ordem. Para a ordenação presbiteral, será o bispo da diocese na qual o diácono já é incardinado. O c. 1017 trata da ordenação fora do território do bispo que ordena. As mesmas normas valem, analogicamente, para as prelazias pessoais e para os institutos seculares de direito pontifício, que, segundo o c. 266 § 3, incardinam os seus súditos. O c. 1019 § 2 revoga qualquer indulto concedido aos superiores maiores dos outros institutos ou sociedades.

Sobre os ordenandos, o código apresenta dois cânones introdutórios: um com os requisitos para a validade da ordenação (c. 1024) e outro com requisitos para a liceidade (c. 1025). Sobre o primeiro, os requisitos são: 1) O batismo; 2) Sexo masculino.[62] Sobre o segundo cânon, refere-se so-

---

[61] O Concílio de Trento, c. 6 do decreto *De sacram. ordinis* da Sessão XXIII, afirma que há na Igreja católica a hierarquia, por instituição divina, formada por bispos, presbíteros e ministros. O Concílio afirma a existência da hierarquia e deixa aberta a questão da diferença entre episcopado e presbiterato. O c. 103, § 3 CIC 1917 diz *ex divina institutione*. Segundo o c. 949 CIC 1917, o episcopado permanece implícito no presbiterato, entendido como sacerdócio. No c. 950 CIC 1917, a consagração episcopal não é considerada um ato sacramental.

[62] Cf. CDF. Declaração *Inter insigniores*, 15.10.1976. Questão das diaconisas: Rom 16,1-2; 1Tim 3,11; 5,9; *Didascalia*; *Traditio apostolica*, de Hipólito — metade do século III. Concílio de Nicéia, c.19. S. Basílio; S. Epifânio; *Constituições apostólicas* fim do século IV. Posição da comunhão anglicana: carta de Paulo VI de 30.11.1975, em resposta à carta de 09.07.1975, do Dout. Coggan; carta de 23.03.1976, em resposta à carta de 10.02.1976; 22.07-13.08.1978 em Canterbury, 11ª Conferência de Lambeth; 17.07-07.08.1988 em Canterbury, 12ª Conferência de Lambeth; Sínodo da Igreja da Inglaterra de 11.11.1992. JOÃO PAULO II. *Mulieris dignitatem*, 15.08.1988, nn. 25-26. IDEM. Exortação apostólica pós-sinodal

mente ao presbiterato e ao diaconato, pois os cânones 377 § 3 e 364, n. 4, tratam do episcopado.

Algumas qualidades pessoais também são requeridas, tais como a liberdade (c. 1026: liberdade externa e interna para receber as ordens). Pode-se falar de nulidade da ordenação nas seguintes situações: 1) falta substancial do rito; 2) falta de intenção no ordenando adulto; 3) falta do sexo masculino no ordenando; 4) falta do batismo nele; 5) falta de poder no ordenante; 6) falta de intenção deste último. O procedimento para as causas de nulidade da ordenação é regulado pelos cânones 1708-1712.

O c. 1029 apresenta uma série de qualidades requeridas para o candidato às ordens. São como que sinais de vocação divina comprováveis no foro externo: a) íntegra fé; b) reta intenção; c) ciência devida (c. 1032 §§ 1 e 3); d) boa estima; e) íntegros costumes e provada virtude; f) qualidades físicas e psíquicas. Observe-se, aqui, a supressão das irregularidades por defeitos físicos — questão dos surdos-mudos. A aprovação às ordens sagradas depende só do prudente juízo do bispo próprio ou do superior maior competente. Ninguém pode exigir a ordenação, mas somente uma causa canônica pode excluir os diáconos do acesso ao presbiterato (c. 1030). O recurso contra essa decisão do bispo segue o procedimento indicado nos cânones 1732-1739. O c. 1031 trata da idade canônica mínima para a liceidade da ordenação dos presbíteros e dos diáconos, da competência da conferência dos bispos.

Os requisitos prévios à ordenação estão indicados nos cânones 1033-1039. Pede-se que o candidato às ordens seja crismado, tenha feito o rito de admissão às ordens, tenha recebido os ministérios de leitor e de acólito, entre outros requisitos. Lembramos que a exigência de assumir o celibato em rito anterior à ordenação (c. 1037) foi derrogada pelo decreto da Congregação para o Culto Divino e a Disciplina dos Sacramentos de 29.06.1989.

Os cc. 1040-1049 tratam das irregularidades e outros impedimentos para recepção e/ou exercício da ordem recebida. Por impedimento se entende a condição, por si, temporária, na qual o ordenando ou o ordenado se encontra, e que proíbe a aprovação às ordens ou o exercício das ordens recebidas.

Acerca dos documentos requeridos e do escrutínio, falam os cânones 1050-1052. A anotação e certidão da ordenação realizada, inclusive com a

---

Christifideles laici, 30.12.1988, n. 51. Conclusão: mesmo que nesses documentos não se tenha uma afirmação expressa de direito divino, as expressões usadas são próximas a ela; a exclusão das mulheres do ministério diaconal é certamente de direito eclesiástico; aquela a partir da ordenação presbiteral e episcopal com muita probabilidade deve ser considerada de direito divino. CNBB. Esclarecimento sobre a carta apostólica *Ordinatio sacerdotalis*. Resposta à dúvida sobre a doutrina da carta apostólica *Ordinatio sacerdotalis*. *Comunicado Mensal* (1995) 2.264-2.265.

comunicação ao pároco do lugar de batismo do ordenado, ficam exigidas pelos cânones 1053 e seguinte.

5.2. Matrimônio

Aqui está a base da Igreja doméstica, instrumento privilegiado da ação evangelizadora. A família, santuário da vida, nasce desse sacramento, que é um tema bastante complexo pela multiplicidade de aspectos implicados na matéria. As normas de Direito Judaico,[63] de Direito Romano[64] e, através dos séculos, das mais variadas culturas influenciam o Direito matrimonial Canônico.

A novidade trazida pelo Cristo, quanto ao matrimônio, está na referência que ele próprio faz ao princípio (Mt 19,8).[65] Os Padres da Igreja acolheram esse ensinamento e o transmitiram, insistindo nos seguintes pontos: primeiro, defesa da bondade moral do matrimônio contra os erros da tendência rigorista; segundo, afirmação da liceidade de segundas núpcias, discutida por alguns; terceiro, afirmação da superioridade evangélica do estado de virgindade. Há, nesta época, uma preocupação muito grande em reivindicar a indissolubilidade absoluta do vínculo conjugal, dados os costumes da sociedade antiga e a decadência geral. Quanto ao caráter sacramental e aos fins da união matrimonial, os Padres não têm uma sistematização completa.[66]

Houve, ao longo da história, várias teorias para falar sobre o momento em que surge um verdadeiro casamento cristão, ou seja, sua causa eficiente; uns falavam que era a relação sexual-genital,[67] outros davam importância decisiva ao consentimento das partes.[68]

Hoje, temos, em linhas gerais, o que foi formulado na teoria do papa Alexandre III (1159-1181), a saber: prevalece o elemento consensual ou

---

[63] Cf. VAUX, R. de. *Les institutions de l'Ancien Testament*. 5e. éd. Paris, Les Éditions du CERF, 1989. pp. 45ss.
[64] Cf. ROBLEDA, Olis. *El matrimonio en derecho romano*: esencia, requisitos de validez, efectos, disolubilidad. Roma, PUG, 1970.
[65] Cf. PAULO VI. Matrimônio. In: *As introduções gerais dos livros litúrgicos,* cit., pp. 231ss. ADNÈS, P. *El matrimonio*. Barcelona, Herder, 1979. pp. 39-63.
[66] Cf. ADNÈS, P. Op. cit., pp. 68-98.
[67] É a chamada teoria da cópula, defendida por Graciano, na escola de Bolonha. Para esse autor, existem dois graus na celebração do matrimônio: 1º *matrimonium initiatum*, que nasce do mútuo consentimento; 2º *matrimonium perfectum,* que se dá pela *copula carnalis.* Só esse último é indissolúvel, só ele simboliza perfeitamente a união de Cristo com a Igreja.
[68] É a chamada teoria consensualista, defendida por Pedro Lombardo na escola de Paris. Para esse autor, o consentimento, expresso com palavras *de praesenti*, constitui o verdadeiro matrimônio e cria o vínculo matrimonial que dirimirá todo o matrimônio posterior, até o consumado. Para Graciano e a escola de Bolonha, um segundo matrimônio consumado anulava uma primeira união não consumada. Cf. ADNÈS, P. Op. cit., p. 104.

contratual (irrevogável); a consumação não é elemento essencial, mas tem importância jurídica (gera a indissolubilidade) e teológica (união mística entre Cristo e a Igreja).[69]

O CIC/83 dá uma definição indireta, que visa aos elementos essenciais do matrimônio enquanto ato (c. 1055 § 1).[70] Quando se fala dos elementos essenciais do matrimônio, várias questões apresentam-se. Uma delas é esta: o amor é fundamental no matrimônio? (que tipo de amor?). Paulo VI, numa alocução à Rota Romana em 1976, diz que é o consentimento que faz o matrimônio, o amor é um elemento ajurídico, ou metajurídico. Isso não quer dizer que não seja um elemento essencial no matrimônio. Alguns autores identificam o amor propriamente conjugal com o consentimento. Sem dúvida, o consentimento, causa eficiente do matrimônio, dificilmente será emitido sem amor,[71] se o entendemos não como um vago sentimento, mas como um empenho responsável pela vida da outra pessoa.

Quanto à estrutura do código, podemos dizer que os cânones introdutórios à matéria apresentam, em primeiro lugar, uma descrição do matrimônio (c. 1055); em segundo, suas propriedades essenciais (c. 1056); em terceiro, o papel do consentimento (c. 1057); em quarto, o direito fundamental ao matrimônio (c. 1058); em quinto, a competência da Igreja (c. 1059); em sexto, o favor do direito (c. 1060); em sétimo, as exigências técnicas sobre o matrimônio ratificado, ou seja, realizado validamente e ratificado perante Deus; sobre o matrimônio ratificado e consumado, isto é, pela cópula conjugal após a celebração válida (c. 1061);[72] em oitavo, o noivado (c. 1062).

---

[69] Cf. NAVARRETE, Urbano. *Structura iuridica matrimonii secundum Concilium Vaticanum II*. Roma, Editrice Pontificia Università Gregoriana, 1988. IDEM. Diritto fondamentale al matrimonio e al sacramento. *Quaderni di Diritto Ecclesiale* 1 (1988) 72-78. STANKIEWCZ, A. "De origine definitionis matrimonii in Decreto Gratiani". *Periodica* 71 (1982) 211-229. NAVARRETE, U. Matrimonio y culturas: hacia el matrimonio occidental moderno. *Revista Española de Derecho Canónico* 51 (1994) 468-471.

[70] Fontes atuais: GS 48-49; *Papas*: PAULO VI. *Humanae vitae*. JOÃO PAULO II. *Familiaris consortio*. *Congregações romanas, Tribunais*: Rota Romana (s. XIV) *Collectiones* (até 1978). Signatura Apostolica: juízos administrativos. *Ephemerides*.

[71] Cf. SÃO BERNARDO. Sermões sobre o Cântico dos Cânticos. *Sermo 83,4-6*. In: PAULO VI. *Ofício divino — Liturgia das horas*. Traduzido no Brasil da 2ª ed. típica. São Paulo, Vozes-Paulinas-Paulus-Ave-Maria, 1995. v. IV, pp. 1.209s. NAVARRETE U. "De iure ad vitae communionem: observationes ad novum schema canonis 1086,2". *Periodica* 66 (1977) 249-270. BONNET P. A. *Introduzione al consenso matrimoniale canonico*. Milano, Giuffré Editore, 1985, p. 207. IDEM. *L'essenza del matrimonio canonico. Contributo allo studio dell'amore coniugale. 1. Momento costitutivo del matrimonio*. Padova, Pubblicazione dell'Istituto di Diritto Pubblico della Facoltà di Giurisprudenza, Università degli Studi di Roma, 1976. Serie terza, v. 30. FUMAGALLI CARULLI, O. *Il matrimonio canonico dopo il concilio. Capacità e consenso*. Milano, Giuffrè, 1978.

[72] Elementos necessários para a consumação canônica do matrimônio (*copula coniugalis*): a) *anatômico-fisiológicos*: penetração (não mera justaposição, mesmo que haja gravidez); ejaculação no órgão genital feminino; b) *psicológicos: modo humano* — isto é, fruto de uma vontade livre, não simplesmente *actus hominis*; a liberdade supõe que no ato conjugal a pes-

No que se refere à preparação ao matrimônio, fica claro que o cuidado pastoral é decisivo (cânones 1063-1065). O direito propõe como instrumentos pastorais, nesta matéria, os chamados processos de habilitação, para, além da prova de estado livre, possibilitar o encontro pessoal dos nubentes com o seu pastor (cc. 1066-1067, 1069). Em alguns casos, o pároco ou quem deve assistir ao matrimônio deve, antes de fazê-lo, recorrer ao ordinário do lugar (c. 1071); note-se que o código não incentiva o matrimônio antes da idade (c. 1072).

Falando dos impedimentos, em geral, o c. 1073 apresenta o efeito deles e o c. 1074 classifica-os como públicos ou ocultos, conforme possam ser provados no foro externo ou não. Interpretar e constituir um impedimento compete à autoridade suprema da Igreja (c. 1075). Introduzir impedimento novo (c. 1076) é considerado costume reprovado (c. 24). O c. 1077 apresenta a possibilidade de proibição do matrimônio por parte do ordinário. A dispensa (cc. 59 § 1, 85ss), quando se tratar de impedimentos de direito eclesiástico, não reservados (c. 1078 § 2), pode ser dada tanto em circunstâncias ordinárias (c. 1078) como em perigo de morte (c. 1079) ou em caso perplexo (c. 1080). É importante que a dispensa concedida seja anotada, tanto em relação ao foro externo (c. 1081) quanto ao interno (c. 1082).

Os impedimentos, em particular, são os seguintes:

1. Idade: c. 1083;
2. Vínculo: c. 1085;
3. Disparidade de culto: c. 1086;
4. Ordem sacra: c. 1087;
5. Voto: c. 1088;
6. Rapto: c. 1089;
7. Crime: c. 1090;
8. Impotência de copular: c. 1084;
9. Consangüinidade: c. 1091;
10. Pública honestidade: c. 1093;
11. Afinidade: c. 1092;
12. Adoção: c. 1094.

---

soa esteja no domínio de si, ou seja, em condições de assumir atitudes com intenção atual. A cópula realizada sob ameaça ou violência física não consuma. Os efeitos da consumação: representação mística da aliança entre Cristo e a Igreja; perfeição integrativa no sacramento; os dois tornam-se *una caro*; união íntima e comunhão de vida; selo de absoluta indissolubilidade. Uma questão que se poderia colocar é sobre a consumação na primeira cópula.

O capítulo sobre o consentimento matrimonial é chave no direito matrimonial, uma vez que o que faz o matrimônio é o consentimento das partes. Esse ato humano, pressupondo o processo de decisão interna, em duas pessoas livres que se entregam mutuamente e se recebem para constituir o matrimônio, nasce da fusão das duas decisões internas, formando o consentimento eficaz. Este é um ato plural e singular ao mesmo tempo. Plural porque posto por duas pessoas. Singular porque as duas pessoas se unem num só projeto que as supera, elevando-as à condição de uma só carne. Pode-se comparar o encontro das duas vontades internas com a fecundação do óvulo pelo espermatozóide.[73] O consentimento é um processo que, na biografia das pessoas envolvidas, supõe dois momentos inseparáveis: o de formação e o de manifestação. O segundo é a culminação do primeiro. Logo, o atento exame do concreto processo formativo do consentimento tem, por conseguinte, uma importância fundamental para qualificar com certeza a nulidade ou não de qualquer caso matrimonial.[74]

O código, no capítulo sobre o consentimento, define a capacidade para consentir (c. 1095). Em seguida, aponta para outras situações que tiram a eficácia do consentimento, suposta a capacidade de consentir, a saber: a) a falta daquele mínimo conhecimento que a pessoa deve ter acerca do matrimônio a ser constituído (c. 1096); b) o erro acerca da pessoa na sua identidade psicofísica (c. 1097 § 1); c) o erro acerca das qualidades da pessoa (c. 1097 § 2); d) o erro acerca das propriedades essenciais do matrimônio (c. 1099); e) o erro provocado por dolo (c. 1098). O conhecimento da nulidade não exclui necessariamente o consentimento (c. 1100); f) a exclusão, com um ato positivo de vontade, de um elemento essencial do matrimônio ou do próprio matrimônio (c. 1101); g) a condição de passado ou de presente, situação mantida só no código latino (c. 1102); h) o medo grave (c. 125 § 2), em matéria matrimonial, que torna inválido o matrimônio (c. 1103).

O matrimônio pode ser celebrado entre pessoas presentes (c. 1104), por procurador (c. 1105), por intérprete (c. 1106). O c. 1107 estabelece uma presunção de direito a favor da permanência do consentimento para uma possível sanação radical. A forma de celebração do matrimônio é indicada no c. 1108.[75] Os cânones 1109 e seguintes estabelecem a válida assistência; em seguida, os cânones 1111 e 1113 tratam da delegação e o c. 1112 trata

---

[73] Cf. NAVARRETE, U. Matrimonio, contrato e sacramento. *Studi Giuridici* 31 (1993). VILADRICH, P.-J. *O consentimento matrimonial*. Braga, oficina gráfica de Barbosa e Xavier, Lda., 1997. VERSALDI, G. "Elementa psychologica matrimonialis consensus. Momentum iuridicum vitae affectivae, praesertim subconsciae, eiusdemque influxus in intellectum et voluntatem". *Periodica* 71 (1982) 179-209; 231-253.
[74] VILADRICH, P. J. Op. cit., p. 81.
[75] Cf. QUEIROGA, Gervásio Fernandes. Nota explicativa sobre matrimônios realizados na Igreja brasileira. *Comunicado Mensal* 1986, p. 1.646.

das pessoas assistentes leigas, em nome da Igreja.[76] Lembre-se, nesta matéria da delegação, do princípio formulado no c. 144 § 2. O c. 1114 fala da assistência lícita. O pároco para a lícita celebração é indicado no c. 1115. Há uma forma extraordinária de assistência prevista no c. 1116. O c. 1117 apresenta quem é que está sujeito à forma canônica. O c. 1118 indica o lugar de celebração e os cânones 1119 e seguintes referem-se à forma litúrgica. As normas sobre a anotação do casamento estão nos cânones 1121-1123.

Por causa grave e urgente, o ordinário pode conceder a licença para celebração secreta do matrimônio (c. 1130); isso traz algumas obrigações (cânones 1131 e seguintes). A anotação seja feita no arquivo secreto da cúria (c. 1133).

A norma geral, a respeito dos matrimônios mistos, é que haja uma expressa licença para a realização deles (c. 1124). As condições para se conceder a licença estão elencadas no c. 1125. É tarefa da conferência dos bispos estabelecer o modo como devem ser feitas as declarações e promessas (c. 1126). Como princípio geral, a forma é obrigatória para a validade (c. 1127 § 1); se o casamento é entre não-católico oriental e católico, a forma é obrigatória só para a liceidade, para a validade basta a intervenção do ministro sacro (c. 1127 § 1). Os ordinários do lugar podem dispensar da forma (c. 1127 § 2). É proibida a celebração mista (c. 1127 § 3). O c. 1128 sublinha a importância do zelo pastoral redobrado nesses casos. Os cânones 1127-1128 valem também para os procedimentos referentes ao impedimento de disparidade de culto (c. 1129).

Os efeitos do matrimônio podem ser considerados naturais e, para as pessoas cristãs (existencial sobrenatural), teológicos (c. 1134). O c. 1135 proclama a igualdade entre os cônjuges; o c. 1136, as obrigações para com os filhos. A legitimidade da prole é definida pelo c. 1137 e a presunção de legitimação, pelo c. 1138. A legitimação da prole ilegítima é regulada pelo c. 1139 e os efeitos dessa legitimação, pelo c. 1140.

A dissolução do vínculo é prevista nos cânones 1141-1150 e abrange diversas figuras. Antes de mais nada, o código estabelece a indissolubilidade absoluta do matrimônio ratificado e consumado (canônes 1141 e seguintes). No caso do matrimônio ratificado e não consumado (c. 1142) ou matrimônio não ratificado (cc. 1143-1150), estabelece as normas de dissolução. A separação com a permanência do vínculo (c. 1151) é também prevista no código. Pode haver uma separação legítima, no caso de adultério (c. 1152) ou por outros motivos (c. 1153). O c. 1154 lembra o cuidado da prole, no caso da separação. O c. 1155 traz, por fim, uma exortação à reconciliação.

---

[76] Cf. VÁRIOS DICASTÉRIOS. Op. cit., 1997, pp. 44s.

A convalidação[77] do matrimônio é feita seguindo algumas condições — no caso da convalidação simples (cc. 1156s). É preciso verificar se o matrimônio foi nulo por impedimento (c. 1158) ou por falta de consentimento (c. 1159) ou por falta da forma (c. 1160). A sanação em raiz é definida no c. 1161. Não deve ser concedida se não for provável que as partes queiram perseverar na vida conjugal (c. 1161). A condição essencial é a existência do consentimento (c. 1162). Se a nulidade é por impedimento ou falta de forma (c. 1163),[78] pode ser sanado, contanto que, se o impedimento era de

---

[77] A convalidação supõe a existência de um *caso sanável*, caso contrário não poderá haver tal procedimento. Podem dar-se três situações: a) Os cônjuges estão cientes da nulidade e querem regularizar a situação: sanação ou revalidação. b) Os cônjuges estão cientes da nulidade, mas não desejam regularizar a situação: nesse caso, pode-se declarar a nulidade do matrimônio. c) Os cônjuges não estão cientes da nulidade do matrimônio: nesse caso, pode-se proceder à regularização do matrimônio, ou fazendo a *sanatio in radice* sem que eles saibam, ou então informá-los e fazer a *sanatio in radice*, como também pode-se declarar a nulidade do matrimônio, se assim desejarem. É importante verificar se o consentimento perdura. Se não estamos diante de um *caso sanável*, há também várias situações: a) quando os cônjuges não estão cientes; às vezes é mais conveniente deixá-los na boa fé. b) Se estão cientes, a caridade pastoral e o senso jurídico ditarão a melhor atitude para o caso. Pode ser, por exemplo, que a nulidade venha de um impedimento de direito divino existente no matrimônio e só descoberto depois. Em alguns casos, o tribunal eclesiástico, pelo promotor de justiça, deverá impugnar a nulidade de tal matrimônio. Para sanar ou convalidar um matrimônio, pode-se proceder de várias maneiras, conforme o caso: 1) Nova celebração do matrimônio, segundo a forma canônica, em três casos: a) Quando a nulidade se deu por causa de um impedimento público, isto é, que pode ser provado publicamente. b) Quando a nulidade se deu por vício de consentimento de caráter público: é o caso em que pode ser mais aconselhável a celebração secreta do matrimônio. c) Quando a nulidade se deu por falta de forma canônica: neste caso, a revalidação será feita ou por *sanatio in radice* ou por nova celebração do matrimônio. 2) Convalidação simples, isto é, por renovação do consentimento ao menos de uma das partes ou de ambas, mas de forma muito discreta e até secreta, o que se faz: a) Quando na primeira celebração foram cumpridas todas as formalidades externas, quando a causa de nulidade não é pública, e quando já cessou a causa da nulidade. b) Procede-se da seguinte forma: o consentimento será unilateral, se a nulidade é conhecida apenas por uma das partes; o consentimento será bilateral, se ambos têm conhecimento da nulidade do matrimônio Cf. MOSER, D. Hilário. *O sacramento do matrimônio — Guia prático em perguntas e respostas.* 2. ed. Tubarão, Secretariado Diocesano de Pastoral, 1999.

[78] Cf. CORSO, João. A importância pastoral da *sanatio in radice*. Direito e Pastoral 37 (1999) 63-66. Em resumo, pode-se dizer da *sanatio in radice* o seguinte: *a) Características:* as partes não precisam saber, necessariamente, que seu matrimônio está sendo convalidado. As partes não precisam renovar o consentimento. A convalidação é feita pela autoridade eclesiástica (bispo diocesano ou Sé Apostólica). Inclui a dispensa de qualquer impedimento, se houve ou se há. Tem efeito retroativo, isto é, como se o matrimônio fosse válido desde o início. *b) Quando se deve recorrer à sanação na raiz:* se aos cônjuges — ou pelo menos a um deles — não convém que saibam da nulidade de seu matrimônio. Se um deles se nega a proceder à celebração canônica regular do matrimônio. *c) Requisitos para se poder recorrer à sanação na raiz:* ambas as partes devem persistir na vontade de permanecer na vida conjugal, isto é, consentimento de fato. Deve haver uma razão grave. *d) Quando é permitido recorrer à sanação na raiz:* quando a nulidade se deu por falta de forma canônica. Quando foi por causa de impedimento não dispensado. Quando foi por falta de delegação do ministro assistente ao matrimônio. Cf. também: NAVARRETE, Urbano. "Consensus naturaliter sufficiens sed iuridice inefficax". Limiti alla sovranità del consenso matrimoniale. *Periodica* 88 (1999) 361-389.

direito natural ou divino positivo, tal impedimento tenha cessado. Pode-se conceder a *sanatio* mesmo sem o conhecimento das partes (c. 1164). A Sé Apostólica e, caso por caso, também o bispo diocesano são competentes para conceder a sanação (c. 1165).

Apresentamos, a seguir, algumas notas de comparação entre o direito latino e o oriental em matéria de casamento.[79]

Deve-se ressaltar que cada Igreja oriental tem um direito particular. Quando se trata, porém, do direito matrimonial, processual ou substancial, existe uma certa uniformidade com a Igreja latina.

Quanto aos impedimentos matrimoniais, as diferenças são as seguintes:

Impedimento	CIC	CCEO
De crime	C. 1078 § 2: a dispensa do impedimento de crime é reservada à Sé Apostólica	O patriarca pode conceder essa dispensa, conforme o c. 795 § 2
De idade	Conforme o c. 1083 § 2, compete à conferência de bispos estabelecer uma idade superior para a celebração lícita do matrimônio	O direito particular de cada Igreja pode fixar essa idade, conforme o c. 800 § 2
De afinidade	Conforme o c. 1092, a afinidade em linha reta torna nulo o matrimônio em qualquer grau	Conforme o c. 809 §§ 1-2, a afinidade torna nulo o matrimônio em qualquer grau da linha reta e também no segundo grau da linha colateral, mas o impedimento de afinidade não se multiplica (como antes de 1991)
De honestidade pública	C. 1093: o impedimento existe depois de instaurada a vida em comum, ou de um concubinato notório e público	C. 810: o impedimento nasce: 1) de um matrimônio inválido, depois da instauração da vida em comum; 2) de um concubinato notório ou público; 3) depois da instauração da vida em comum daqueles que contraíram matrimônio civil, ou perante um ministro não-católico

---

[79] Cf. PRADER, Joseph. *Il matrimonio in oriente e occidente*. Roma, Pontificium Institutum Orientalium, Edizioni Orientalia Christiana, 1992. (Col. Kanonika.)

De parentesco espiritual	No CIC este impedimento não existe	C. 811, §§ 1-2: existe entre o padrinho de um lado e seus pais do outro lado, e dirime o matrimônio. No batismo reiterado sob condição, este impedimento não ocorre, a não ser que o padrinho seja o mesmo
De rapto	C. 1089: este impedimento existe quando a mulher é arrebatada	C. 806: existe quando homem ou mulher são arrebatados

Com relação ao consentimento, temos de dizer que no CCEO estabelece-se (c. 826) simplesmente que o matrimônio não pode ser celebrado sob condição, validamente. O CIC/83 admite a celebração sob condição (c. 1102).

A respeito da celebração do matrimônio, de acordo com o CCEO (c. 828, §§ 1-2), o rito é considerado sagrado pela intervenção do bispo ou presbítero (sacerdotes, não-diácono ou ministro leigo) que assiste e abençoa o casamento. Caso contrário, o matrimônio é nulo. A teologia oriental exige que todo o sacramento administrado passe através de um homem consagrado, porque os sacramentos foram instituídos por Jesus Cristo, verdadeiro homem. Quanto à celebração do matrimônio só perante as testemunhas, a legislação no CIC e no CCEO é a mesma, mas o CCEO não fala do diácono, como o CIC (c. 1116 § 2), mas fala de chamar mesmo um sacerdote não-católico. Quanto à celebração perante o pároco dos noivos, o CIC (c. 1115) fala da paróquia onde uma das partes tem domicílio; o CCEO (c. 831 § 2) diz que, como princípio, deve ser perante o pároco do noivo.

Existem, no Brasil, diversas pessoas fiéis pertencentes a vários ritos orientais. Como dioceses, existem três eparquias e um exarcado. As eparquias são a maronita, a melquita e a ucraniana. O exarcado é o armênio. Para as outras pessoas orientais católicas, que não têm aqui seu bispo, seu ordinário próprio é o arcebispo (latino) do Rio de Janeiro. Assim sendo: a) onde há uma paróquia de rito oriental, nenhum ordinário, ou pároco, ou outro sacerdote latino (brasileiro, no caso) pode assistir a um casamento de dois noivos do mesmo rito oriental sem para tanto receber a necessária faculdade do respectivo hierarca ou pároco oriental; b) onde há uma paróquia de rito oriental e um dos noivos é de rito latino, o pároco oriental ou o pároco latino podem assistir validamente a esse casamento. Se os dois noivos são do rito latino, o pároco oriental deve obter a delegação para assistir validamente a esse casamento; c) onde há uma paróquia de rito oriental e ambos os noivos são orientais, mas de ritos orientais diferentes, o ordinário, o pároco e/ou outro sacerdote latino não podem assistir a tal casamento sem para tanto receber a necessária faculdade do respectivo hierarca ou pároco oriental. O hierarca ou o pároco de qualquer dos dois ritos orientais, contudo, pode celebrar validamente esse casamento; d) onde não existe nem paróquia de rito oriental, nem pároco local de rito oriental, o pároco do rito latino pode assistir validamente ao matrimônio dos noivos de rito oriental, dentro dos limites de sua paróquia; e) quando for necessária a dispensa de um impedimento que dirima o matrimônio, tratando-se de dois noivos de qualquer rito oriental, tal dispensa deve ser obtida do ordinário deles, senão a dispensa é nula (o maronita para os maronitas, o melquita para os melquitas, o ucraniano para os ucranianos, o armênio para os armênios, o arcebispo metropolitano do Rio de Janeiro para as pessoas fiéis de qualquer outro rito oriental, no Brasil).

Nos processos, a legislação oriental é quase a mesma. No território patriarcal (Oriente Médio), porém, o tribunal da Igreja patriarcal é o Tribunal das Instâncias Ulteriores, com a possibilidade de endereçar a apelação à Rota Romana. Além disso, como princípio, cada eparquia (diocese) tem o tribunal de 1ª instância. Com autorização da Santa Sé (CCEO, c. 1067 § 1), entretanto, a maioria das Igrejas orientais tem um tribunal unificado de 1ª instância, sobretudo para causas que exigem um tribunal colegial.

No caso das pessoas orientais, em todo o Brasil, o juiz eclesiástico de 1ª instância, para causas referentes a matrimônio, é o eparca dos dois noivos do mesmo rito. Ele pode exercer o poder judiciário pessoalmente ou mediante o vigário judicial e outros juízes (cc. 1066; 1086 do CCEO). Pode confiar, no entanto, a causa a qualquer tribunal católico, sobretudo aquele do lugar onde moram as partes. Para a 2ª instância, em princípio, o arcebispo metropolitano de São Paulo é competente quando se trata de maronitas, melquitas e armênios; o de Curitiba, quando se trata dos ucranianos. Quando uma parte é oriental e a outra é latina, é competente o tribunal do rito segundo o qual foi celebrado o matrimônio.

6. OUTROS ATOS DO CULTO DIVINO

Nesta parte, a legislação contempla os sacramentais (cc. 1166-1172), a liturgia das horas (cc. 1173-1175),[80] as exéquias eclesiásticas (cc. 1176-1185),[81] o culto dos santos, imagens sagradas e relíquias (cc. 1186-1190), o voto e o juramento (cc. 1191-1204), os lugares e tempos sagrados (cc. 1205-1253).

---

[80] PAULO VI. Liturgia das horas. In: *As introduções gerais dos livros litúrgicos*, cit., pp. 275ss.
[81] Cf. VÁRIOS DICASTÉRIOS. Op. cit., pp. 46s.

Resumindo

• *Como instrumento de comunhão, o direito quer contribuir para que as ações litúrgicas sejam realmente ações do Povo de Deus.*

• *A iniciação cristã tem por base o momento da adesão de fé, ponto de partida para uma autêntica ação evangelizadora e catequética.*

• *De muitas formas as pessoas fiéis consagram sua vida na evangelização. Os sacramentos do serviço (diacônicos) são duas dessas formas.*

• *A solidariedade no perdão e na doença é garantia de vida em comunhão: sacramentos de cura.*

Perguntas para reflexão e partilha

1. Qual a função do direito no múnus de santificar?

2. Como você experimenta a vida sacramental em sua comunidade?

3. Quais as iniciativas, propostas e atividades para a vivência dos sacramentos na Igreja?

Bibliografia

BERNÁRDEZ CANTÓN, Alberto. *Compendio de derecho matrimonial canónico*. 9. ed. Madrid, Tecnos, 1998.

BIANCHI, Paolo. *Quando o matrimônio é nulo? Guia para sacerdotes, líderes de movimentos familiares e fiéis interessados*. Trad. de Armando Braio. São Paulo, Paulinas, 2003.

HORTAL, Jesús. *"O que Deus uniu" — Lições de direito matrimonial canônico*. 3. ed. São Paulo, Loyola, 1986.

_____. *Os sacramentos da Igreja na sua dimensão canônico-pastoral*. São Paulo, Loyola, 1987.

LLANO CIFUENTES, Rafael. *Novo direito matrimonial canônico*. São Paulo, Marques Saraiva, 1990.

MANZANARES, J., MOSTAZA, A. & SANTOS, J. L. *Nuevo derecho parroquial*. Madrid, BAC, 1990.

POMPEDDA, Mario F. *Studi di diritto matrimoniale canonico*. Milano, Giuffrè, 1993. Ateneo Romano della Santa Croce — Monografie Giuridiche 6.

PRADER, Joseph. *Il matrimonio in oriente e occidente*. Roma, Pontificium Institutum Orientalium, Edizioni Orientalia Christiana, 1992. (Col. Kanonika.)

SALACHAS, Dimitrios. *L'iniziazione cristiana nei codici orientale e latino.* Roma-Bologna, Dehoniane, 1991.

TABORDA, Francisco. *Matrimônio aliança — Reino — Para uma teologia do matrimônio como sacramento.* São Paulo, Loyola, 2001. Col. CES 8.

TABORDA, Francisco. *Nas fontes da vida cristã. Uma teologia do batismo-crisma.* São Paulo, Loyola, 2000. (Col. Theologica.)

_____. *Sacramentos, práxis e festa — Para uma teologia latino-americana dos sacramentos.* Petrópolis, Vozes, 1987. Col. Teologia e Libertação, Série IV — A Igreja, sacramento de libertação.

VILADRICH, P.-J. *O consentimento matrimonial*: validade e nulidade — Técnicas de qualificação e exegese das causas de nulidade (cc. 1095 a 1107 do CIC). Instituto de Ciencia para la família — Universidade de Navarra. Trad. de José A. Marques. Braga, Oficinas Gráficas de Barbosa & Xavier, 1997.

Epílogo
HÁ UM LONGO CAMINHO

A esperança da vida, em seu sentido pleno, mantém aceso em nós, pessoas fiéis a Cristo, o desejo de construir, desde já, a civilização do amor. Somos pessoas convocadas a realizar essa vontade, que é a do próprio Jesus.

O cumprimento desse anseio só pode acontecer em comunhão e participação. Nossa vocação é sempre convocação. Iremos edificar a nova civilização pelo cultivo da vida, da solidariedade, da inclusão. Cultura da vida e cultura do nós. A vitória sobre o individualismo depende de nosso empenho. A Igreja de Cristo é um lugar privilegiado desse empenho. Pelo batismo, adesão de fé, a pessoa experimenta a alegria de ser membro, de participar de uma missão especial, de ser portadora de uma notícia otimista, de ser construtora da felicidade, instrumento de paz e justiça.

Ainda não alcançamos, na vida da Igreja católica, uma amadurecida cultura jurídica nova, redescoberta no Vaticano II. Na jornada acadêmica[1] comemorativa dos vinte anos do CIC/83, dom Julián Herranz, presidente do Conselho para a Interpretação dos Textos Legislativos, fez uma avaliação do caminho percorrido pelo Direito Canônico nos últimos anos, destacando pontos positivos e ainda algumas carências ou dificuldades. Quanto às dificuldades, diz que, sendo realista, subsiste ainda em certos setores da vida eclesial uma "crise do viver segundo o Direito". Refere-se à atitude, se não teórica, ao menos prática, que não valoriza a dimensão moral e a necessidade pastoral da lei eclesiástica e não percebe, com isso, a função de orientar condutas pessoais e de tutelar a comunhão eclesiástica segundo a justiça.

Três seriam as causas desta crise: 1ª) os reflexos da ideologia democrática dentro da Igreja; 2ª) o enfraquecimento do sentido de obrigatoriedade moral do Direito Canônico; 3ª) a falta de articulação do ministério pastoral, com o declínio do múnus de reger (*regendi*), em comparação com os outros múnus. O presidente do referido Conselho analisa essa última causa; ressalta que os três múnus formam uma única realidade no pastor, como um tripé: se falta um, o ofício de pastor não se sustenta. A missão de apascentar o rebanho de Deus é única.

---

[1] A jornada acadêmica aconteceu na Sala do Sínodo, sexta-feira, 24 de janeiro de 2003, com o tema *Vinte anos de experiência canônica: 1983-2003*.

Quanto ao *munus regendi,* o Concílio Vaticano II diz que, como vigários e legados de Cristo, os bispos governam as Igrejas particulares que lhes foram confiadas com conselhos, exortações e exemplos, mas também com autoridade e com sacro poder. Em virtude desse poder, os bispos têm o sagrado direito e o dever perante Deus de legislar para seus súditos, de julgar e de ordenar tudo o que se refere à organização do culto e do apostolado (*LG* 27). O presidente continua sua análise destacando a dimensão pedagógica e pastoral da lei eclesiástica, bem como sua função de assegurar a justiça e a comunhão. Por isso a necessidade de melhorar o estudo do Direito Canônico na Igreja. Uma grande contribuição foi a reforma já decretada dos estudos nas faculdades de Direito Canônico. Importante também para as pessoas fiéis é a atividade judicial, na qual os bispos são chamados a organizar adequadamente os juízos eclesiásticos.

Conforme as palavras do papa João Paulo II, a justiça não é somente um princípio fundamental da existência e da coexistência dos seres humanos e da comunidade humana, mas também princípio da existência da Igreja como Povo de Deus.[2]

Justiça do Reino, nova, assumida pelo Cristo, reinterpretada e animada pela caridade. Justiça do Reino. Do Reino de Deus que devemos construir.

Do Deus que se entregou, deu sua vida para que a esperança da vida nos desse coragem de vencer o mal com o bem.

---

[2] Cf. HERRANZ, Julián. *Vent'anni di esperienza canonica: 1983-2003* (por ocasião do 20º aniversário do novo CIC/83). Disponível em: <http://www.vatican.va> — Cúria romana, Conselhos Pontifícios, Textos legislativos, Jornada acadêmica.

SUMÁRIO

APRESENTAÇÃO DA COLEÇÃO 5

INTRODUÇÃO 9

CAPÍTULO I. QUE É DIREITO? 13
   1. Pressupostos etimológicos 18
      a) Sobre a palavra instrumento 18
      b) Sobre a palavra "direito" 19
   2. Pressupostos científicos – As ciências do Direito 20
   3. Pressupostos filosóficos 22
   4. Pressupostos teológicos da noção de Direito 26
      a) Crença e fé 27
      b) Antropologia teológica 28
      c) Natureza e cultura 29
      d) Natureza e graça 31
      e) Trindade – Identidade do humano 31
      f) Cristo – Ícone da Trindade 32
      g) Teologia latino-americana 33

CAPÍTULO II. DIREITO E TEOLOGIA 37
   1. Teologia prática 40
      1.1. Direito e pastoral 46
      Acerca das leis eclesiásticas 46

CAPÍTULO III. QUE DIREITO PARA QUE IGREJA? 65
   1. Igreja, mistério de comunhão e participação 72
      1.1. 1ª fase: Do início até o Decreto, de Graciano (1140) 77
      1.2. 2ª fase: Da época de ouro até o Concílio de Trento (1140-1563) 78
      1.3. 3ª fase: Época moderna das coleções 81
      1.4. 4ª fase: Do CIC/17 até o CIC/83 e o CCEO/91 81

CAPÍTULO IV. FIDELIDADE E JUSTIÇA – FONTE DO DIREITO 85
   1. Apresentando os códigos vigentes 88
   2. As quatro condições canônicas das pessoas fiéis:
      idade, moradia, parentesco e ritos 96
      2.1. Idade 96
      2.2. Moradia 98
      2.3. Parentesco 99
      2.4. Ritos 101
      2.5. Sexo 102

CAPÍTULO V. **DEVERES E DIREITOS DAS PESSOAS FIÉIS** 105
   1. Os deveres e direitos de todas as pessoas fiéis 107
   2. Os deveres e direitos de fiéis pelo batismo 109
   3. Os ministros sagrados ou fiéis pelo batismo/ordem 110
   4. Fiéis na vida consagrada 117

CAPÍTULO VI. **O REINO E OS MEIOS DA AÇÃO EVANGELIZADORA DA IGREJA** 125
   1. O múnus de ensinar 127
   2. O poder de governar 128
   3. Os ofícios eclesiásticos 132
      3.1. Ação das pessoas fiéis 133
   4. Atos do poder legislativo 134
   5. Atos do poder executivo 141
   6. Atos do poder judiciário 143
   7. O poder de coerção 144
   8. A organização do povo de Deus 144

CAPÍTULO VII. **O OFÍCIO E O PODER DE SANTIFICAR** 149
   1. A iniciação cristã – Batismo 155
   2. A iniciação cristã – Crisma 157
   3. Cume da iniciação cristã – Eucaristia 157
   4. Os sacramentos terapêuticos ou de cura: penitência e unção dos enfermos 166
      4.1. Penitência 166
      4.2. A unção dos enfermos 168
   5. Os sacramentos diacônicos ou do serviço: ordem e matrimônio 168
      5.1. Ordem 168
      5.2. Matrimônio 171
   6. Outros atos do culto divino 179

EPÍLOGO. **HÁ UM LONGO CAMINHO** 183

SIGLAS

AA	*Apostolicam actuositatem*
AAS	*Acta Apostolicae Sedis* (meio oficial de publicação dos documentos da Igreja)
CC	Congregação para o Clero
CCEO	*Codex Canonum Ecclesiarum Orientalium*
CDF	Congregação para a Doutrina da Fé
CEC	Congregação para a Educação Católica
CELAM	Conferência Episcopal Latino-Americana
CERIS	Centro de Estatística Religiosa e Investigações Sociais
CIC	*Codex Iuris Canonici*
CIC/17	*Codex Iuris Canonici* promulgado em 1917
CIC/83	*Codex Iuris Canonici* promulgado em 1983
CICat	Catecismo da Igreja Católica
CMI	Conselho Mundial de Igrejas
CNBB	Conferência Nacional dos Bispos do Brasil
CRB	Conferência dos Religiosos do Brasil
CTI	Comissão Teológica Internacional
DS	DENZINGER-SCHONMETZER. *Enchiridion symbolorum definitionum et declarationum de rebus fidei et morum*. Editio XXXVI. Barcinone-Friburgi Brisgoviae-Romae, Herder, MCMLXXVI (trata-se de uma coletânea de textos do magistério eclesiástico em matéria de fé e costumes, editada inicialmente por Henricus Denzinger e reeditada por Adolfus Schonmetzer, sj)
DV	*Dei Verbum*
EV	*Enchiridion Vaticanum*
GS	*Gaudium et spes*
LG	*Lumen gentium*
OT	*Optatam totius*
PC	*Perfectae caritatis*
PCCS	Pontifício Conselho para as Comunicações Sociais
PCITL	Pontifício Conselho para Interpretação dos Textos Legislativos
PCPUC	Pontifício Conselho para a Promoção da Unidade dos Cristãos
UR	*Unitatis redintegratio*

ABREVIATURAS

AA.VV.	Autores vários
art.	Artigo
c./cc.	Cânon/cânones ou artigo de lei nos códigos da Igreja
cap.	Capítulo
cf.	Confira, conforme
col.	Coleção
doc.	Documento
ed.	Edição ou editora/editor
ibidem	no mesmo lugar/na mesma obra
idem	O mesmo
n./nn.	Número/números
op. cit.	Obra citada
org.	Organizador(es)
p./pp.	Página/páginas
t.	Tomo
trad.	Tradução
v./vv.	Volume/volumes

Impresso na gráfica da
Pia Sociedade Filhas de São Paulo
Via Raposo Tavares, km 19,145
05577-300 - São Paulo, SP - Brasil - 2004